UNESCO Publishing

United Nations
Educational, Scientific and
Cultural Organization

信息自由
多国法律比较
FREEDOM OF INFORMATION
A Comparative Legal Survey

（第二版修订本）

托比·曼德尔（Toby Mendel）／著
龚文庠 等／译

社会科学文献出版社
SOCIAL SCIENCES ACADEMIC PRESS (CHINA)

托比·曼德尔（Toby Mendel）

信息自由：多国法律比较（*Freedom of Information: A Comparative Legal Survey*）

本书由联合国教科文组织（UNESCO）同社会科学文献出版社联合出版
本书英文原版于 2008 年由联合国教科文组织首次出版
© UNESCO 2008
版权所有

本书作者对书中事实的选取和陈述负责，对书中表达的观点负责。这些观点不一定代表出版方，出版方也不承担任何责任。本书中使用的所有称谓以及发布的资料均不表示出版方对任何国家、领土、城市、地区及其当局的法律地位发表意见，或是对它们的疆界或边界的划定发表意见。

项目负责人及联系方式

莫根斯·施密特（Mogens Schmidt）：联合国教科文组织传播与信息部副助理总干事，m.schmidt@unesco.org, 1 rue Miollis 75732 Paris cedex 15 France。

胡献红（Xianhong Hu）：联合国教科文组织传播与信息部项目官，x.hu@unesco.org, 1 rue Miollis 75732 Paris cedex 15 France。

中文版序言

信息与观点的自由流动不仅是民主观念的核心，而且是有效地保障人权的关键。没有对表达自由的尊重，包括对寻求、获取、传播信息和观点的权利的尊重，就不可能行使选举权。对人权的侵犯在暗中发生，没有表达自由就无从揭露腐败和低效的治理。保障信息与观点自由流通的关键是这样一个原则：公共机构掌握信息不是为它们自身而是代替公众管理。这些团体掌握着海量的信息，而如果信息被秘藏，那么，由国际法和多数国家的宪法所保障的表达自由权就会受到严重的损害。

对公共组织所掌握信息的获取权，有时被称做知情权，其重要性二百多年以来在瑞典一直得到认可。然而重要的是，过去十年里这一权利在全世界所有地区都得到了广泛的承认。这表现在：许多国际团体，包括联合国下属的各类组织机构和三个地区性人权体系，都发布了关于这一权利之重要性的权威性声明；许多处于民主转型期的国家通过的新宪法均对保障这一权利作出了具体规定；越来越多的国家和国际组织通过了实施这一权利的法律和政策。

作为知情权基础的一个基本价值观就是"最大限度公开原则"，它提出这样一个假设：公共组织持有的一切信息都应当可以公开，除非出于维护公众利益的考虑有压倒性的理由对信息进行保密。"最大限度公开原则"也意味着建立有效机制使公众能够获取信息，包括信息索取制度以及主动公布和传播关键信息的制度。

那些依据"最大限度公开原则"起草和（或）推广保障知情权的法规的人员面临一系列问题。如何制定"例外"规则，以求在保障公众知情权和为保护某些重要的公众或私人利益而保密的需要之间保持恰当的平衡？公布和传播信息的职责所涉及的范围应当有多大？法律怎样确保这一职责随着能大幅度降低信息公布成本的科技的发展而扩展？建立怎样的信息索取程序才能在及时、廉价获取信息的需求和公务员面临的压力及资源限制之间找到平衡？个人索取信息的要求受拒后应当有怎样的申诉权利？采取怎样的积极措施才能改变在许多国家的公共管理机构中广泛流行的"保密文化"，并让公众知晓自己的这种权利？

托比·曼德尔关于信息自由的这本书，通过陈述这一领域内已经确立的国际标准以及行之有效的信息自由法规的某些关键特点，尝试回答上面提及的一些问题。重要的是，书中展示了14个国家以何种方式处理上述那些难题。作者努力反映世界所有地区的情况，同时把重点放在有效地从法律上保障了信息权的那些国家。

本书第一版于2003年出版并广为流传，而且得到从政府官员到公民社会及学术界的读者和使用者们的广泛好评。本书第一版在世界各大洲使用，并被译为多种语言。

这本经修改和更新的第二版于2008年出版，其中反映了近年来国际标准、原则和实践的演变，以及书中谈及的各个国家的发展变化。另外，由于新近的信息传播技术提供了收集、处理和传播信息的更强大的手段并使人们更有能力参与民主程序，信息自由和"最大限度公开原则"就更为重要了。这本书对于教科文组织的成员国进行信息权立法起到了很重要的推进作用。

我相信，在研究信息自由的现有文献中这本书是一部有分量的著作，它向全世界致力于促进对信息权进行有效保护的人们提供了宝贵的资料。这本书对信息自由的法律与实践作出了权威而又易懂的解说，对行之有效的实践及其成功的原因提供了有价值的分析。我们向读者大力推荐这本书，希望你们用它向全世界推广信息"最大限度公开原则"，并促使这一原则得到有效的落实。

我非常高兴这本书能够译成中文并在中国出版。我相信它能够提高人们对信息自由的意识并对中国目前正在进行的信息权立法和实践提供参考。

借此机会，我要对北京大学龚文库教授和他的翻译团队的出色工作表示赞赏和感谢，同时也非常感谢社会科学文献出版社和祝得彬先生为这本书的出版作出的不懈努力。

杰尼斯·卡克林（Jānis Kārkliņš）
联合国教科文组织传播与信息部助理总干事
2010年11月于巴黎

超越法律的启示
（译者序）

我们受联合国教科文组织之托翻译了这本书，书名译为《信息自由：多国法律比较》（*Freedom of Information: A Legal Survey*）。这是一部比较法学著作，但它的意涵和启示显然超越了法学的范畴。"信息自由"又称"信息权"，它不仅关涉多门学科，而且与普通人的生活目标、生存环境都息息相关。因此，这本书实在值得大家都来读一读，也值得各领域的学者对书中提出的问题作一番探析。

作者托比·曼德尔（Toby Mendel）多年致力于信息法研究，其著述涵盖信息权、通信权、公共广播等广泛领域。曼德尔不仅是一位国际知名的学者，而且长期在世界各地从事信息权的立法和推广工作。这样的经历使这本书具有两个特点：一是通俗易懂，二是富有从实践经验中提炼出的智慧。

在一般人的印象中，法律著述是比较枯燥刻板的，这本书里却常闪现出能够激发思想火花的亮点。例如："公共机构掌握信息不是为它们自身，而是替公众进行管理。"是的，公共机构和部门由纳税人、消费者供养，它们所生产的信息来自公民，属于公民所有。公共机构替人民管理信息，不应当利用这一权力为自身谋私利。公民从公共机构获取信息不是受到"施舍"，而是取回本属自己所有的"物品"。原来看问题可以从这样的角度，道理也可以这样讲，真让人茅塞顿开。

由此推之，长期流行的"保密文化"，即公共机构天生就拥有拒绝公众获得信息的"神圣"特权，就是一种不合理的陋习，一种应当破除的迷信。

破除"保密文化"，迎来权利意识的觉醒——这里指的是对公民信息获取权的认识和维护。"信息权"已经成为政治语汇中的常用词，这是当今的世界潮流。据作者统计，20年前全球仅有13个国家通过了信息权法，而现在已有80多个国家通过了同类法律，还另有30多个国家在积极审议信息权法。

书名中的"信息自由"（freedom of information）是全书的主题词。作者在导言中特别说明，"信息自由"和"信息权"（right to information）这两个词是等同关系，在书中时常交替使用。在信息权问题上，自由和权利之间的这种关系很是耐人寻味。自由，是与限制相对的，突破限制，才能自由地行使权利。温家宝总理2010年初说，人的尊严指的"就是每个公民在宪法和法律规定的范围内，都赋予自由和权利"。他的话点出了自由权和限制之间的辩证关系。

当然，任何社会制度对自由或权利都不可能毫无限制。对信息权的限制就是，根据法律的规定，出于保护国家安全、公共安全等重要公众利益而必须保密的信息不能公开。然而本书强调的是"最大限度公开原则"（maximum disclosure），即设定"公共机构持有的一切信息都应当可以公开，除非出于维护公众利益的考虑有压倒性的理由对信息进行保密"。同时还提出了"例外原则"（exceptions）。这两者的关系是：信息公开是常态，保密是例外。为了保证最大限度公开，要制定清晰而严密的例外规则，通过检测来确定某种信息被公开究竟会带来多大的危害，将"例外情况"限制在最小范围之内。一个"最大限度"，一个"最小范围"，清晰地凸显出对公民信息权的保障。

诚如诺贝尔经济学奖获得者斯蒂格利茨（Joseph Stiglitz）所说，信息不对称使一些官员能够"采取有利于自己而不是民众的政策，在信息及其传播规则方面的改进能减轻这类弊端"。所有国家都面临反腐败和对公共权力进行监督的问题，信息公开是最重要的渠道之一。书中多次提到的"问责制"（accountability），即公民对政府部门的问责，也必须以保障信息获取权为前提。

如何保证良好的治理、实现社会正义，如何对权力进行监督、防治腐败，这些都是世界各国共同的话题和难题，都与信息权政策法规相关。作者选取的14个国家有英国、美国、日本这样的发达国家，有阿塞拜疆、保加利亚等前社会主义国家，也有墨西哥、泰国、乌干达、印度等发展中国家。据作者说，选取这些国家的理由有：一是它们涵盖全球所有地区；二是这些国家的信息权立法处于进展中或已经长期存在；三是作者对这些国家和它们的立法状况较为熟悉。作者设计了由"信息获取权"、"程序保障"、"例外"、"促进措施"等7个项目组成的框架，对14个国家的相关立法进行横向比较。书中还列出了信息权立法应当遵循的9项原则，包括"最大限度公开"、"促进政务公开"、"限制'例外'的范围"、"为行使信息权提供便利的程序"、"保护检举人"等。

本书提出的一些问题也是中国十分关注的，书中表达的"信息权法反映了政府应当为民众服务这一基本前提"的思想会得到中国人强烈的共鸣。中国从20世纪90年代就开始努力从立法上推进"政务公开"，不断出台具体法规以放宽限制并保障公民对公共机构信息的获取权。2006年中共中央《关于构建社会主义和谐社会若干重大问题的决定》中明确提出："深化政务公开，依法保障公民的知情权、参与权、表达权、监督权。"温家宝总理2010年3月在全国人大作政府工作报告时说，要努力建设人民满意的服务型政府，要深入推进政务公开，"创造条件让人民批评政府、监督政府……让权力在阳光下运行"。在我国，信息公开问题越来越成为全民关注的热点。

书中列举的14国并不包括中国这样一个人口最多的发展中大国，这不能不算是一种缺憾。在中国，与公民信息权相关的法规正在进步和完善中，包括曼德尔教授在内的国际法律专家的经验和智慧都很值得我们借鉴。相信本书中文版的出版能够推动信息权意识在广大中国读者中的普及，促进中国信息权立法和实践朝更加有利于人民福祉的方向发展。

本书由北京大学传播与文化研究所组织翻译，龚文庠教授主译，其他译者有（按拼音顺序）白瑜、盖博、季芳芳、齐济、冉继军、张红捷。

感谢联合国教科文组织的"表达自由、民主、和平"处（Division for Freedom of Expression, Democracy and Peace），感谢摩根斯·史密特（Mogens Schmidt）先生和胡献红（Xianhong Hu）女士的大力支持和努力推动。感谢社会科学文献出版社及祝得彬先生使本书顺利出版。

龚文庠

2010年10月记于博雅书斋

致　　谢

谨在此对下列人士致谢，他们对本书各章提供了宝贵的意见：戴维·班尼萨（David Banisar），国际隐私组织副总干事，伦敦；贾费尔·卡萨斯（Javier Casas），新闻与社会研究所法律地区主任，秘鲁；穆可拉尼·迪姆卡（Mukelani Dimba），开放民主咨询中心副主任，南非；莫里斯·弗兰克尔（Maurice Frankel），信息自由行动计划主任，英国；卡洛琳·格姆斯（Carolyn Gomes），"牙买加人争取正义组织"执行主席；拉希德·哈吉利（Rashid Hadjili），媒介权利研究所所长，阿塞拜疆；海琳娜·贾德布洛姆（Helena Jäderblom），欧洲理事会官方信息公开专家组（DH-S-AC）主席，兼斯德哥尔摩行政上诉法庭法官，瑞典；亚历山大·卡舒莫夫（Alexander Kashumov），信息公开项目法律组组长，保加利亚；玛利亚·里斯希娜（Maria Lisitsyna），青年人权组织主席，吉尔吉斯斯坦；洛拉·纽曼（Laura Neuman），卡特中心美洲项目信息公开项目管理员兼助理主任；伊萨·伦那·普拉（Issa Luna Pla），信息透明研究中心主任，墨西哥；密盖尔·普里多（Miguel Pulido），分析与调查中心协调员，墨西哥；罗伦斯·雷皮塔（Lawrence Repeta），大宫法科大学院教授，日本；丹尼尔·西蒙斯（Daniel Simons），"第19条"组织法律官员；舍卡·辛格（Shekhar Singh），全公民信息权运动，印度；托马斯·M.苏斯曼（Thomas M. Susman），罗普斯与格雷律师事务所合伙人，美国；帕特里可·图姆温（Patrick Tumwine），乌干达人权网络推广、信息与研究官员，乌干达。我还要感谢联合国教科文组织鼓励和支持我出版这本书的第二版，尤其要感谢联合国教科文组织传播发展处处长维贾雅南达·贾雅维拉（Mr. Wijayananda Jayaweera），是他鼓励我出了本书的第一版。

谨以此书献给我的妻子丽拉尼和我的三个儿子卡里布、内森、伊兰，他们总在支持和鼓励我的写作，还在我需要的时候让我身心放松。

目　录

中文版序言 …………………… 杰尼斯·卡克林（Jānis Kārkliņš）/ 1

超越法律的启示（译者序）………………………… 龚文庠 / 3

致谢 ………………………………………………………… 7

导言 ………………………………………………………… 1

国际标准与潮流 ………………………………………… 6
 联合国 …………………………………………………… 7
 地区标准 ………………………………………………… 10
 英联邦 …………………………………………………… 16
 国际法判例 ……………………………………………… 18
 特定领域的信息 ………………………………………… 24
 各国进展情况 …………………………………………… 31
 跨政府组织 ……………………………………………… 34

信息权制度的特点 ……………………………………… 37
 第 1 项原则　最大限度公开 …………………………… 41
 第 2 项原则　公布信息的义务 ………………………… 44
 第 3 项原则　促进政务公开 …………………………… 45
 第 4 项原则　限制"例外"的范围 …………………… 46

第 5 项原则	为行使信息权提供便利的程序		50
第 6 项原则	费用		52
第 7 项原则	公开会议		53
第 8 项原则	信息公开优先		53
第 9 项原则	保护检举人		54

多国概览 55

阿塞拜疆 55

保加利亚 65

印度 71

牙买加 82

日本 91

吉尔吉斯斯坦 99

墨西哥 107

秘鲁 118

南非 126

瑞典 136

泰国 144

乌干达 150

英国 160

美国 171

比较分析 184

结论 204

导　言

信息权或称知情权的重要性越来越经常地被开发工作者、公民社会、学术界、媒体甚至政府提及。这个权利是什么？它真是一种权利吗？各国政府如何努力使这个权利得以实现？这就是本书打算探讨的问题。

近年来信息权——一般理解为对公共机构所持有信息的获取权——经历了一场名副其实的革命。1990年仅有13个国家通过了信息获取权的国家法律，而现在全球已有多达80个国家通过了同类法律，还有另外20~30个国家在积极审议信息权法。1990年没有任何跨政府组织承认信息权，现在所有的多边开发银行以及其他一些国际金融机构都已采取了信息公开政策。1990年信息权问题主要被看做一项行政管理改革，而今天信息权越来越被看做一项基本人权。

甚至连有关术语也在发生改变。"信息自由"这个词历史性地成为常用词，这表现在本书所保留的第一版书名中。然而，"信息权"这个用语现在不仅被活动家们而且被官员们越来越多地使用。例如2005年印度通过的准许获取公共机构所掌握信息的法律，其标题中就采用了这个词语。本版在保留原书名的同时仍然经常使用"信息权"而不是"信息自由"。①

自从本书第一版在2003年出版之后，早已起步的上述变革发展得更为深入和广泛。中东地区国家的第一部信息权法是由约旦在2007年通过的，②因此，约旦的信息权法象征着这一潮流已经延伸到人们通常说的世界所有地区。本书第一版面世之后，在承认信息获取权为基本人权方面也取得了十分显著的进展。这些进展包括一个国际法庭首次在裁决中承认信息权为表达自由的普遍权利的一个方面，其后又有其他国际法院作出的裁决以及一些高级

---

① 关于书名中的"信息自由"，是作者强调的，所以翻译中应保留。但文章中"信息自由"和"信息权"含义相同，常交替使用。——译者注
② 严格地说，以色列1998年通过的信息权法先于约旦。

法院作出的同类裁决，还有越来越多的权威性国际组织和官员作出的支持这一权利的有力表态。

第二版中"国际标准与潮流"、"信息权制度的特点"、"比较分析"等各部分内容都已更新，以反映上述发展。第二版还在2003年版本概览10个国家的基础上综览了全球所有地区中的14个国家的法律，涉及更多地区。对各国法律的分析更为详尽，并以同一规范模式为基准。

我们有充足的理由来解释信息权的观点为什么被越来越多的人接受，然而令人吃惊的是，作为民主体制基石的这样一个权利竟然花费了如此长久的时间才被广泛承认为一种人权。公共机构不是为自己掌握信息，而是为公众的利益代管信息。这一观点现在已经深深扎根于全世界民众的心中。既然如此，如果没有绝对优先的理由为保护公众利益而保密的话，公共机构掌握的信息就必须能被公众获取。由此可见，信息权法反映了政府应当为民众服务这一基本前提。

席卷全球的一系列范式性变化肯定推动了人们对信息权概念的接受。这些变化包括1990年以来在世界上几个地区发生的向民主体制的过渡，虽然成功的程度各有不同。这些变化无疑还包括信息技术的大发展，它全面改变了社会与技术的关系以及对技术的运用，并使信息权在广泛的领域里对公民具有更大的重要性。信息技术的诸多作用还包括普遍地加强了社会普通成员反对腐败、监督领导人、参与决策过程的能力。这一切又反过来，更确切地说是同时，导致对尊重信息权的更迫切的要求。

除了上面谈及的原则上的和全球性的原因之外，信息权被广泛认可还源自另一些实用的目标。国际维护人权的非政府组织——全球自由表达运动"第19条"组织（ARTICLE 19）——曾将信息称做"民主制的氧气"。[①] 信息是民主在各个层次的基础。从最基本的意义上说，民主就是个人有能力有效地参与对他们的生活产生影响的决策。民主社会拥有广泛的参与机制，从各种定期举行的选举到公民监督团体——如对公共教育和卫生服务的监督，再到对草拟中的政策、法规、开发计划等进行评议的机制。

所有这些层次的有效参与显然取决于对信息包括对公共机构所掌握信息的获取。选举不只是一场政治选美竞赛。为了使选举行使应有的功能——国

---

① *The Public's Right to Know: Principles on Freedom of Information Legislation* (London: June 1999), Preface.

际法中所说的保证"人民的意志是政府权力的基础"①——选民必须有获取信息的权利。这一道理也适用于其他形式的参与。例如，假若无法获得政府内部对政策条文的看法，譬如对政策草案的看法以及这一看法所依据的背景信息，人们将很难对政策的制定提出有用的意见。

公民参与也是作出有效、公平的发展决策的关键因素。联合国开发计划署的《2002年度人类发展报告：在分散的社会中深化民主的发展》指出民主参与的三大益处：它本身就是人人都应当享有的基本人权，它能防止经济和政治灾难，它能"启动发展的良性循环"。② 由于信息权支持有效的参与，它也能在以上几个方面作出贡献。信息权还有助于保障更为均衡的参与竞赛场地。凭借信息不对称在经济学上含义的研究而获得诺贝尔奖的斯蒂格利茨（Joseph Stiglitz）曾说过，对信息的获取权不平等使官员们能够"采取更有利于他们而不是民众的政策。在信息及其传播规则方面的改进能减轻这类弊端。"③

民主还包括诚信度和良好的治理。公众有权监督领导人的行为，并对他们的行为展开充分和公开的辩论。他们应当能够了解政府的执政情况，而这取决于能否获得有关经济、社会制度及公众关心的其他事务的信息。对待不良治理，尤其是长期持续的不良治理，最有效的方式是展开公开的、以充分的信息为依据的辩论。

信息权也是反对腐败和政府不端行为的重要工具。好寻根问底的记者和以监督社会为职责的非政府组织可以行使信息获取权来揭露并帮助克服弊端。正如同美国最高法院法官路易斯·布兰代斯（Louis Brandeis）的那句名言："一缕阳光是最好的消毒剂。""透明国际"（Transparency International）——一个致力于反腐败的国际非政府组织——撰写了一篇年度报告专门探讨信息获取权在反腐败中的作用。④

评论者常将注意力集中在信息权的政治含义上，但信息权还能执行其他

---

① *Universal Declaration of Human Rights*, UN General Assembly Resolution 217A(Ⅲ), 10 December 1948, Article 21.
② UNDP, H*uman Development Report 2002*: *Deepening Democracy in a Fragmented World* (Oxford: Oxford University Press, 2002), p.3.
③ Stiglitz, J., "Transparency in Government," in World Bank Institute, *The Right to Tell*: *The Role of the Mass Media in Economic Development* (Washington, D.C.: 2002), p.28.
④ Transparency International, *Global Corruption Report 2003*: *Special Focus*: *Access to Information* (London: Profile Books, 2003).

一些重要的社会功能。

例如对自己个人信息的获取权属于对人的基本尊严的尊重，但这一权利同时也能在个人的有效决策中起关键作用，如对医疗记录的获取权能帮助个人在治疗、理财等方面作出决策。

最后，信息权经常被忽视的一个方面是它能够用来促进有效的商务活动。在许多国家，商务人士是最重要的信息用户群体之一。公共机构掌握着海量的各类信息，许多都与经济有关，或许会对商务活动大有用处。信息权可以促进政府与商务部门之间信息流动的畅通，最大限度地增进两者的协作。这是信息权立法的一个重要的好处，可以用来帮助说服那些担心信息权立法会额外增加开销的政府。

与发达国家相比，以上对信息权立法的重要性的论证同样适用于发展程度较低的国家——假若不是更适合于它们。民主不是为被选定的少数几个国家特设的禁区，而是天下公民都应享有的权利。世界上每个国家都需要对公共权力的行使施加适当的制衡，包括通过运用信息权和由此形成的公共监督。当别种形式的监督较少时，信息权在揭露腐败方面就能发挥特别有效的作用，印度在基层社会行使信息权的经验就是明证。[①]

人们经常将信息权看做索取和获得公共机构掌握的信息的权利。这是行使信息权的一个关键形态，但不是唯一形态。多数信息权法还规定公共机构有义务主动或定期公布信息，即便无人提出要求。这方面的法规涉及的范围宽窄不同，但通常会包括这些公共机构如何运作、它们的政策、公众参与其活动的机会、如何提出索取信息的申请等。用这种方法"挤出"信息越来越被看做获取被公共机构所掌握信息的最有效的方式之一。

信息权的另一个方面正在逐渐显露出来。跟信息权的另外两个方面不同——那两个方面与公共机构已经掌握的信息相关——这第三个方面是规定国家有明确的责任确保某些重要类别的信息便于获取。越来越多的人们认为，国家应有重要而明确的责任确保公民能够获取有关人权遭到侵害的信息。[②] 国

---

① ARTICLE 19, Centre for Policy Alternatives, Commonwealth Human Rights Initiative and Human Rights Commission of Pakistan, *Global Trends on the Right to Information: A Survey of South Asia* (London: 2001), under 2.8.1 India, The MKSS Movement, pp. 72–75.

② *Who Wants to Forget? Truth and Access to Information about Past Human Rights Violations* (London: ARTICLE 19, 2000), p. 5. 网页为 www.article19.org/docimages/869.htm。

际法庭还承认了在人权问题和环境破坏问题方面的"获知真相权"。[①] 在人权受到严重侵害之后的时期，作为对民主的重新承诺和对人权的尊重，获知真相权尤其具有重要性。在这样的情况下，仅提供对公共机构掌握的信息的获取权也许已经不够，也许需要更进一步搜集并汇编新的信息，以便查明有关过去侵权事件的真相。许多国家已经任命了真相调查委员会，这就是获知真相权的重要性的一种体现。

本书第一部分"国际标准与潮流"分析了将信息权当做一种基本人权的国际法基础。第一部分回顾了权威性的国际声明、国际法庭和准司法组织的判决，以及相关的国内发展状况。第二部分探讨了信息权立法的各种标准的具体含义，在信息权9项准则的框架下进行了分析。

此后是对世界各地区14个国家的法律的分析，这些国家是：阿塞拜疆、保加利亚、印度、牙买加、日本、吉尔吉斯斯坦、墨西哥、秘鲁、南非、瑞典、泰国、乌干达、英国、美国。选择这些国家有好几个原因，其中包括地理分布；进展中和（或）长期存在的立法；笔者对这些国家及立法熟悉的程度。国别章节中每个国家都设有同样的小标题。在"概述"后，相继列出的小标题是"信息获取权"、"程序保障"、"公布信息的义务"、"例外"、"申诉"、"制裁与保护"、"促进措施"等。

在"多国概览"之后的是"比较分析"，这一部分指出各国法律中的异和同，仍然沿用"多国概览"中的结构。这部分重点描述了贯彻信息权基本原则的几种主要方式，以及不同国家尝试过的一些较有创意的制度。

本书意在以比较易于理解的形式向法律工作者、非政府组织活动者、学者、媒体从业人员和官员提供有关信息权的国际视野的比较研究信息。本书重点从国家立法的角度对信息权实践进行比较分析，同时还提供支撑信息权的国际标准和原则。本书第二版纳入了更多国家，内容更详细，对国际标准进行了更新，希望能成为有用的资源，以帮助那些努力推广信息权最佳实施途径的人们。

[①] 参见"国际标准与潮流"中的"人权信息"部分。

国际标准与潮流

本书 2003 年出版的第一版曾尝试判断说，总体而言，有证据——主要是权威组织发表的国际声明——支持这样一个结论，即信息权已经得到国际上的承认。此后又有一些重要进展。一系列新的语气更坚决的声明发表了。这些声明表示，获取公共机构所掌握的信息的权利是一项基本人权。非常有意义的是，一个国际法院——美洲国家间人权法院（Inter-American Court of Human Rights）第一次作出明确的判决说，由国际法所保障的表达自由的一般权利包括信息权。

在 2003 年，"信息权被国际上承认为一项基本人权"的判断只是一个大胆的看法，所以也只是一种暂时的说法。现在情况不同了。这个判断已经得到非常广泛的支持。当然还会有人怀疑这一判断，但那些人是在对抗历史，全然不顾越来越多的与他们的观点相反的证据。

如前所述，负有促进并保护人权之职责的无数国际组织都权威性地承认了获取公共机构所持有的信息的权利这一基本人权，以及用有效的立法保障这个权利的必要性。这些组织包括联合国，美洲国家组织、欧洲委员会和非洲联盟下属的地区性人权组织和机构，以及其他具有人权职能的国际组织如英联邦。

上述那些关于信息权的声明所表达的基本原则被纳入对表达自由的总体保障之中，而这正是本部分讨论的主要焦点。除了提出信息权的国际标准之外，本部分还要概述国家层面上的进展，以证明这些进展显示了信息权作为一种人权的地位得到了普遍的承认。信息权是一种人权，也是民主的基石，这一观点在国家层面上得到越来越多的共识。其表现就是：许多现代国家的宪法都将信息权纳入受保护的权利和自由之中，以及通过立法来保障信息权的国家的数目近年来正以戏剧化的速度增加。

人们还将信息权与环境权、人权状况知晓权、公共事务参与权等联系起来。获取公共机构所持有信息的权利也被与反腐败之类的现实社会目标联系起来。本部分将简略地讨论这些问题。

联 合 国

联合国（The United Nations）早就承认了"信息自由权"的观念。1946年联合国大会第一次会议通过了第59号决议，其中申明：

> 信息自由是一项基本人权，而且……是被联合国视为神圣的所有自由权利的试金石。①

尽管保障对公共机构所持有信息的获取权的一些早期法律被称做"信息自由权"法，但很显然从上下文看，像在联合国决议中那样，信息自由是泛指社会中信息的自由流动，而不是更具体的获取公共机构所持有信息的权利。

1948年联合国大会通过的《世界人权宣言》（Universal Declaration of Human Rights，UDHR）② 一般被看做国际人权的旗舰宣言。宣言第19条作为国际习惯法对所有国家都有约束力，③ 它以下列规定保障表达和获取信息的自由权利：

> 人人有权享有主张和发表意见的自由；此项权利包括持有主张不受干涉的自由，和通过任何媒介和不论国界寻求、接受和传递消息和思想的自由。

1966年联合国大会通过了《公民权利和政治权利国际公约》

---

① 1946年12月14日。
② 联合国大会第217A(III)号决议，1948年12月10日。
③ 国际习惯法中有关人权的司法意见参见以下案例，例如：Barcelona Traction , light and Power Company Limited Case（Belium v. Spain）（Second Phase）, ICJ Rep. 1970 3（International Court of Justice）; Namibia Opinion, ICJ Rep. 1971 16, Separate Opinion, Judge Ammoun（International Court of Justice）; and Filartiga v. Pena-Irala , 630 F. 2d 876(1980)（US Circuit Court of Appeals, 2nd Circuit）。一般可参见 M. S. McDougal, H. D. Lasswell, L. C. Chen, Human Rights and World Public Order （1980：Yale University Press, Princeton）, pp. 273 – 74, 325 – 27。

(*International Covenant on Civil and Political Rights*，ICCPR)① 这个具有法律约束力的条约，2007 年 7 月条约已获得 160 个国家批准。《公民权利和政治权利国际公约》保障主张和表达意见的自由，《世界人权宣言》第 19 条也使用了十分类似的措辞。

这些国际人权的法律文件没有对信息权作出明确的阐释，而这些普遍性地保护表达权的法律在通过的时候并未被理解为包括对公共机构所持有信息的获取权。然而，权利的内容不是一成不变的。例如欧洲人权法院（European Court of Human Rights）认为，"《欧洲人权公约》（European Convention on Human Rights）是一个与时俱进的法律文件……必须根据当代的情况来理解。"② 同样，美洲国家间人权法院也认为国际"人权条约是变动中的法律文件，必须根据时代的演进，尤其是根据当代的社会状况来解读。"③

负责起草这些国际人权条约的人们在撰写表达自由权利的条文时是富有远见的，不仅将传递信息的权利，而且将寻求和接受信息和思想的权利纳入其中。这些条约承认的这个重要社会功能不仅包括自我表达的自由——说话的自由——而且包括更深层的保证信息和思想在社会上自由流动的理念。这些条约承认，重要的是不仅要保护说话者而且要保护信息接收者。对这些权利的承认现在被理解为，信息权包括寻求公共机构所持有的信息并给予获取之便利的权利。

联合国思想与表达自由特别报告员

1993 年联合国人权委员会（UN Commission on Human Rights）④ 设立了

---

① 联合国大会第 2200 A（XXI）号决议，1966 年 12 月 16 日，1976 年 3 月 23 日生效。
② 泰勒对英国案（*Tyer v. United Kingdom*），1978 年 4 月 25 日，第 5856/72 号案例，第 31 节。另见克里斯汀·古德温对英国案（*Christine Goodwin v. United Kingdom*），2002 年 6 月 11 日，第 28957/95 号案例，第 74 节。
③ 阿瓦·廷尼土著社区对尼加拉瓜案 [*Case of the Mayagna (Sumo) Awas Tingni Community v. Nicargua*]，2001 年 8 月 31 日，C 系列，79 号，第 146 节。另见《保障正当法律程序框架内的领事援助信息获取权》（*The Right to Information on Consular Assistance in the Framework of the Guarantees of the Due Process of Law*），1999 年 10 月 1 日 "咨询意见" OC – 16/99，A 系列，16 号（美洲国家间人权法院），特别是 A. A. 坎卡多·特林达德（A. A. Cancado Trindade）法官的"并列意见"。
④ 联合国人权委员会是由联合国经济和社会理事会（ECOSOC）在 1946 年设立以推动人权工作，至 2006 年该委员会被联合国人权理事会取代，成为联合国最权威的人权机构。关于联合国大会 2006 年 4 月 3 日通过设立该委员会的第 60/251 号决议，见 http://daccessdds.un.org/doc/UNDOC/GEN/N05/502/66/PDF/N0550266.pdf? OpenElement。

联合国思想与表达自由特别报告员（UN Special Rapporteur on Freedom of Opinion and Expression）的职务①。特别报告员的职责之一就是阐明思想与表达自由权利的确切含义。自1997年以来，特别报告员递交的多数年度报告都涉及信息权的问题。收到特别报告员1997年最初提交的关于信息权的报告后，联合国人权委员会要求特别报告员"对寻求与获取信息的权利作深入的解说，并就他在沟通中发现的问题作进一步评论并提出建议。"②

特别报告员在1998年的年度报告中清楚地表明，表达自由权包括获取国家所持有信息的权利："寻求、获得、传递信息的权利不容争辩地赋予国家一个明确的责任，即保障对信息，特别是政府在各种存储和索取系统中所保有信息的获取权……"③ 人权委员会欢迎特别报告员的观点。④

联合国特别报告员在2000年递交人权委员会的年度报告中对信息权的评价作了进一步的重要阐释。他指出，信息权不仅对民主、自由极为重要，对参与权和实现发展的权利也同样重要。⑤ 报告员还重申他"担心政府和政府部门拒绝人民获取本该属于他们自己的信息的这种倾向"。⑥ 重要的是，特别报告员同时还详尽地陈述了信息权的具体内容。⑦ 在后来的报告中，特别报告员更为关注的是落实信息权，而不是制订更多的标准。

联合国特别报告员关于信息权的观点得到其他跨政府组织授权的负责表达自由的官方代表的支持。1999年11月，三个关于表达自由的专项委任代表——联合国思想与表达自由特别报告员、欧洲安全与合作组织（OSCE）媒介自由代表、美洲国家组织表达自由特别报告员——首次被非政府人权组织"'第19条'全球自由表达运动"召集到一起。他们通过了一个《联合宣言》（Joint Declaration），其中说：

---

① 1993年3月5日第1993/45号决议。
② 1997年4月11日第1997/27号决议，第12节(d)小节。
③ 特别报告员的报告，*Promotion and Protection of the Right to Freedom of Opinion and Expression*，联合国文件（UN Doc. E/CN.4/1998/40），1998年1月28日，第14节。
④ 1998年4月17日第1998/42号决议，第2节。
⑤ 特别报告员的报告，*Promotion and Protection of the Right to Freedom of Opinion and Expression*，联合国文件（UN Doc. E/CN.4/2000/63），2000年1月18日，第42节。
⑥ 特别报告员的报告，*Promotion and Protection of the Right to Freedom of Opinion and Expression*，联合国文件（UN Doc. E/CN.4/2000/63），2000年1月18日，第43节。
⑦ 特别报告员的报告，*Promotion and Protection of the Right to Freedom of Opinion and Expression*，联合国文件（UN Doc. E/CN.4/2000/63），2000年1月18日，第44节。关于特别报告员所主张的标准，详见本书"信息权制度的特点"。

表达自由包含公众公开获取信息和知晓政府代表他们在做什么的权利，没有这一权利，真相将被遮掩，而人民对治理的参与也仍像是一盘散沙。①

这几位代表现在每年就不同的表达自由问题发表一个《联合宣言》。他们在2004年的《联合宣言》中对信息权作了进一步阐释，说：

获取公共权力机构所持有信息的权利是一项基本人权，信息权应当在国家层面通过综合性立法（例如信息自由法案）来实现，依据"最大限度公开原则"，其推定是：除严格规定的例外情况之外，所有的信息都可以被获取。②

《联合宣言》还进一步阐述了信息权的具体内容。

另一个负责维护表达自由的主要联合国组织是联合国人权事务委员会（UN Human Rights Committee, HRC），是根据《公民权利和政治权利国际公约》设立的，负责监督表达自由权的实施。联合国人权事务委员会审查并评价各国按照要求定期提交的关于《公民权利和政治权利国际公约》所规定义务执行情况的报告，并听取个人对于那些已经批准《公民权利和政治权利国际公约》（第一）任择议定书的国家违反人权行为的投诉。③ 到目前为止人权事务委员会一直没有对各国定期报告中反映出的信息权问题作出评价，尽管部分的原因是这些报告本身多容易引起反作用。至今没有任何涉及信息权的个人案件被人权事务委员会裁决，虽然据悉目前有一些案件正有待委员会作出裁决。

地 区 标 准

所有这三个主要地区性人权体系——美洲国家组织（Organization of

---

① 1999年11月26日，参见 http://www.article19.org/pdfs/igo-documents/threemandates-dec-1999.pdf。
② 2004年12月6日通过，见 http://www.unhchr.ch/huricane/huricane.nsf/0/9A56F80984C8BD5EC1256F6B005C47F0?open document。
③ 《公民权利和政治权利国际公约》（第一）任择议定书表明签约国承认个人投诉的程序。联合国人权委员会的主张虽然没有正式的法律约束力，但在这类案件中却很有说服力，而且许多国家都接受人权委员会的观点。

American States）、欧洲委员会（Council of Europe）、非洲联盟（African Union）——都正式承认信息权。下面这一节将陈述这些标准的发展状况。

美洲国家组织

《美洲人权公约》（American Convention on Human Rights，ACHR）是一个有法律约束力的条约，公约第13条保障表达自由权,[①] 其措辞与联合国的相关文件类似，甚至更为强硬。1994年地区性非政府组织"美洲新闻协会"召集"半球言论自由会议"，会上通过了《查普特佩克宣言》（Declaration of Chapultepec），以一套准则阐释了《美洲人权公约》第13条中提及的对表达自由的保障。[②] 宣言明确承认信息权是一项基本人权，其中包括获取公共机构所持有信息的权利：

1. 人人都有寻求和获得信息、表达和自由传播意见的权利。任何人不得限制或剥夺这种权利。
2. 法律必须强制权力机构以及时而又合理的方式为获取公共部门所产生的信息提供方便。

虽然《查普特佩克宣言》起初并不具有正式法律的资格，正如圣地亚哥·坎顿（Santiago Canton）博士担任美洲国家组织的表达自由特别报告员时所说：宣言"得到本半球所有社会阶层日益增长的认可，而且在表达自由的领域里成为被经常引用的案例。"[③] 到目前为止，大约30个美洲国家元首或政府首脑以及无数其他知名人士都在宣言上签了字。[④]

[①] 1969年11月22日在哥斯达黎加的圣何塞通过，美洲国家组织条约系列第36号，1978年7月18日生效。

[②] 墨西哥城，1994年3月11日。

[③] Annual Report of the Inter-American Commission on Human Rights 1998, Volume III, Report of the Office of the Special Rapporteur for Freedom of Expression，1999年4月16日，第 OEA/Ser. L/V/II.102, Doc. 6 rev. 号文件，第III章。

[④] 这些国家是：安提瓜和巴布达、阿根廷、巴哈马群岛、玻利维亚、伯利兹、巴西、智利、哥伦比亚、哥斯达黎加、多米尼加（西印度群岛国）、多米尼加共和国、厄瓜多尔、萨尔瓦多、格林纳达、危地马拉、圭亚那、洪都拉斯、牙买加、墨西哥、尼加拉瓜、巴拿马、巴拉圭、秘鲁、圣基茨和尼维斯联邦、圣文森特及格瑞那丁、苏里南共和国、特立尼达和多巴哥、乌拉圭、美国。参见 http://www.declaraciondechapultepec.org/english/presidential_sign.htm。

特别报告员的职务是由美洲人权委员会于1997年设立的。① 这位特别报告员（圣地亚哥·坎顿）多次申明，信息权是一项基本人权，此权利包括对公共机构所持有信息的获取权。他在1999年提交给美洲人权委员会的年度报告中说：

> 对官方信息的获取权是代议制民主的一块基石。在代议制政府中，代表们应当对将自己的代表权和公共事务决策权托付给他们的那些民众负责。信息权属于将公共事务的管理权托付给自己所选代表的那些个人。信息是国家用纳税人的钱生产出来的。②

2000年10月美洲人权委员会在一次重要的活动中通过了《美洲表达自由原则宣言》（Inter-American Declaration of Principles on Freedom of Expression）。③ 这是迄今为止美洲国家关于表达自由的一个最全面的官方文件。该文件的导言重申了上述有关信息权的观点：

> （我们）相信，保障对国家所持有信息的获取权将能确保政府行为更透明，更诚信，确保民主制度得到加强……

表达自由原则明确地承认信息权：

> 3. 人人都有权迅速而容易地获取有关自己或本人资产的信息，不管这些信息是保存在数据库，还是公共或私人注册的处所，在必要时能够更新、更正和（或）修改这些信息。
>
> 4. 对国家所持有信息的获取权是每个人的基本权利。国家有义务保障这一权利的充分实现。这一原则仅在例外的情况下受到限制，这些限制必须事先通过法律程序确定，以防止对民主社会的国家安全构成真正的迫在眉睫的威胁。

---

① 美洲人权委员会新闻稿第2/98号，1998年3月6日，第14~15节。
② Annual Report of the Inter-American Commission on Human Rights 1998, Volume III, Report of the Office of the Special Rapporteur for Freedom of Expression, 1999年4月16日, 第OEA/Ser. L/V/II. 102, Doc. 6 rev. 号文件，第24页。
③ 第108次定期会议，2000年10月19日，见http://www.iachr.org/declaration.htm。

自 2003 年以来美洲国家组织大会遵循上述原则，每年都要通过有关公共信息获取权的决议。这些决议强调美洲国家组织成员国有义务"尊重并促使大家尊重每个人的公共信息获取权"，这被看做"民主制度的运作中不可或缺的条件"。决议还要求各成员国"促进通过任何必要的立法的或其他类型的条款，以保障对信息权的承认和有效的实施。"[1]

在 2004 年通过的《新莱昂宣言》(Declaration of Nueva León) 中，美洲国家首脑们声明：

  在宪法和法律规定的范围内，包括有关隐私和机密的规范内，对国家持有信息的获取权是公民参与的必不可少的条件，且能促进对人权的有效尊重。我们保证提供法律和规章的框架以及必要的机构和条件来保障公民的信息权。[2]

欧洲委员会

欧洲委员会 (Council of Europe，COE) 是一个跨政府组织，目前有 47 个成员国，致力于促进人权、教育和文化事业的发展。欧洲委员会的一个基础性文件是《欧洲保护人权与基本自由公约》(European Convention for the Protection of Human Rights and Fundamental Freedoms，ECHR) (《欧洲人权公约》)[3]，《欧洲人权公约》第 10 条表明，表达和信息自由权作为一项基本人权受到保护。《欧洲人权公约》第 10 条与《世界人权宣言》第 19 条、《公民权利和政治权利国际公约》和《美洲人权公约》第 13 条的细微差别在于，《欧洲人权公约》保护"接受和传递"信息的权利，而不是"索取"信息的权利。

---

[1] 参见关于公共信息获取权的第 1932 号决议 (XXXIII - O/03)——巩固民主制，2003 年 6 月 10 日通过；关于公共信息获取权的第 2057 号决议 (XXXIV - O/04)——巩固民主制，2004 年 6 月 8 日通过；关于公共信息获取权的第 2121 号决议 (XXXV - O/05)——巩固民主制，2005 年 5 月 26 日通过；关于公共信息获取权的第 2252 号决议 (XXXVI - O/06)——巩固民主制，2006 年 6 月 6 日通过；关于公共信息获取权的第 2288 号决议 (XXXVII - O/07)——巩固民主制，2007 年 6 月 5 日通过。另见 2007 年决议第 1~2 节。

[2] 《新莱昂宣言》2004 年 1 月 13 日在墨西哥新莱昂蒙特雷城召开的美洲国家特别峰会通过。见 http://iica.int/cumbres/CumbresdlasAmericas/DeclaracionLeon_eng.pdf。

[3] E.T.S. No.5，1950 年 11 月 4 日通过，1953 年 9 月 3 日生效。

欧洲委员会的政治组织作出重要的努力来促使信息权被承认为一项基本人权。1981年欧洲委员会的组织决策机构——欧洲部长委员会（Committee of Ministers）（由成员国的外交部长组成）——通过了《关于获取公共权威机构所持信息的第 R(81)19 号建议书》[Recommendation No. R(81)19 on Access to Information Held by Public Authorities]，建议书说：

  I. 在成员国管辖下的每个人都有权经申请即获得除立法机构和司法部门之外的公共机构所掌握的信息。①

1994年欧洲国家第4届大众媒介政策部长会议通过了一个宣言，建议欧洲部长委员会考虑"起草一个法律文件或其他法案来具体规定有关公众获取公共机构所掌握信息的权利的基本原则"。② 部长委员会却作出另一种选择，于2002年2月21日通过了一份《建议书》，其中包括下面的条款：

III

获取官方文件的总原则

  成员国应当保障每个人经申请即获得公共机构所掌握的官方文件的权利。贯彻这一原则时不应以任何借口实行歧视，包括对国籍的歧视。

建议书还对信息权的内容作了较详尽的阐释。例如第 IV 条原则描述了限制信息获取权的合法范围。第 V 条、第 VI 条原则谈到程序问题。建议书也涉及获取信息的形式（第 VII 条原则）、费用（第 VIII 条原则）、获取权被拒后要求复审的权利（第 IX 条原则）、促进措施（第 X 条原则）以及提前公布信息（第 XI 条原则）。

2005年5月欧洲部长委员会任命了一个专家组来"起草一个独立的、具有法律约束力的文件以确定获取官方文件的原则"。③ "获取官方文件问题专家组"（缩写为 DH-S-AC）向欧洲委员会的人权指导委员会（Council of

---

① 1981 年 11 月 25 日，第 2 页。
② Declaration on Media in a Democratic Society, DH-MM(95)4, 1994 年 12 月 7~8 日，第 16 节。
③ 第 CM/866/04052005 号决定。见 http://wcd.coe.int/ViewDoc.jsp? id = 857569 & BackColorInternet = 9999CC&BackColorIntranet = FFBB55&BackColorLogged = FDC864。

Europe's Steering Committee for Human Rights）提交了一个《官方文件获取权欧洲协定》（European Convention on Access to Official Documents）的草案。协定一经通过就将成为承认个人对官方文件获取权的一个有法律约束力的正式文件。指导委员会将于 2008 年 3 月召开下次会议时将讨论这个协定的草案。①

由欧盟 27 个成员国（现在）于 2000 年通过的《欧盟基本权利宪章》（Charter of Fundamental Rights of the European Union）②确立了欧盟所保障的人权。宪章第 42 条准许在下列条件下享有获取欧盟机构所持有文件的权利：

> 欧盟的任何公民，以及任何在欧盟成员国居住或拥有注册办公处的自然人或法人都有权获取欧洲议会、欧洲理事会和委员会的文件。

《欧盟基本权利宪章》本是一个"政治性"文件，现在凭借修正《欧盟条约》（Treaty on European Union）的《里斯本条约》（Treaty of Lisbon）第 6 条和建立欧洲共同体的《改革条约》（Reform Treaty），《欧盟基本权利宪章》将具有法律约束力。③欧洲的国家元首们将于 2007 年 12 月签署改革条约，然后将等待批准。《欧盟基本权利宪章》建立在各成员国的宪法传统之上，因此，宪章对信息权的承认意味着这一权利不仅被普遍认可，而且被欧盟国家广泛地视为一种基本权利。

非洲联盟

非洲联盟（African Union）中信息权的发展较为稳健，然而，2002 年 10 月非洲人权和民族权委员会（African Commission on Human and Peoples' Rights）通过了《非洲表达自由原则宣言》（Declaration of Principles on Freedom of Expression in Africa）。④《非洲表达自由原则宣言》是对《非洲人权和民族权

---

① 2007 年 11 月 6~9 日召开的人权指导委员会第 65 次会议的报告，CDDH（2007）023，22，2007 年 11 月 22 日。本书作者存档。
② 2000 年 12 月 7 日通过，2000 年 12 月 18 日欧共体官方记录，C 364/01。见 http://www.consilium.europa.eu/uedocs/cms_data/docs/2004/4/29/Charter% 20of% 20fundemental% 20rights% 20of% 20the% 20European% 20Union.pdf。
③ 《改革条约》草案见 http://www.consilium.europa.eu/uedocs/cmsUpload/cg00014.en07.pdf。
④ 非洲人权和民族权委员会第 32 次一般会议，2002 年 10 月 17~23 日召开，冈比亚班珠尔市。见 http://www.achpr.org/english/declarations/declaration_freedom_exp_en.html。

宪章》（African Charter on Human and Peoples' Rights）关于保障表达自由的第9条的权威阐释。① 《非洲表达自由原则宣言》明确地支持对公共机构所持信息的获取权，宣言说：

IV
信息自由

1. 公共机构不是为自身掌握信息，而是为公众的利益代管信息。所以，每个人都有获取这种信息的权利。只有通过法律程序清楚界定的规则可以限定这权利。

同样的原则也体现在对信息权的一些重要特点的阐释中。

英 联 邦

英联邦（The Commonwealth）采取了重要的具体步骤来确认人权和民主是作为英联邦之基石的共同价值体系的一个基本组成部分。1991年英联邦通过了《哈拉雷英联邦宣言》（Harare Commonwealth Declaration），郑重地申明了英联邦的基本政治价值观，包括尊重人权和尊重个人参与构建自己的社会的不可剥夺的权利。②

将近30多年前英联邦就已经承认了信息权的重要性。早在1980年在巴巴多斯召开的英联邦司法部长会议就曾宣称："当公民能够充分获得官方信息时，公众对民主和政治过程的参与具有最大的价值。"③

此后，英联邦采取了一系列重要步骤来阐释信息权的内容。1999年3月英联邦秘书处召集一个英联邦专家组来讨论信息权。专家组通过了一个文

---

① 《非洲人权和民族权宪章》于1981年6月26日在肯尼亚内罗毕通过，文件号OAU Doc. CAB/LEG/67/3 rev. 5, 21 I. L. M. 58 (1982)，1986年10月21日生效。与其他地区性制度的类似法律条款相比，该宪章第9条的表述不太有力，但非洲人权和民族权委员会一般会力图作出正面的阐释。

② Commonwealth Heads of Government Meeting, 1991年10月20日，第4节和第9节。另见 Millbrook Commonwealth Action Programme, Commonwealth Heads of Government Meeting, 1995年11月12日。

③ 被《促进政府公开：英联邦关于知情权的准则与指导方针》（Promoting Open Government: Commonwealth Principles and Guidelines on the Right to Know）引用。该文是英联邦知情权及促进民主与发展问题专家小组会议的背景文件（1999年3月30～31日，伦敦）。

件，提出有关"信息自由"的一些原则和指导方针，包括：

> 信息自由应当作为一个法定的和可以实施的权利得到保障，使每个人都能获取由国家行政、立法、司法部门，以及政府拥有的公司和其他执行公共职责的组织所掌握的信息。①

1999 年 5 月在特立尼达和多巴哥的西班牙港召开的英联邦司法部长会议签署通过了上述原则和指导方针。与此同时，与会的司法部长们还总结出一系列关于信息权的关键原则。② 司法部长们还吁请英联邦秘书处采取步骤推广这些原则，包括向各国政府提供技术协助和交流经验。

英联邦功能合作全体委员会（Committee of the Whole on Commonwealth Functional Co-operation）审议《司法部长会议公报》（Law Ministers' Communiqué）后提出的报告被英联邦政府首脑们批准。③ 报告说：

> 委员会注意到英联邦司法部长会议签署的《英联邦信息自由原则》(Commonwealth Freedom of Information Principles)，并将其转给了各国首脑。委员会承认，公众获取官方信息的权利对于促进透明度和负责任的管理以及鼓励公民充分参与民主进程等都很重要。④

英联邦秘书处采取了具体步骤在成员国中推广信息权。例如，秘书处起草了有关信息权和隐私权的法律范例。⑤

---

① 被《促进政府公开：英联邦关于知情权的准则与指导方针》（*Promoting Open Government: Commonwealth Principles and Guidelines on the Right to Know*）引用。该文是英联邦知情权及促进民主与发展问题专家小组会议的背景文件（1999 年 3 月 30~31 日，伦敦）。
② *Communiqué*, Meeting of Commonwealth Law Ministers (Port of Spain: 10 May 1999).
③ *The Durban Communiqué* (Durban: Commonwealth Heads of Government Meeting, 15 November 1999), Para. 57.
④ *Communiqué*, Commonwealth Functional Co-operation Report of the Committee of the Whole (Durban: Commonwealth Heads of Government Meeting, 15 November 1999), Para. 20.
⑤ 信息自由法案见 http://www.thecommonwealth.org/shared_asp_files/uploadedfiles/%7BAC090445-A8AB-490B-8D4B-F110BD2F3AB1%7D_Freedom%20of%20Information.pdf。隐私权法案见 http://www.thecommonwealth.org/shared_asp_files/uploadedfiles/%7B82BDA409-2C88-4AB59E32-797FE623DFB8%7D_protection%20of%20privacy.pdf。

国际法判例

美洲国家间人权法院

美洲国家间人权法院（Inter-American Court of Human Rights）1985 年的一个"咨询意见书"（*Advisory Opinion*）中解释《美洲人权公约》第 13 条时谈到表达自由的双向性——既保护传递信息和观点的权利，也保护寻求、获取信息和观点的权利：

> 公约第 13 条……规定，公约所涉及的人们不仅有表达自己思想的权利和自由，而且有寻求、获取和传递任何种类的信息和观点的权利和自由……［表达自由］指的是：一方面，任何人不应被武断地限制或阻止表达自己的思想，从这个意义来看，表达自由是每一个人的自由；另一方面，表达自由的第二层意义指的是接受任何信息并获取他人所表达的思想的一种集体的权利。①

美洲国家间人权法院还表示："对每个公民来说，了解他人的观点或享有广泛获取信息的权利与传播自己观点的权利同样重要"。结论是："一个信息不能充分流通的社会不是一个真正自由的社会。"② 尽管美洲国家间人权法院当时还没有进步到承认对公共机构所持有信息的获取权，但它已经为这一步打下了坚实的法律基础。

一个极为重要的进展是，2006 年 9 月 19 日美洲国家间人权法院作出的一项裁决中明确指出，《美洲人权公约》第 13 条对表达自由的全面保障也包括保护对公共机构所掌握信息的获取权。该法院文件的具体措辞是：

> 77. 根据本案所提供的事实，法院认为，《美洲人权公约》第 13 条在明确地保障"寻求"和"获得""信息"的权利时，也保护每个

---

① *Compulsory Membership in an Association Prescribed by Law for the Practice of Journalism*, 1985 年 11 月 13 日咨询意见，文件号 OC – 5/85，第 30 节。
② *Compulsory Membership in an Association Prescribed by Law for the Practice of Journalism*, 1985 年 11 月 13 日咨询意见，文件号 OC – 5/85，第 32 节和第 70 节。

人要求获取国家所掌握信息的权利，仅在符合公约关于限制的规定时才能作出例外的处理。因此，上述条款包括个人获取上述信息的权利，以及国家主动提供上述信息的义务。提供信息的形式须使个人有条件获知该信息，或是在特定情况下当国家根据公约认可的理由限制信息的获取时，得到有根据的答复。提供信息无须索取者事先证明涉及自身的直接利益或与本人有关联，除非是在受到合法限制的情况下。①

上述引文显示了信息权的一些重要特点，即对信息权的限制必须以《美洲人权公约》第 13 条为依据，获取信息无须提供理由。美洲国家间人权法院还进一步说明了对信息获取权设限的合法范围，即限制必须有法律依据，目的是保护被《美洲人权公约》认可的合法利益，而且在民主社会中有必要保护这一利益。②

美洲国家间人权法院法官一致认为，被告国智利侵害了《美洲人权公约》第 13 条所保障的表达自由权。有意义的是，法院法官也一致要求智利不仅要进行常规性的赔偿，如向受害人提供信息、作出补偿、公布裁决结果等，还要通过国家立法采取必要措施落实信息权，甚至包括向公务员提供信息权工作培训。③

欧洲人权法院

欧洲人权法院（The European Court of Human Rights）也审议过关于获取公共机构所掌握信息的权利的要求。法院从一系列案件中审阅到这个问题，包括：林德对瑞典、④ 盖斯金对英国、⑤ 盖拉和欧斯对意大利、⑥ 迈金里

---

① 克劳德·雷耶斯等对智利案（Claude Reyes and Others v. Chile），2006 年 9 月 19 日，C 系列 151 号，第 77 节（美洲国家间人权法院）。见 http://www.corteidh.or.cr/docs/casos/articulos/seriec_151_ing.doc。
② 克劳德·雷耶斯等对智利案（Claude Reyes and Others v. Chile），2006 年 9 月 19 日，C 系列 151 号，第 88~92 节。
③ 克劳德·雷耶斯等对智利案（Claude Reyes and Others v. Chile），2006 年 9 月 19 日，C 系列 151 号，第 174 节。
④ 1987 年 3 月 26 日，第 9248/81，9 EHRR 433 号申请。
⑤ 1989 年 7 月 7 日，第 10454/83，12 EHRR 36 号申请。
⑥ 1998 年 2 月 19 日，第 14967/89 号申请。

和伊根对英国、① 奥迪耶伏对法国、② 西尔布等人对摩尔多瓦、③ 洛奇对英国的案件④。有些案件中以《欧洲人权公约》第 10 条所保护的表达自由权为依据提出要求，⑤ 法院认为这一权利并不包括获取想要得到的信息。以下对林德案中所涉及的公约第 10 条适用范围的解释在所有这些案件中直接起作用或是被参考：

> 自由获取信息的权利主要是要求制止政府限制个人接受他人希望或愿意传递给他的信息。在目前的案件所涉及的这类情况下，公约第 10 条并不授予个人获取信息的权利……也不包括政府有义务……向个人透露信息。⑥

法院使用的措辞是"在目前的案件所涉及的这类情况下"，并不完全排除公约第 10 条有可能包含信息权。然而，这些案件涵盖很大范围的一系列不同的事实模式，因此，总的看来在所有这些案件中对第 10 条保障信息获取权的拒绝构成了承认这一要求的很大障碍。正如欧洲人权法院的一个大审判庭在洛奇案中拒绝根据第 10 条提出的信息获取权要求时所说："本庭不认为有理由不运用这一既定的裁判规程。"⑦

然而人权法院并没有拒绝承认这些案件中的补偿权。法院发现对案件中所要求的信息获取权的拒绝违反了《欧洲人权公约》第 8 条所保障的个人和（或）家庭生活权。⑧ 法院认为这些案件中多数都没有违反对个人和家庭生活权的尊重，但公约第 8 条要求国家承担保障这种权利的积极的义务：

> ［A］尽管公约第 8 条的目的本是保护个人不受公共权威机构武断的干预，但第 8 条并不仅是迫使国家放弃这种干预：除了这种主要是消

---

① 1998 年 6 月 9 日，第 21825/93 号和第 23414/94 号申请。
② 2003 年 2 月 13 日，第 42326/98 号申请。
③ 2004 年 6 月 15 日，第 73562/01 号、第 73565/01 号、第 73712/01 号、第 73744/01 号、第 73972/01 号和第 73973/01 号申请。
④ 2005 年 10 月 19 日，第 32555/96 号申请。
⑤ 迈金里案（*McGinley*）和奥迪耶伏案（*Odièvre*）的指控都与《欧洲人权公约》第 10 条无关。两案的依据是其他条款，包括第 8 条。
⑥ 林德案（*Leander*），第 74 节。
⑦ 洛奇案（*Roche*），第 172 节。
⑧ 西尔布案（*Sîrbu*）中没有关于要求信息获取权的裁决。

极的任务之外,对个人或家庭生活的有效尊重或许还包括积极的义务。①

这积极的义务可以包括在某些情况下准许获取信息。

在第一个案件中,申请人林德被以保护国家安全为由从瑞典政府部门解雇,但林德被拒绝获取在警方秘密档案中保存的有关他本人私生活的信息。这些信息导致他被解雇。法院认为,这些信息的存储和使用,加上拒绝给予申请者辩驳的机会,构成了对他的个人生活受尊重权的干涉。然而这一干涉被辩解为对瑞典国家安全的必要保护。② 有意思的是,最后人们得知,林德事实上是因为他个人的政治观点被解雇的,瑞典政府向他作出了道歉和赔偿。

在盖斯金案件中,申请人盖斯金儿时被英国地方当局抚养,他申请获取国家保存的关于他本人情况的档案。法院认为申请人有权知晓并理解他的童年及早期成长的情况,尽管同时应当衡量提供此信息的第三方的保密需求。值得注意的是,此案使政府有积极的义务去设立一个独立的机构来决定如果第三方信息提供者不在,或是不同意透露信息,是否还应当批准申请人获取信息的请求。在此案中,政府没有批准申请人的请求,所以他的权利受到了侵害。③

在盖拉案中,住在"高度危险"的化工厂附近的申请人抱怨说,意大利地方当局没有向他们提供信息告知他们污染的危险以及一旦发生重大事故该怎么办。法院认为,严重的环境问题可能影响个人的福利,使他们无法享受家庭生活,因而干涉了他们的个人和家庭生活权。因此,意大利当局应承担积极的义务,向申请人提供必要信息,以便他们评估居住在高度危险的化工厂附近的镇上要承担怎样的风险。未能向申请人提供那样重要的信息,就是损害了《欧洲人权公约》第8条向他们承诺的权利。④ 这一裁决特别有意义,因为国家似乎并不真正掌握被索取的信息,国家实际上需要去搜集那些信息。

迈金里和伊根案中,申请人在圣诞岛核试验时曾受到放射线辐射,

---

① 盖拉案(*Guerra*),第58节。
② 林德案(*Leander*),第48、67节。
③ 盖斯金案(*Gaskin*),第49节。
④ 盖拉案(*Guerra*),第60节。

要求获取关于这种辐射可能引起的健康损伤方面的档案资料。法院认为根据《欧洲人权公约》第 6 条和第 8 条分别对关于公平听证权和个人及家庭生活受尊重权的保护，申请者的确有权获得他们要求的信息。然而，政府曾经履行其积极义务设立了获取信息的程序，但申请者没有利用该程序。①

奥迪耶伏案是关于申请者要求获取生身母亲信息的问题。法院承认其要求属于《欧洲人权公约》第 8 条保护个人生活权的范畴，但法院认为，法国当局拒绝提供信息体现了它在申请人的利益和其母亲的利益之间的恰当平衡，而其母亲曾明确表示她不愿公布自己的身份。②

西尔布案与其他各案略有不同之处在于，申请人提出的获取信息的要求实际上是第二位的。他们的主要指控是国家没有执行关于他们有权获得一笔被拖欠的工资的国内法裁决。他们的这一权益所依据的国内法"裁决"被列为机密信息，申请人被拒绝获取该信息。尽管如此，一个国内法庭仍将被拖欠的工资判给他们，但国家却拒绝执行，这显然违反了《欧洲人权公约》第 6 条关于保障公正、公开的听证权的规定。

洛奇案像迈金里和伊根案一样对军事试验导致的医疗问题要求赔偿。法院认为，关于公正听证的《欧洲人权公约》第 6 条在此案中不适用，③ 但第 8 条适用，而且法院认为政府没有充分理由拒绝公布信息，因而发生了对权利的侵害。重要的是，法院认为，为回应申请人的要求而以各种方式公布信息并不等同于"第 8 条所构想的那种有计划的公布程序"。④ 这似乎超越了先前那些具体案例，提升了这一权利的地位。

尽管欧洲人权法院的这些裁决都承认信息获取权，但这些裁决是有问题的。首先，人权法院处事谨慎，清楚地表明法院的裁决只限于对每个案件具体情况的处置，不应被看做在形成一个基本原则。⑤ 其次，更令人疑虑的是，将判断的基础放在尊重个人和（或）家庭幸福权上，这就严重地限制了信息获取权的范围。这一点在盖拉案中表现得最明显。该案中法院的裁决前进了一大步，认为严重的环境问题会影响申请人的个人和家庭生活受尊重

---

① 迈金里和伊根案（*McGinley and Egan*），第 102~103 节。
② 奥迪耶伏案（*Odièvre*），第 44~49 节。
③ 洛奇案（*Roche*），第 125 节。
④ 洛奇案（*Roche*），第 166 节。
⑤ 参见盖斯金案（*Gaskin*），第 37 节。

权。尽管法院在盖拉案中出于正义和民主高于一切的原则前进了一大步，但这仍不算是一种令人满意的处理方法。最后，这样的处理与其他国际组织表达的有关信息权的观点从根本上是冲突的，信息权不能以牺牲其他权利为前提。实际上人权法院似乎因为拒绝将《欧洲人权公约》第 10 条的信息权当做裁决的基础而让自己退到了一个墙角。

同时，有迹象表明人权法院也许会改变立场。在斯德鲁则尼·乔德斯科·马特基对捷克共和国一案中，[1] 法院认为拒绝提供获取信息的便利的确构成对《欧洲人权公约》第 10 条所保护的表达自由权的干涉。法院的裁决包含上文提及的林德案的引文，法院还申明，从《欧洲人权公约》中"很难"引申出一项普遍的获取政府文件的权利。然而，人权法院也表示，该案涉及查阅被当局掌管的政府文件的一个申请。根据正在讨论的这部法律的第 133 条所规定的条件，查阅该信息的申请获得批准。在这类情况下，人权法院承认拒绝提供意味着干涉申请人的信息获取权。[2]

人权法院最终还是拒绝运用信息权，因为事实上拒绝提供信息符合《欧洲人权公约》第 10 条(2)款关于允许对表达自由进行限制的规定。法院在分析第 10 条(2)款时谈到各种因素，包括国家安全、契约义务、保护经济机密的需要等。但关键的问题是拒绝提供信息是一种干涉，必须用第 10 条(2)款关于限制标准的规定来衡量。很难解释法院为什么对这个问题有如此不同的看法。在上面提到的其他一些案件中，信息实际上并不被国家掌握，这一点与马特基案中的事实有很大不同。但在其他案件中国家的确掌握着信息。另一个可能的差异是存在着一个法律，根据该法律，在某些情况下的确允许提供信息。然而这似乎不足以支持直接使用《欧洲人权公约》第 10 条（也许可以与在行使申请权时禁止歧视的第 10 条连同第 14 条相比）。[3]

---

[1] *Sdruženi Jiho-Deské Matky v. Czech Republic*，2006 年 7 月 10 日裁决，第 19101/03 号申请。

[2] 法文判决书原文是："En l'occurrence, la requérante a demandé de consulter des documents administratifs qui étaient à la disposition des autorités et auxquels on pouvait accéder dans les conditions prévues par l'article 133 de la loi sur les constructions, contesté par la requérante. Dans ces conditions, la Cour admet que le rejet de ladite demande a constitué une ingérence au droit de la requérante de recevoir des informations."

[3] 有一篇对本案的有趣的分析：W. 汉斯、D. 弗胡伏《获取国家掌握的信息是〈欧洲人权公约〉保障的一项基本权利》（Hins, O. and Voorhoof, D. "Access to State-Held Information as a Fundamental Right under the European Convention on Human Rights"）。见 www.ivir.nl/publications/hins/EuConst_ Hins_ Voorhoof. pdf。

特定领域的信息

环境信息

公众对环境信息的获取是可持续发展和公众有效参与环境管理的关键因素，这一点在过去15年里得到越来越广泛的承认。首次实质性地谈到这个问题的是1992年《里约环境与发展宣言》（Rio Declaration on Environment and Development）的"第10条原则"：

> 环境问题最好在相应层次的所有相关公民的参与下处理。在国家层次，每个人都应当有适当途径获得有关他们的社区内的有害物质和活动的信息，应当有机会参与决策过程……①

作为里约宣言的后续，1998年联合国欧洲经济委员会（United Nations Economic Commission for Europe，UNECE）与欧盟签署了具有法律约束力的《在环境事务中获得信息，公众参与决策和诉诸法律的公约》（《奥胡斯公约》）（Convention on Access to Information, Public Participation in Decision-Making and Access to Justice in Environmental Matters, the Aarhus Convention）。②公约的"导言"部分概述了《奥胡斯公约》的基本观点：

> 考虑到：为了维护［在洁净的环境中居住的权利］公民们必须有获取信息的渠道……
>
> 认识到：在环境事务中，改进获取信息的渠道和公众参与决策能够提高决策的水平和改善决策的实施，促进公众对环境问题的知晓，向公众提供表达关切的机会，并使公共机构对他们的关切给予应有的重视……

---

① 联合国文件［UN Doc. A/Conf. 151/26 (Vol. 1)］。
② 联合国文件（UN Doc. ECE/CEP/43），"欧洲环境"进程之第四次部长级会议1998年6月25日通过，2001年10月30日生效。截至2007年9月，《奥胡斯公约》已有41个缔约国。公约的多种语言文本见 http://www.unece.org/env/pp/treatytext.htm。

《奥胡斯公约》于 2001 年 10 月生效。公约要求缔约国订立法律以落实《奥胡斯公约》中关于获取环境信息的规定。[1] 规定多数列在公约第 4 条，开头是这样说的：

> （1）缔约各国须确保……公共机构在接到关于获取环境信息的申请后应使这类信息便于公众获取……
> （a）不必申明相关的利益。

《奥胡斯公约》承认信息获取权是健康生活环境权的一部分[2]，而不是一个独立存在的权利。然而这是第一个具有法律约束力的对信息权提出了明确标准的国际法律文件。《奥胡斯公约》对国家提出的要求包括对"环境信息"和"公共机构"采取宽泛的定义，[3] 对免于提供信息的"例外情况"进行公共利益检测，[4] 设立独立机构来审查拒绝公开信息的任何案例。[5] 由此观之，《奥胡斯公约》显示了信息权的确立取得了积极的进展。

一些特别法律文书要求公布公众十分关注的有关"遗传修饰过的生物体"（genetically modified organisms，GMOs）[6]的信息。例如，《生物多样性公约》（Convention on Biological Diversity）中的《卡塔赫纳生物安全议定书》[7]（Cartagena Protocol on Biosafety）要求签约国在安全运输、处理和使用转基因生物体（GMOs）等方面促进和协助公众的知晓、教育和参与。对各国的具体要求是：

> 努力保证公众的知晓和教育包括获取有关转基因生物活体（living modified organisms）的信息，根据《卡塔赫纳生物安全议定书》这些生物活体可能被进口。[8]

---

[1] 联合国文件（UN Doc. ECE/CEP/43），第 3 条(1)款。
[2] 联合国文件（UN Doc. ECE/CEP/43），第 1 条。
[3] 联合国文件（UN Doc. ECE/CEP/43），第 2 条(2)~(3)款。
[4] 联合国文件（UN Doc. ECE/CEP/43），第 4 条(4)款。
[5] 联合国文件（UN Doc. ECE/CEP/43），第 9 条。
[6] 一般译为"转基因生物体"，下同。——译者注
[7] 文件号：ICCP, EM-I/3。截至 2007 年 11 月，议定书已有 143 个缔约国，还有 17 个签约方。见 http://www.cbd.int/biosafety/protocol.shtml。
[8] 第 23 条(1)款(b)项。

欧盟的一项关于向环境中投放转基因生物体的指令,① 要求成员国提供有关投放转基因生物体的公共信息。在任何转基因生物体投入市场前必须先出示公告提供该产品的详细信息,而且营销该产品的所有国家的相关部门必须作出评估,包括该转基因生物体是否适合投放市场,以及在何种条件下投放。必须向公众提供该公告的摘要,以及评估中的上述内容,并留出30天的时间听取公众评议。② 秘密信息将受到保护,但不包括以下内容:对转基因生物体的一般描述;公告发布机构的名称和地址;所投放产品的地点或目的,以及产品的用途;监测方法和突发情况应对计划;环境险情评估。③

非洲联盟也取得了类似的进展。它颁布了关于生物工程与安全的样板法律草案。收到投放基因生物体的申请后,国家官员必须向公众提供便利以获取有关信息——包括申请者的姓名、相关基因生物体的类型及投放地点。信息发布将考虑保密的需要,但上述欧盟指令中开列的几类信息不包括在保密范围之内。④

人权信息

国际社会也在推动对人权信息的获取权的明确承认。1998年联合国大会通过《个人、群体和社会机构在促进和保护普遍公认的人权和基本自由方面的权利和义务宣言》(Declaration on the Right and Responsibility of Individuals, Groups and Organs of Society to Promote and Protect Universally Recognized Human Rights and Fundamental Freedoms, the Declaration on Human Rights Defenders),简称《人权护卫者宣言》。⑤ 宣言第6条具体规定了有关人权的信息获取权:

> 人人都可以独自或与他人一起享有此权利:

---

① 关于蓄意向环境投放转基因生物体及撤销理事会第90/220/EEC号指令的欧洲议会和委员会2001年3月12日2001/18/EC号指令。见http://ec.europa.eu/environment/biotechnology/pdf/dir2001_18.pdf.
② 第24条,以及第13条和第14条(3)款(a)项。
③ 第25条。
④ 非统组织(OAU):《非洲国家生物工程与安全样板法律》(African Model National Law on Safety in Biotechnology),非洲联盟部长理事会2001年7月通过,见第5条和第12条。参见http://www.africabio.com/policies/MODEL%20LAW%20ON%20BIOSAFETY_ff.htm.
⑤ 1999年3月8日,第53/144号决议。

（a）了解、索取、获得、接受和保存有关一切人权和基本自由的信息，包括取得有关国内立法、司法和行政系统如何实施这些权利和自由的资料。

（b）根据有关人权和其他适用的国际文书，自由发表、向他人透露或传播一切有关人权和基本自由的观点、信息和知识……

宣言第 6 条承认，了解、索取、获得、接受、保存和传播有关人权的信息是有效地促进和保护人权的基础。

这些规定多数都是为了保障获取国家掌握的有关人权和侵害人权的信息的权利，以及传播这类信息的权利。但这些规定暗示着另一个意义更为深刻的义务，就是"第 19 条"组织长期呼吁的义务，即国家在这方面应当承担一个重大的积极责任，包括保证有关侵害人权的信息能被公众获取。例如《人权保卫者宣言》第 6 条(a)款的措辞"了解"就透露了这一看法。"第 19 条"组织就曾争辩说，表达自由权"长期以来被认为在促进民主问责制和民主参与中至关重要，也使政府有义务推进有关以往违背人权的信息的披露。"[①] 换言之，个人仅仅有权获取国家已经掌握的任何信息是不够的。国家还要保证以往违反人权的信息便于公众获取，包括使用搜集、整理、保存、传播等方法，视需要而定。

"知情权"也开始被国际法庭承认。例如在巴里奥斯·阿尔托斯对秘鲁一案中，[②] 美洲国家间人权法院采取行动朝承认知情权的方向努力。法院引述美洲人权委员会在这方面的有力裁决：

人权委员会认为，《美洲人权公约》第 8 条和第 15 条提出了"知情权"[保障公正审判权和人权司法保护权]，因为在对侵犯基本权利的事实和条件进行司法确认时，第 8 条和第 15 条都是"手段性"条文。委员会还指出，知情权可以追溯到公约第 13 条(1)款[保障表达权]，因为该条文认可索取和接受信息的权利。关于该条文，人权委员会还补充说，国家有积极义务保证提供维护受害人权益的基本信息，并

[①] *Who Wants to Forget ? Truth and Access to Information about Past Human Rights Violations* (London: ARTICLE 19, 2000), p. 5. 见 http://www.article19.org/pdfs/publications/freedom-of-information-truth-commissions.pdf.

[②] *Barrios Altos v. Pern*，C 系列，第 75 号，2001 年 3 月 14 日。

确保公共管理中的透明性及对人权的保护。①

人权法院虽没有走得很远,却仍然发表了这样的看法:

> 根据正在讨论的这个案件的情况,知情权包含在下列权利之中:受害人或他的近亲了解侵害人权事件详情的权利,以及通过《美洲人权公约》第8条和第25条关于调查和起诉的规定向有关国家机构追究应负责任的权利。②

欧洲人权法院处理的盖拉案也标志着朝这个方向迈出了重要的一步。虽然所涉及的信息并没有被正式归入人权信息的类别,但许多人都会认为有关危害环境的信息的确属于人权范畴。重要的是,欧洲人权法院承认国家有义务提供有关重要公众事务的信息。

政治参与权

国际法保障公民参与政治事务的权利。例如,《公民权利和政治权利国际公约》第25条规定,公民有权"直接或通过自由选择的代表参与公共事务",以及在定期选举中投票,以保障"选举人的意志的自由表达"。③

众所周知,信息自由流通对个人的参与能力至关重要。《世界人权宣言》第19条将信息描述为"民主的氧气"。④ 联合国开发计划署(UNDP)在《2002年度人类发展报告:在分散的社会中深化民主的发展》将以充分了解信息为基础的讨论称为"民主的生命线"。报告说:

> 也许没有一种改革对民主制的运行像媒介改革一样重要:建立多样化和多元化的媒介,它是自由和独立的;它能让民众获取,并向民众传播;它发表准确而无偏见的信息。⑤

---

① 第45节。
② 第48节。
③ 另见《美洲人权公约》第23条。
④ *The Public's Right to Know: Principles on Freedom of Information Legislation* (London: June 1999), Preface.
⑤ UNDP, *Human Development Report 2002: Deepening Democracy in a Fragmented World* (2002: Oxford University Press, New York and Oxford), 见 http://hdr.undp.org/reports/global/2002/en/.

这一点也得到国际法院的认可。美洲国家间人权法院曾表明,"一个信息不能充分流通的社会不是一个真正自由的社会。"① 欧洲人权法院多次声称:

表达自由构成[民主]社会最根本的基础之一,是民主社会的进步和每个成员发展的基本条件之一。②

欧洲人权法院还表示:

新闻自由向公众提供一个最好的手段,凭借它可以了解政治领导人的观点和态度,并形成公众的意见。它尤其能给政治家提供思考和评论公共舆论最关注的问题的机会;这样就使每个人都能参与自由的政治讨论,而这正是民主社会概念的核心。③

联合国人权事务委员会也曾强调政治程序中表达自由的重要性:

在公民和候选人及当选代表之间自由传播有关公共和政治问题的观点是至关重要的。④

澳大利亚取得了很重要的进展,即法院从以民主管理制度为基础的政治传播中找到了隐含的信息权,尽管宪法没有包括权利法案或是明确保护人权的条文。⑤

上述决议大多没有具体提及信息权或获取公共机构所掌握信息的权利。

---

① *Compulsory Membership in an Association Prescribed by Law for the Practice of Journalism*, note 55, para. 70.
② 例如:汉迪赛德对英国案(*Handyside v. United Kingdom*),1976年12月7日,第5493/72号申请,第49节。
③ 卡斯太尔斯对西班牙案(*Castells v. Spain*),1992年4月24日,第11798/85号申请,第43节。
④ UN Human Rights Committee General Comment 25, 12 July 1996.
⑤ 参见澳大利亚首都电视对英联邦案(*Australian Capital Television v. The Commonwealth*);新南威尔士对英联邦案(*State of New South Wales v. The Commonwealth*)(高级法院,1992年,177 CLR 106);全国新闻集团公司对威尔斯案(*Nationwide News Pty Ltd v. Wills*)(高级法院,1992年,108 ALR 681)。

同时，一个秘密运作的政府的行为是无法判断的，不能获取公共机构所掌握的信息也就无法参与公共事务，这一点似乎很清楚的了。印度最高法院在确认信息权属于对表达自由的普遍保障的一部分时说：

> 在一个把民主当做教义般信仰的社会，最起码的是公民们应当知道他们的政府在做什么。①

这就为信息权的概念提供了一个强有力的支撑。

打击腐败

必须将获取公共机构所掌握信息的权利作为一个工具，用来帮助解决十分严重而又困难的反腐败问题，这一点已经得到广泛的认可。2003年"透明国际"的年度文件《全球腐败报告》中特别谈及信息获取权，强调它对反腐败的重要性。② 在报告的前言中，艾根（Eigen）说，信息获取权"也许是反腐败最重要的武器"。③

这一看法在《联合国反腐败公约》（*UN Convention Against Corruption*）中被正式表达出来。④ 公约中多处提及透明与开放。公约在不同的地方要求成员国普遍保障公共透明度［第5条(1)款和第10条(a)款］，保障公务员和候选人经费的公开性［第7条(1)款(a)项和第7条(3)款］，保障公共采购及财政的透明［第9条(1)款(a)项和第9条(2)款］。值得注意的是，公约有关公共参与的条款几乎全部指向信息透明的问题（第13条）。公约还

---

① S. P. 古普塔对印度总统案（*S. P. Gupta v. President of India*），[1982] AIR(SC)149，第232页。

② Transparency International, *Global Corruption Report 2003: Special Focus: Access to Information* (London: Profile Books, 2003).

③ Transparency International, *Global Corruption Report 2003: Special Focus: Access to Information* (London: Profile Books, 2003), p. 6.

④ 联合国大会第58/4号决议，2003年10月31日通过，2005年12月14日生效。作者撰写本书时，《联合国反腐败公约》已有104个缔约国和140个签署国，见http://www.unodc.org/unodc/en/treaties/CAC/index.html. 公约全文见http://www.unodc.org/unodc/en/treaties/CAC/signatories.htm. 欧洲委员会也通过了《反腐败民法公约》（*Civil Law Convention on Corruption*）（1999年11月4日，ETS No.174），以及《反腐败刑法公约》（*Criminal Law Convention on Corruption*）（1999年1月27日，ETS No.173），尽管两个公约都没有保障公共信息获取权的条款。同样，1996年的《美洲反腐败公约》（*Inter-American Convention Against Corruption*）也没有关于保障信息权的规定。

有一条是关于企业的公开性的［第12条(2)款(c)项］。

《联合国反腐败公约》第10条说：

> 每个成员国必须……采取必要的措施以加强本国公共管理的透明度……此类措施可以包括：
> （a）制定程序或规章使广大公众在适当的条件下能够获得有关他们的公共管理机构的组织、运行和决策程序方面的信息，以及有关公众成员所关心的决议和法案的信息，同时要尊重对隐私权和个人资料的保护。

同样，2003年通过的《非洲联盟预防和打击腐败公约》(African Union's Convention on Preventing and Combating Corruption)[①]的第9条说：

> 每个成员国必须制定法律或其他规定来实施获取为协助打击腐败或其他相关弊端所必需的信息的权利。

《非洲联盟预防和打击腐败公约》在其他几处也相应的谈及公共事务的透明度，包括呼吁向媒介"提供渠道获取腐败和相关犯罪案件的信息"［第12条(4)款］。

各国进展情况

信息权是基本人权这一观点在许多国家这方面的进展中都得到充分的认同。许多国家的宪法中对信息权都有具体表述，而另一些国家的高层法院则认为对表达自由的宏观保障中包括信息权。后者具有特别重要的意义，因为各国对宪法关于言论自由保障的阐释与它们对别国相关内容的理解有一定的关系。各国竞相制定国内法以保障信息权，这一全球大趋势也显示了信息权的重要性。

---

① 参见 http://www.africa-union.org/Official_documents/Treaties_%20Conventions_%20Protocols/Convention%20on%20Combating%20Corruption.pdf。截至2007年10月，《非洲联盟预防和打击腐败公约》已获24个国家批准，公约于2006年8月生效。

宪法的阐释

全世界许多国家的高级法院都认为，对信息获取权的保护包含在宪法对表达自由的宏观保障之中。早在1969年，日本最高法院在两个广为人知的判例中建立了一个原则：宪法第21条对表达自由的保障也包含知情权。[1]

1982年，印度最高法院在涉及政府拒绝披露与法官调任和解聘有关的信息一案中裁决，获取政府信息是言论和表达自由的基本权利中的核心部分，受到宪法第19条保障：

> 公开政府[2]的概念是从知情权中直接引申出的，知情权似乎隐含在第19条1款(a)项对言论和表达自由的保障中。因此，必须使公布有关政府运作的信息成为惯例，只有公共利益要求非保密不可时才可列入免于公开的例外。法院的态度必须是依照公共利益的要求，尽可能地减少保密，同时任何时候都要牢记，披露信息也是为公共利益服务的一个重要方面。[3]

在韩国，宪法法庭在对1989年和1991年的两个开创性案件中裁决，知情权包含在宪法第21条对表达自由的保障之中，在某些情况下当政府官员拒绝索取文件的申请时，就可能损害了知情权。[4]

在2007年8月的判决中，智利宪法法庭也裁定，对表达自由的宏观保障也包括保护获取公职人员所掌握信息的权利。在一桩私营公司申请获取海关部门所掌握信息的案件中，法院认为公共机构在驳回获取信息的申请之前，必须先与利益相关的第三方进行协商，还规定在可能合理地驳回申请之前，必须先考虑披露信息对公众总体权益的影响。[5]

---

[1] Repeta, Lawrence, *Local Government Disclosure Systems in Japan*, National Bureau of Asian Research, Paper Number 16, October 1999, p. 3.

[2] 原文"an open Government"中Government为大写，应指"政府"，所以译为"公开政府"；而一般将open government 译为"政务公开"。——译者注

[3] S. P. 古普塔对印度总统案（*S. P. Gupta v. President of India*），第234页。

[4] Sung Nak-in, *Korea Country Report* (English summary), presented at the Asian Conference on Civil Society and Access to Government-Held Information, Tokyo, Japan, 13–14 April 2001.

[5] 卡萨斯·珂德罗等对国家海关案（*Casas Cordero et al v. The National Customs Service*）。法庭裁决的西班牙文版见 http://www.justiceinitiative.org/db/resource2? res_ id =103745。

在一些国家，国内法庭不大愿意接受"保障表达自由包括保护获取国家所掌握信息的权利"这一观点。比如美国最高法院曾表示，旨在保障言论和新闻自由的宪法第一修正案并没有"（授予）获得政府的信息或者在政府控制之下的信息来源的权利"，① 但是，这可能是因为第一修正案完全用否定的措辞表述，要求议会不得制定任何剥夺言论自由的法律（原文为"any law which abridges freedom of speech"，有论者称，abridge 在当时的英语中是"剥夺"的意思。——译者注）。② 国际法以及大多数国家宪法对表达自由的保护具有更积极的性质，规定在某些情况下必须采取国家行为以保证这项关键的民主权利在实践中得到尊重。

宪法中的具体条款

越来越多的国家在宪法中规定了对信息权进行特别保护。瑞典是个有趣的例子。瑞典于1766年通过的整个《新闻自由法》都具有宪法地位。这个法案对信息权作了全面规定。③ 过去10年中，许多刚实行多党制的国家或者以别种方式走向民主的国家，在其宪法中都明确包含了信息权。一些例证来自世界不同地区的国家：保加利亚（1991年宪法，第41条）、爱沙尼亚（1992年宪法，第44条）、匈牙利（1949年宪法，第61条（1）款）、立陶宛（1992年宪法，第25条（5）款）、马拉维（1994年宪法，第37条）、墨西哥（1917年宪法，第6条）、菲律宾（1987年宪法，第Ⅲ条（7）款）、波兰（1997年宪法，第61条）、罗马尼亚（1991年宪法，第31条）、南非（1996年宪法，第32条）以及泰国（2007年宪法，第56条）。

在拉丁美洲，各国宪法倾向于关注信息权的一个重要方面，即申请由公共或私人机构掌握的人身保护的资料，或称获取关于自身信息的权利，以便在必要时更新或更正信息。比如阿根廷宪法第43条规定：

> 每个人都有权申请查看任何由公共或者私人数据库保存的与自己有关的个人信息（自身保护资料），有权知道这份信息如何作为信息来源被使用。如果信息虚假或者存在偏见，公民享有要求删除、保密或者更

---

① 霍钦斯对 KQED 公司案（Houchins v. KQED, Inc.），438 US 1（1978），第15页。
② 第一修正案（First Amendment）的相关部分是："国会不得制定法律……剥夺言论自由或新闻自由，剥夺人民和平集会和向政府请愿申冤的权利。"
③ 见"瑞典"一节。

新信息的权利,而不违反信息来源保密的原则。

一些国家把信息权包含在宪法对于权利和自由的保障中,明确了信息权作为基本人权的地位。尤为重要的是,如此众多国家的现代宪法都将信息权纳入被保障的权利,这体现出各国对信息权越来越重视。

信息权立法

对信息获取权的实施提供保障的各种信息权法已经存在了 200 多年,但是大多数信息权法的历史却不到 20 年。然而,最近为信息权立法的潮流横扫全球,在过去的 15 年里,世界各个地区的许多国家都通过了这类法律,还有大量国家已经承诺将制定信息权法。

信息权法的历史可以追溯到瑞典。如前文所述,从 1766 年起瑞典就有这样的法律。另一个有长久的信息权立法史的国家是哥伦比亚,1888 年该国的《政治和市政组织法典》允许个人索取政府部门或政府档案中保管的文件。美国于 1967 年通过了信息权法,其后通过信息权法的有丹麦(1970年)、挪威(1970 年)、法国(1978 年)、荷兰(1978 年)、澳大利亚(1982 年)、加拿大(1982 年)、新西兰(1982 年)。

2006 年的一份报告中列出 69 个已有信息权法的国家,以及另 5 个订有全国信息权规章的国家。① 从那以后又有一些国家订立了信息权法,包括中国②、约旦和尼泊尔。目前订立了信息权法的国家实际上已经遍及世界所有地区。因此可以说,订立信息权法已经成为十分重要的世界潮流。信息权立法之势在必行正显示出其地位的重要。

跨政府组织

在各国发生这些进展的同时,越来越多的跨政府组织(intergovernmental organizations, IGOs)也制定了信息公开政策。许多跨政府组织自建立以来多半在秘密运作,或是完全凭它们自己的判断来披露信息。现在

---

① Banisar, D., *Freedom of Information Around the World 2006: A Global Survey of Access to Government Information Laws* (Privacy International, 2006), Appendix A. 可见 http://www.privacyinternational.org/foi/foisurvey2006.pdf.
② 从法律意义上说只是规章而不是法律,但具有法律约束力。

它们也承认向公众公布它们所掌握信息的重要性。这一进程的重要标志是1992年通过的《里约环境与发展宣言》,该宣言对国际机构造成很大压力,促使它们贯彻公共参与和信息公开方面的政策。

自从通过《里约环境与发展宣言》以来,世界银行[1]和所有4个地区性银行集团——美洲开发银行[2]、非洲开发银行集团[3]、亚洲开发银行[4]、欧洲复兴开发银行[5]——都采取了信息公开政策。虽然这些政策多在重要的方面有缺陷,但它们对信息获取权的承认却很重要。另外,在多数这类机构中进行的一系列轮流审查使更多信息逐步被公开。

一个名为"全球透明度倡议"(Global Transparency Initiative,GTI)的公民社会组织通过了《国际金融机构透明宪章》(Transparency Charter for International Financial Institutions)——争取人们的知情权,提出"全球透明度倡议"对国际金融机构(IFI)公开化的要求。[6] 随着时间推移,许多国际金融机构都接受了该宪章中至少某些关键的准则,并逐步调整政策,向这些准则靠拢。

1997年联合国开发计划署也订立了《公共信息公开政策》(Public Information Disclosure Policy),其基本观点是,信息是人类可持续发展的关键,也是开发计划署保持诚信度的关键。[7] 该政策具体列举出必须向公众公

---

[1] The World Bank Policy on the Disclosure of Information(Washington, D. C. : World Bank, 1994)。最新版本2002年颁布,见 http://www1.worldbank.org/operations/disclosure/documents/disclosurepolicy.pdf。

[2] 《OP - 102号信息公开》(OP - 102 Disclosure of Information),美洲开发银行,1994年12月。最新版本标题为《信息公开政策》(Disclosure of Information Policy),2004年1月生效。见 http://idbdocs.iadb.org/wsdocs/getdocument.aspx? docnum = 781675。

[3] 《信息公开政策》(Disclosure of Information Policy),非洲开发银行集团。最新版本标题为《信息公开政策》(Policy on Disclosure of Information),2005年10月。见 http://www.afdb.org/pls/portal/docs/PAGE/ADB_ADMIN_PG/DOCUMENTS/NEWS/AFDB%20GROUP%20POLICY%20ON%20DISCLOSURE%20OF%20INFORMATION.DOC。

[4] 《信息保密与公开》(Confidentiality and Disclosure of Information),亚洲开发银行,1994年8月。最新版本标题为《公共传播政策》(Public Communications Policy),2005年3月生效。见 http://www.adb.org/Documents/Policies/PCP/PCP - R - Paper.pdf。

[5] 《信息公开政策》(Policy on Disclosure of Information),欧洲复兴开发银行,1996年。最新版本标题《公共信息政策》(Public Communications Policy),2006年5月生效。见 http://www.ebrd.com/about/policies/pip/pip.pdf。

[6] 《国际金融机构透明宪章》多种语言版本见 http://www.ifitransparency.org/activities.shtml? x = 44474&als [select] = 44474。

[7] 《公共信息公开政策》(Public Information Disclosure Policy),联合国开发计划署,1997年。见 http://www.undp.org/idp/。

开的文件，并作出有利于信息公开的宏观规定，但要受到一定的限制。① 关于信息公开程序，《公共信息公开政策》设立一个"公布信息文档监管小组"，在任何获取公共信息的要求受拒时可以进行复查。监管小组由 5 名成员组成：3 名开发计划署专职人员，2 名非营利部门人员——全部由开发计划署主管人任命。② 但是，《公共信息公开政策》的执行并不顺利。③

2001 年 5 月欧洲议会和欧盟理事会通过关于获取欧洲议会、理事会和委员会文件的规定。④ 其中第 2 条(1)款说：

> 任何欧盟公民，任何在欧盟成员国居住或拥有注册办公处的自然人或法人，在本规定确立的原则、条件、限制的范围内，都有权获取上述机构的文件。

该规定有几个积极的特点，包括列出了一个严格的免于公布信息明细表，所列各项均须接受"损害"检测。该规定还要求对拒绝公布信息的任何情形进行内部复审，并允许向法庭和（或）监察员进行申诉。⑤ 但该规定也存在缺陷。例如有些免于披露的重要信息不受公共利益检测制约。⑥ 另外，该规定准许其成员国要求另一成员国在未获得其事先赞同的情况下不得披露信息。⑦

---

① 第 6 章 11 ~ 15 节。
② 第 20 ~ 23 节。
③ 参见"第 19 条"组织在一篇新闻稿中对这项政策执行情况的批评。见 http://www.article19.org/pdfs/press/undp-disclosure-policy.pdf。
④ 欧洲议会和欧洲委员会 2001 年 5 月 30 日会议关于公众获取欧洲议会、理事会、委员会文件的规定，文件号 (EC) No.1049/2001，见 http://www.europarl.europa.eu/register/pdf/r1049_en.pdf。
⑤ 第 7 条和第 8 条。
⑥ 第 4 条(1)款。
⑦ 该规定第 4 条(5)款和第 9 条。此规定受到一些信息自由权监督组织的严厉批评。如，欧洲公民行动服务、欧洲环境署、欧洲记者联盟、梅杰斯委员会、欧洲国家观察《公民社会的公开信：关于获取欧盟公共机构文件的新法规》(European Citizens Action Service, European Environmental Bureau, European Federation of Journalists, the Meijers Committee, and Statewatch, "Open Letter from Civil Society on the New Code of Access to Documents of the EU Institutions")，2001 年 5 月 2 日。

信息权制度*的特点

前一部分提出这样的看法：信息权，特别是对公共机构所掌控信息的获取权，是一项基本人权，作为表达自由权的一个方面，受到国际法保护。本部分将深入探讨信息权立法必须具备的由一系列标准组成的支撑结构。本部分在表达自由权的语境下提出了一套重要的阐释性原则。通过前一部分提及的有关信息权的各种国际声明和法律裁决可以进一步分析信息权的具体内容，在适当的地方还将援用公认的相应惯例作补充说明。

前一部分提到，国际法对信息权的总体保障确立了一个赞成将公共机构所掌控信息公之于众的普遍假定。这意味着国家不仅应当保障信息权，而且要设立有效的制度来落实这项权利。正如《公民权利与政治权利国际公约》第2条(2)款所说：①

> 凡未经现行立法或其他措施予以规定者，本公约每一缔约国承诺按照其宪法程序和本公约的规定采取必要的步骤，以采纳为实施本公约所承认的权利所需的立法或其他措施。

关于表达自由权的国际司法清楚地表明，可能需要采取积极措施来落实这项权利。例如，国际法院经常表述说，各个国家不仅必须克制自身不要非难媒体，还有义务采取积极的措施防止这类事情的发生。② 国家还须承担涉

---

* Features of an FOI Regime（原文目录）和 Features of a Right to Information Regime（原文的正文）翻译为信息权制度的特点，或信息自由权制度的特点。——译者注

① 联合国大会第2200A(XXI)号决议，1966年12月16日通过，1976年3月23日生效。

② 参见非洲人权和民族权委员会（Commission Nationale des Droits de l'Homme et des Libertes v. Chad），1995年10月第74/92号通讯；米兰达对墨西哥案（Miranda v. Mexico），1999年4月13日，第5/99号报告，第11.739号案例（美洲人权委员会）；以及 Özgür Gündem 对土耳其案（Özgür Gündem v. Turkey），2000年3月16日，第23144/93号申请（欧洲人权法院）。

及雇用职位①及各种其他情况的积极义务②。前一部分列举的那些确立信息权的案例依据的都是国家贯彻人权法的积极义务。

与此同时，信息权法也允许某些限制。《公民权利与政治权利国际公约》第19条(3)款说：

> 本条款第二段［表达自由权］所规定的权利的行使带有特殊的义务和责任，因此得受某些限制，但这些限制只应由法律规定并为下列条件所必需：
> (a) 尊重他人的权利或名誉；
> (b) 保障国家安全或公共秩序，或公共卫生及道德。

类似的限制规则在地区性人权条约和许多国家的宪法中得到承认。依照这项法规，对信息权的限制必须经受严格的"三项检测"。③ 国际判决规程表明，这种检测设立了一个任何情况下都须通过的高标准。例如，欧洲人权法院就曾表示：

> 第10条规定的表达自由权要受到一系列例外规则的限制，但这些例外规则必须被严密地阐明，而且任何限制规则的必要性都必须提供有说服力的论证。④

第一，对信息权的任何限制都必须由法律来规定。没有法律依据的限

---

① 参见付恩特·波波对西班牙案（*Fuentes Bobo v. Spain*），2000年2月29日，第39293/98号申请（欧洲人权法院）；威尔森、英国记者协会（NUJ）等对英国案（*Wilson and the NUJ and others v. the United Kingdom*），2002年7月2日，第30668/96号、30671/96号和30678/96号申请（欧洲人权法院）。

② 参见 Vgt Verein gegen Tierfabriken 对瑞士案（*Vgt Verein gegen Tierfabriken v. Switzerland*），2001年6月28日，第24699/94号申请（欧洲人权法院）；Vereinigung Demokratischer Soldaten Österreichs and Gubi 对奥地利案（*Vereinigung Demokratischer Soldaten Österreichs and Gubi v. Austria*），1994年12月19日，第15153/89号申请（欧洲人权法院）；以及 Platform Ärtze fur das Leben 对奥地利案（*Platform Ärtze fur das Leben v. Austria*），1988年5月25日，第10126/82号申请（欧洲人权法院）。

③ 参见穆孔对喀麦隆案（*Mukong v. Cameroon*），1994年7月21日，第458/1991号通讯（联合国人权委员会），第9.7节。

④ 托格尔森对冰岛案（*Thorgeirson v. Iceland*），1992年6月25日，第13778/88号申请，第63节。

制——例如限制仅是来自简单的行政判断——就是不合法的。只有在有关法律能被知晓的情况下才能达到这项要求。另外，法规必须"表述得十分精确，使公民能够依据它规范自己的行为。"① 过于含糊的规则，或是在执行时可能引起多种判断的规则，都是不合要求的。第二，限制规则必须达到《公民权利与政治权利国际公约》第 19 条(3)款所列的目标。第(3)款列出的目标尽管很宽泛，却是排他性的，所以限制规则如果旨在实现另外的目标，例如为了保住政府的脸面，则是不合法的。第三，限制规则必须是因保障目标的需要而设立。国际法院认为，"需要"这个词的意思是指对信息权的限制必须来自"紧迫的社会需要"。国家为限制规则的正当性提出的理由必须是"恰当和充足的"，规则本身也必须"符合所追求的目标。"② 如果限制超出需要范围，例如列为机密的信息超出了为保护合法目标而非保密不可的信息的范围，则会通不过该项检测。另外，订立限制规则时须慎之又慎，尽量减轻对信息权的损害。只要有更少妨碍信息权而又能保护上述目标的办法，就必须采取该办法。

上文提及的一些国际标准和声明为信息权的具体内容提供了宝贵的思路，信息权将遵循和体现这些总原则。联合国思想和表达自由特别报告员在 2000 年度报告中提出了信息权立法必须遵守的详细标准［《联合国准则》(UN Standards)］。③《欧洲委员会部长委员会 2002 年建议书》(《欧洲委员会建议书》) (2002 Recommendation of the Committee of Ministers of the Council of Europe，COE Recommendation) 甚至更为详尽，例如，它提出了一个合法目标清单，以检测对信息权进行限制的规则是否正当。④ 其他关于衡量标准的有用文件还有：联合国思想和表达自由特别报告员、欧洲安全与合作组织(OSCE) 媒体自由代表、美洲国家间组织表达自由特别报告员于 2004 年通过的联合宣言［《联合宣言》(Joint Declaration)］⑤，英联邦司法大臣会议通

---

① 《星期日泰晤士报》对英国案 (The Sunday Times v. United Kingdom)，1979 年 4 月 26 日，第 13166/87,2 EHRR 245 号申请 (欧洲人权法院)，第 49 节。

② 林根斯对奥地利案 (Lingens v. Austria)，1986 年 7 月 8 日，第 9815/82,8 EHRR 407 号申请 (欧洲人权法院)，第 39～40 节。

③ 特别报告员的报告：《促进和保护思想与表达自由的权利》(Promotion and Protection of the Right to Freedom of Opinion and Expression)，2000 年 1 月 18 日，联合国第 E/CN.4/2000/63 号文件，第 44 节。

④ 关于获取官方文件问题的部长委员会向成员国的建议书，第 R(2002)2 号，2002 年 2 月 21 日。

⑤ 2004 年 12 月 6 日通过，见 http://www.unhchr.ch/huricane/huricane.nsf/0/9A56F80984C8BD5EC1256F6B005C47F0?opendocument。

过的原则[《英联邦原则》(Commonwealth Principles)]①,《非洲表达自由原则宣言》[《非洲宣言》(Declaration of Principles on Freedom of Expression in Africa, African Declaration)]②,《美洲表达自由原则宣言》[《美洲宣言》(Inter-American Declaration of Principles on Freedom of Expression, Inter-American Declaration)]③,《奥胡斯公约》④,美洲人权法院2006年9月关于确认信息权的决议。⑤

  尽管不同国家的信息权制度差异很大,但也有相当多的共同点。当法律实践相当稳定时,就可被当做公认的惯例,从而又为这一领域的共同标准提供了思路。

  支撑信息权的一个重要的基本原则就是最大限度公开原则,这一原则直接来自国际法对信息权的基本保障。此原则基于这样一个假设:公共机构掌握的所有信息都应当公开,而只有当合法的公共或私人利益受到必须优先防范的威胁时才能超越这一假设。其他重要原则是,必须设立制度和程序来落实信息权,公共机构应当尽一切可能为公民获取信息提供方便。另外,还应当建立独立的上诉制度,以防止行政机构对免于公布信息的例外规则和法律的其他方面作出不恰当的解释。

  "第19条"组织在《公众的知情权:信息自由立法的原则》(第19条原则)[The Public's Right To Know: Principles on Freedom of Information Legislation (the ARTICLE 19 Principles)]中提出一套原则,⑥确立了信息权立法的最佳实践标准。这些原则的基础是国际及地区性法律和标准,包括国内法律实践(尤其是国内法和国内法院的判决中所显示的),以及被国际社会认可的普遍原则和法律。"第19条"组织还发表了《信息自由法范例》(A Model

---

① Communiqué, Meeting of Commonwealth Law Ministers (Port of Spain: 10 May 1999).
② 非洲人权和民族权委员会第32届常任会议,2002年10月17~23日,冈比亚,班珠尔。网址 http://www.achpr.org/english/declarations/declaration_freedom_exp_en.html。
③ 美洲人权委员会第108次例行会议通过,2000年10月19日,见 http://www.iachr.org/declaration.htm。
④ 《在环境事务中获得信息、公众参与决策和诉诸法律的公约》(《奥胡斯公约》)(Convention on Access to Information, Public Participation in Decision-Making and Access to Justice in Environmental Matters),联合国文件(UN Doc. ECE/CEP/43),"欧洲环境"进程之第四次部长级会议,1998年6月25日通过,2001年10月30日生效。
⑤ 克劳德·雷耶斯等对智利案(Claude Reyes and Others v. Chile),2006年9月19日,C系列151号。
⑥ 伦敦,1999年,网址 http://www.article19.org/pdfs/standards/righttoknow.pdf。

Freedom of Information Law），① 将该组织提出的一套原则以法律形式表达出来。本部分将按照《公众的知情权：信息自由立法的原则》中列出的 9 项基本原则来表述。

第 1 项原则　最大限度公开
信息自由权立法必须以最大限度公开原则为指导

正如前文所示，最大限度公开原则也许直接出自对信息权的基本保障。这一原则概括了信息权的核心意义。在众多的国家法中，这一观点都被明确地陈述为一个目标。最大限度公开原则意味着信息权的范畴必须广泛，既关系到相关信息和机构的范围和种类，也关系到可能提出维权要求的个人。

《英联邦原则》中的第 2 条原则十分概括地规定："必须要进行赞成信息公开的假设推定"。而关于表达自由的专项委任代表的《联合宣言》，对最大限度公开原则进行了坚定和明确的阐述：

> 对公共权力机构所掌控信息的获取权是一项基本人权，该权利必须基于最大限度公开的原则，通过综合立法（例如信息自由法案）在国家层面上被赋予效力，并建立起一项法律推定，即所有信息都可被获取，只有属于很小范围的一些规定内的信息可以例外。

《联合国准则》的表述更加明确，它指出，"公共机构具有发布信息的义务，每一位公众都有相应的接收信息的权利；'信息'包括公共机构掌控的全部记录，且不限于任何保存方式"。《奥胡斯公约》对信息所下的定义同样非常广泛，涵盖了"书面、视觉图像、声音、电子或任何其他物质形式的全部信息"，当然，与该公约的目的相一致，其定义范畴限定为关于环境的信息[第 2 条(3)款]。《欧洲委员会建议书》（COE Recommendation）采用了更加审慎的方法，将"官方文件"广泛定义为"以任何形式记录，由公共权力机构起草、获得或掌控的所有信息"，但是其范畴限定为与"任何公共或行政功能"相关的信息，并排除了处于准备阶段的文件（第 1 条原则）。实际上，很多国家法对信息的定义都非常宽泛，同时也有少数国家

---

① 伦敦，2001 年，网址 http://www.article19.org/pdfs/standards/modelfoilaw.pdf。

法根据使用情况对相关信息的范畴进行了限定。

在此，也许需要指出信息获取权（如在《奥胡斯公约》中）与文件或记录获取权（如在《欧洲委员会建议书》中）的重要区别。《联合国准则》指的是信息和记录两者的获取权，尽管准则所说的基本权利是信息获取权。这可以推衍出一系列重要的含义，取决于如何运用这些规则。虽然多数国家并未要求公共机构承担制造信息的义务，但是，有些国家确实赋予了公众获取公共机构必须掌握的信息的权利，即使在提出获取信息申请时公共机构并不真正持有该信息。尽管明确要求公共机构要为提取信息作出努力，但是，究竟公共机构从其掌控的记录中提取信息（例如使用电子信息技术或在各种记录中搜索要求获取的信息）应当达到何种程度，仍旧没有法律定论。①

另一个问题是，要求获取的信息究竟必须确认为实际的文件或其他记录，还是只要是希望索取的信息即可。鉴于多数个人并不处在能确认实际文件的地位，这项权利应当被理解为泛指信息。然而，在一些极端的情况下，由于信息获取权和文件获取权的差异②，一些获取信息的要求曾遭拒绝。

《非洲宣言》第IV条(1)款原则陈述了需要广义界定公共机构的根本原理，指出："公共机构不是为自身掌握信息，而是为公众的利益代管信息"。《奥胡斯公约》和《欧洲委员会建议书》对公共机构的定义都很宽泛，认为公共机构包括全国、地方和其他级别的政府，同时还包括"由国家法律规定的、履行公共职能或行使行政权力的自然人或法人"。③《奥胡斯公约》对此进一步做了补充，认为公共机构还包括"担负公共责任或职能，或提供公共服务的其他所有自然人或法人"［第2条(2)款］。

《奥胡斯公约》和《欧洲委员会建议书》都没有将政府的司法或立法部门列入公共机构的范畴，这一特点同样在一些国家法中有所反映，部分是基于宪法分权的考虑。然而，《欧洲委员会建议书》第II条原则认定了获取这类公共机构所掌控信息的重要性，它指出：

---

① records，此处译为记录，也可译为档案。document一般译为文件，有时也译为文献、档案，视不同的定义或语境而定。——译者注
② 例如，联合国开发计划署（UNDP）荒谬地拒绝了这些申请，理由是该署的政策是不提供对尚未发表文件的获取。参见"第19条"组织就此事发出的抗议信，网址 http://www.article19.org/pdfs/press/undpdisclosure-policy.pdf。
③ 见《欧洲委员会建议书》。

然而，成员国必须根据国内法律和惯例，审查在何种程度上《欧洲委员会建议书》的准则能够适用于立法机构和司法机构所掌控的信息。

不管包括宪法规则在内的国家内部结构如何，国际法都具有普遍的适用性；国家必须贯彻人权义务。这也许需要采取特殊的措施——例如，法院需要行使自身的信息权规则，而不是简单地遵从立法机构通过的约束行政机构的法规——但是，该义务仍旧存在。此外，某些国家，其中也包括一些分权法规非常严格的国家，的确将司法和立法机构算做公共机构，这些经验很好地证明了其可行性。

与更激进的信息权法实践相呼应，"第19条原则"表达了富有活力的看法，认为信息获取权就是人权，呼吁不拘泥于形式化的标签，而是从提供服务的种类出发来定义公共机构。其根据的是这样的认识，即所有合法的须以保密的方式来保护的利益都能够通过一套适当的例外规则来处理。"第19条原则"中的第1条原则提倡本着以下标准来定义公共机构：

[定义] 必须涵盖政府的各级和各个分支，包括地方政府、经选举产生的机构、法令委任下运行的机构、国有化产业和公共企业、非部门性机构或半官方机构（准非政府组织）、司法机构以及执行公共职能（例如公路维护或铁路线运营）的私人机构。如果私人机构所掌控的信息在发布后可能减少重大公众利益（如环境和健康）受到侵害的风险，那么，这些私人机构也同样应该被划归公共机构。根据本文件提出的原则，政府间组织同样应该遵从信息自由制度。

在南非，当需要保护或行使某项权利时，即使私人机构也会被要求公布信息。这在《非洲宣言》中的第Ⅳ条(2)款原则中同样有所反映，该原则宣称："每个人都有权获取私人机构掌控的信息，如果该信息是行使或保护某项权利所必需的。"由于曾经被认为在本质上属于公共性质的一些功能被不断地私人化，考虑到这种愈演愈烈的私人化趋势，这可看做信息权取得的重大进步。

国际准则同样明确表明每个人都有信息获取权。前文提到，《联合国准则》规定，"每个公众成员"都有权获得信息。同样，《非洲宣言》中的第

Ⅳ条(2)款原则适用于"每个人",而《美洲宣言》第4条原则指的是"每位个体"。《欧洲委员会建议书》第3条原则同样指的是"每个人",并进一步明确指出,"这一原则具有普遍的适用性,不能因为包括国籍在内的任何原因而区别对待"。然而,一些国家法却仅适用于本国公民,存在着歧视问题,尽管很多国家法仍旧适用于每个人。

第2项原则　公布信息的义务
公共机构应当承担公布重要信息的义务

为了使信息权得到实施,仅要求公共机构同意满足索取信息的要求是不够的。对很多人来说,信息的有效获取需要依靠相关机构即使在没有收到任何请求的情况下,也能够主动发布和散播关键类别的信息。大量的国际声明对此都有所反映。例如,《联合国准则》规定:

> 信息自由权意味着公共机构广泛地发布和散播关系着重大公共利益的文件,例如,关于公共机构如何履行其职能的运作信息,以及会影响公众的任何决定或政策的内容……①

《非洲宣言》第Ⅳ条(2)款原则支持这一观点,规定"即使没有任何人提出要求,公共机构也应该主动发布关系重大公众利益的重要信息"。《欧洲委员会建议书》第Ⅺ条原则同样呼吁每个公共机构"出于自发的主动性,且在适宜的情况下"散播信息,以期提高公共施政的透明度、行政效率和知情的公众参与。同样,《奥胡斯公约》要求公共机构承担起散播环境信息的许多义务。② 值得一提的是,《欧洲委员会建议书》也号召公共机构"尽可能地制造有关其职责范畴之内的事件或活动的信息以供获取,例如,制作其所掌握文件的清单或登记册"(第Ⅹ条原则)。少数国家的信息权法甚至要求公共机构制作公共信息清单,可惜大多数国家的信息权法并没有如此规定。

---

① 见特别报告员的报告《促进和保护思想与表达自由的权利》(*Promotion and Protection of the Right to Freedom of Opinion and Expression*),2000年1月18日,联合国第E/CN.4/2000/63号文件,第44节。

② 参见第5条。

在某种程度上，此义务的规模取决于资源的局限性，但是义务所涵盖的信息总量应当随着时间的推移不断增加，特别是新技术的采用会使发布和传播信息更加便捷。专项委任代表的《联合宣言》特别呼吁逐步增加主动公布信息的规模："必须适当地建立某些制度，以便随着时间的推移，能够增加此类例行披露的信息的数量。"更长期的目标应该是主动先期发布信息，将个人需要申请才能获取信息的情况降到最低。

第3项原则 促进政务公开
公共机构必须积极促进政务公开

由于长期的实践和态度取向的影响，很多国家都存在着一种根深蒂固的保密文化，对政府内部信息进行封锁。由于事实上即使最进步的立法也不可能强制公务员采取开放的态度，所以从根本上讲，信息权的实现取决于能否改变这种文化。更准确地说，若要取得长久的成功就需要使公共官员认识到公开化并不仅仅是一项（麻烦的）义务，而且是一项基本人权，是政府有效、合理管理的中心环节。需要采取一系列促进措施来解决保密文化的问题，并保证公众具有信息权意识，了解这项权利对他们可能意味着什么。

《联合国准则》确认，既要采取措施向公众告知其信息权，也要设法"解决政府内部的保密文化问题"。《英联邦原则》中的第2条原则将其认定为一种积极的需求，即"促进公开文化"。专项委任代表的《联合宣言》呼吁政府"采取积极措施解决至今依然在很多国家的公共部门中盛行的保密文化问题"。它还提倡采取措施"广泛提升公众的信息获取权意识"，普遍"提供必需的资源并给予关注"，以保证信息权法的贯彻执行。《欧洲委员会建议书》第X条原则收录了关于"补充措施"的最详细的条款，其中包括向公众发布信息和培训官员的措施。

不同的国家需要采取不同的具体措施来促进政务公开。指派重要职能单位来负责各项措施——例如指派专职监督机构，如信息专员、巡察官员或人权委员会，或是指派一个中央政府部门来负责——就能提供一个责任承担者，以保证这一重要事务得到足够的关注和充足的资源。

可以采取各种各样的措施来教育公众。这里媒体可以起到关键性的作用；在报纸发行量很低或是文盲很多的国家，广播媒体能够起到尤为重要的作用。很多信息权法中规定的另一个有效工具是出版一本关于如何提出信息申请的简易、通俗的指南。

解决保密文化的一个重要工具是规定对以各种方式有意阻止信息获取的人进行惩罚，其中包括破坏记录或妨碍监督机构的工作。专项委任代表的《联合宣言》明确提出对阻碍公众获取信息的人进行制裁。这些惩罚的性质可以是行政、民事或刑事制裁，或者三者合而为一。例如，一些国家订立了关于因过错方违法造成损失而索赔的普遍性规定。在一些信息权法历史较长的国家中，刑事处罚的经验表明，此类起诉很少，但是这些法规仍能向官员传达一条重要的信息，就是阻碍信息获取将不会被容忍。其他被用来对付保密文化的手段还包括激励表现优秀的官员，将表现不佳的官员曝光，以及对公共机构贯彻信息权的表现进行年报总结，以此保证对政府开放进程的立法监督。

在很多国家，获取信息的最大障碍是不良的记录保存状态。官员通常并不知道他们掌握何种信息，甚至即使知道掌握的是何种信息，也不能找到要寻找的档案保存在何处。官方文档的优化管理并不仅仅是有效执行信息权的中心环节。信息管理是现代政府的核心职能之一，而做好这一点对有效实现每一个公共服务目标至关重要。

专项委任代表的《联合宣言》呼吁建立改进档案管理的体制，规定："公共权力机构必须达到最低档案管理水平。必须建立起一套能够不断提高管理水平的体制。"《英联邦原则》中的第 4 条原则同样指出，"政府必须维护和保存各种档案"。《欧洲委员会建议书》第 X 条原则倡导各国确保对记录进行专门管理，以使信息获取更加便捷，并满足"针对文件保存和销毁建立起明确的法规"的需求。很多国家法都作出相关规定，例如赋予一位部长或独立的监督机构以委托权，负责制定和执行档案维护的标准。

第 4 项原则　限制"例外"的范围

应当制定清晰而严密的例外规则，而且必须通过
"危害"和"公众利益"的严格检测

评估信息获取权的例外规则的合法范围是复杂的。一方面，过于宽泛的例外规则体制会严重破坏该权利。在一些情况下，过于宽泛或开放的例外制度在很大程度上损害了原本非常有效的信息权法。另一方面，充分照顾所有合法的、必须以保密的方式来保护的利益显然是重要的，不然的话，即使会

造成过大的损害，公共机构也将在法律上被要求公布信息。

这一问题的复杂性和重要性在国际准则中有所反映。在非常普遍的层次上，《英联邦原则》中的第3条原则规定，信息获取权的例外规则必须是"有限的"，要"严密地界定"。同样，《美洲宣言》中的原则主张，对信息权的限定必须是"例外的"，已经被法律事先确认，而且针对的是"威胁到公民社会中国家安全的真正的、紧迫的危险"（第4条原则）。这似乎忽视了很多其他的利益，如个人隐私和法律的执行，而这些利益被广泛地认为应当受到限制信息获取权的保护。

《联合国准则》也呼吁制定例外规则的法律，且进行严密的界定：

> 拒绝发布信息不得出于保护政府免遭尴尬或掩盖其不良行为的目的；法规中应当列出能够解释不公布信息的合法目的的一份完整清单，免于公布信息的例外规则必须进行精细地界定，以避免涵盖并不损害合法利益的信息。

例外规则必须与国际法关于限制表达自由的准则相一致。这一点已经清楚地体现在普遍准则中，也是美洲人权法院在2006年9月裁决中详尽阐释的议题，它认定信息权是更广义的表达自由权的一部分。[①] 这意味着例外规则必须以法律为依据，必须保护符合国际法要求的合法利益。这两点在几个国际声明中都有具体的阐述。

不同的信息权法认定的合法目的不同，这些合法目的可能是某些信息获取权被纳入例外的理由，这理由也可能引起一些争议。《欧洲委员会建议书》在第Ⅳ条原则中，对可能限制信息权的各种原因开列出一份详细和专属的清单，名称为"获取官方文献可能受限的事项"：

1. 成员国可以限制官方文件的获取权。限制必须在法律中精确界定，并为民主社会所必需，且符合保护下列各项的目的：

   i. 国家安全、国防和国际关系；

   ii. 公共安全；

---

① 克劳德·雷耶斯等对智利案（*Claude Reyes and Others v. Chile*），2006年9月19日，C系列，151号，详见第88~92节。

iii. 防止、调查和起诉犯罪活动；

iv. 隐私和其他合法的私人利益；

v. 商业和其他经济利益，可以是私人或公共的；

vi. 涉及司法程序的诉讼各方平等；

vii. 自然；

viii. 公共权力机构的调查、控制和监督；

ix. 国家经济、货币和汇率政策；

x. 在事务内部准备过程中，公共权力机构之内或之间的审议机密。

很明显，不管是从普遍原则上看，还是从不同的权力机构关于信息权的声明来看，并不是仅仅因为与上述任何一种利益相关，就可以合法拒绝信息获取。"第19条原则"中提出了如下的"三要素检测"：

三要素检测：
- 信息必须与法律中列出的某个合法目的相关；
- 公布信息必有可能对该目的造成实质性的损害；
- 给该目的带来的危害必定大于发布该信息所带来的公共利益。

一些国际声明都具体提及需要考虑遭受危害的风险，以及即便存在这样的风险，也有可能为保护公共利益而发布信息。这些声明包括《美洲原则》(Inter-American Principles) 和前面提到的《联合国准则》。《欧洲委员会建议书》第Ⅳ条(2)款原则同时认定了考虑公布信息带来的危害和公共利益优先的需求，它规定：

> 如果官方文件中的信息公布后将会或可能会给第1段中提到的任何一种利益造成危害，那么，可以拒绝文件获取权，除非信息披露带来的公众利益更为重要。

《奥胡斯公约》同样认为，只有"信息披露会负面地影响"罗列出的利益［第4条(4)款］，才能允许拒绝获取信息的申请。《奥胡斯公约》还认定了一种公共利益优先的形式，规定：

考虑到公布信息带来的公众利益，考虑到申请获取的信息可能与环境中的排放有关，上述拒绝公布信息的理由可以被限制性地解读。[第4条(4)款]

在专项委任代表的《联合宣言》中明确支持"危害"和"公众利益优先"的双重方法，它规定：

信息获取权必须受限于一个小范围的、严格制定的例外规则制度，以优先保护包括隐私在内的公共利益和私人利益。只有当被保护的利益面临实质性危害的风险，且这种危害大于信息获取对总体公众利益的好处时，才能采用例外规则。

例外规则必须被限定在信息披露可能引起危害风险的情境中，但是这并不必采取复杂的法律分析；只需用常识来判断。国防军队掌控着大量与其军事行动并不直接相关的信息，如关于购买食品或笔的信息。很显然，由于这只与国防开销有关，且披露该信息并不会给国防利益带来危害，拒绝这类信息的获取显然并不合法。

在少数情况下，危害包含在免予公开的例外信息本身的性质之中。例如，对合法的特权信息或对如果披露意味着破坏信用等信息的保护。然而，大多数例外信息并没有具体指出会造成什么危害——有时在对例外信息分类时提及——因为没有涉及这些内含的危害，所有这部分的检测无法通过。

在一些国家，当考虑到对合法的目的不构成伤害时，例外信息本身也要服从某些限定（例外中的例外）。例如，当信息已经可以被公众获取，在这种情况下该产生的危害已经产生，或者被影响的第三方同意披露信息，在这种情况下危害被有效地解除了。

不管例外规则制度的制定如何仔细，在某些情况下信息的披露总会带来更大的公众利益，即使确实也会对某些被保护的利益造成危害。产生这种现象的部分原因是，不可能考虑到所有必须优先保护的公众利益；另一部分原因则是在特定时间的特殊环境条件下，公开信息也许会意味着有利于保护总体的公众利益。一个例子就是披露关于军队腐败的敏感军事信息。尽管该信息的披露最初看起来会削弱国防，但事实上，随着时间的推移，消除军队腐败也许能加强国防力量。

同样，法律实践中公认的惯例是，如果档案中仅有一部分是机密，只要有可能，档案的其他部分仍应公开。这不仅在广为流行的国家惯例中得到证实，《欧洲委员会建议书》的第 VII 条原则和《奥胡斯公约》中的第 4 条 (6) 款同样支持这种观点。

尽管严格意义上讲这并不是上述"三要素检测"中的一部分，但信息保密的总体时间限制可以帮助保证"陈旧的"危害不能让信息无限期保密。在很多情况下，曾经是限制信息依据的某种危害风险会随着时间的推移而消失或大为减弱。例如，很多信息权法规定对内部协商过程或政府内部建议进行某种保护。这在短期内会被认为合理，但在 15~20 年之后披露此信息则很难对自由和坦率地制订建议造成严重的影响，而后者是这一例外规则所保护的重要利益。固定的"历史披露"期限意味着这样的推定：最初的危害已经不再适用，而在这之后继续限制该信息则需要被特别加以论证。

第 5 项原则　为行使信息权提供便利的程序

索取信息的申请应当得到迅速而公正的处理，
在申请被拒时应能提供独立的审查

保证在实践中有效地行使信息权不仅需要公共机构主动披露信息（发布信息的义务），而且要在不违背例外规则的情况下，使所有人都能够索取并获得公共机构所掌控的任何信息。这就要求建立有条理的程序，让公共机构按照这些程序来处理索取信息的申请。这还要求建立能够对公共机构内部决策进行独立审查的制度。

获取信息的程序是复杂的，且通常在信息权法中占很大比重。同时，它并不像其他信息权标准那样引人注目，所以相对而言，它在有关信息权法的国际宣言中所处的地位并不突出。《联合国准则》呼吁公共机构"建立开放、方便的内部体制，以保证公众获得信息的权利"，并特别指出需要对"处理信息获取申请的时间进行严格的限制"。而且，如果公众机构拒绝了某一信息的获取申请，须作出回复，包括"以书面形式详细列出拒绝的原因"。专项委任代表的《联合宣言》提倡获取信息的程序要"简单、快速、免费或低收费"。

目前为止，《欧洲委员会建议书》对程序的阐述最为细致，它提出了一系列具体的标准，包括：

- 任何掌控信息的公共机构都应当处理索取信息的申请，且遵从平等原则，手续须最简化；
  - 申请人不必提供索取信息的理由；
  - 必须快速处理申请，在规定的时限内完成；
  - 应当"尽一切可能"地提供帮助；
  - 如果拒绝提供信息，必须给出拒绝的理由；
  - 必须以申请人喜好的方式为其提供信息，或准其查阅档案，或向其提供复印件（第 V ~ VII 条原则）。

这些标准中的大多数都在《奥胡斯公约》的条款中有所体现（特别见第4条）。

同样被确定的是，可以对公共机构拒绝披露信息或公共机构没能以指定方式处理申请，提出申诉。很多国家法规定，可以对呈交申请的公共机构内的更高权力部门提出上诉。这是一种有效的途径，可以用来补救错误，在低级官员中建立起披露信息的信心，同时也可以保证其内部的一致性。

然而重要的是使申请人有权要求独立的机构审查公共机构作出的决定。缺少了此方面，就不能承认个人享有对公共机构所掌握信息的获取权，他们最多只是有权提交索取信息的申请供有关机构考虑而已。而缺少了独立监督之后，许多信息，比如揭露官员腐败或无能的信息将永远不会被披露。

虽然很多有关信息权的国际性声明都明确呼吁需要有独立的复审，但对于独立审查的性质则不甚明朗，具体而言就是这种独立审查的执行者是否应当是一个专门的独立监督机构——如信息权委员会、巡查官或人权委员会；或者，由法院来审查是否足够——在许多国家，法院对政府行为进行不在场的监督。根据一些标准，似乎可以由独立监督机构来执行，另一些标准则主张由独立机构和法院来共同实施监督。

《英联邦原则》中的第5条原则直接倡导让拒绝披露信息的决定"接受独立的审查"，而专项委任代表的《联合宣言》则呼吁在信息申请遭拒后，有权向"拥有调查和解决这些指控的完全权力的独立机构"提出上诉，建议设想出一个不同于法院的其他机构。《欧洲委员会建议书》则提出申请者向"一所法院或依法设立的另一个独立和公正的机构"申诉。这一观点在《奥胡斯公约》第9条中也得到了体现。《非洲宣言》第 IV 条(2)款原则中提出两级申诉：一个独立的机构和（或）法院。

事实上，更为激进的一些信息权法的确规定了向独立监督机构申诉的权利。对索取信息的普通民众而言，这一方式远比求助于法院更方便，而且可以通过可靠的记录有效地跟踪他们的信息权是否得到保障。至于是否建立新机构来承担分派给原有机构（如人权委员会或政府巡查官）的这一任务，这并没有多大关系。重要的是，独立机构必须受到充分保护以便排除政治干扰。也可以规定独立监督机构有权向法院提出申诉。只有法院才真正有权决定是否披露存在争议的问题，并保证关于信息公开的疑难问题有得到充分、合理解决的可能性。

关于申诉的一个重要的方面，同时也在许多具有良好实践的国家法中被提及的一个问题就是，如果公共机构拒绝公开信息，就负有证明拒绝公开信息的合法性的责任。这一看法的来源其实也是其依据，也就是信息获取权是一项权利；它还来自这样一个假定：公开性至少意味着证明的责任应当落在拒绝提供信息获取权的一方。目前涉及此问题的国际标准很少，但专项委任代表的《联合宣言》中的陈述是："责任在拒绝信息获取权的公共机构一方，它须证明被索取的信息属于例外规则的范围。"

第 6 项原则　费用
不应使个人因费用过高而放弃索取信息的要求

对获取信息的收费是另一个难题。一方面，如果收费过高，会造成信息获取的障碍，从而削弱这项权利。而另一方面，提供信息以备获取确实给公共机构增添了支出，它们应该有一些获得补偿的方法。几个有关信息权的国际声明谈及这个问题。比如《联合国准则》提出获取信息的费用"不应该高到阻止潜在申请人以及违背法律本身的意图"。《欧洲委员会特别建议书》第 VII 条更具体地要求查阅档案免费，抄件收费不得高于实际支出的成本。

《奥胡斯公约》在第 4 条 8 款中对收费作了相当细致的规定：

> 每个缔约国可以允许本国公共机构对信息提供进行收费，但是资费不应超过合理的数额。意图为提供信息收费的公共机关应为申请人提供收费列表，说明在何种情况下会收费或免费，以及在何种情况下要预付费用才能提供信息。

在实践中，各国在处理信息获取的收费时，有各种各样的方法。

第 7 项原则　公开会议
公共机构的会议应当向公众公开

"第 19 条原则"中包括会议公开的主张。作为一个原则，信息权的基本原理不仅适用于记录下来的信息，而且适用于公共机构的会议。换句话说，被申请索取的信息是通过永久记录的方式传送，还是在会议中以口头方式传达，基本没什么区别。《联合国准则》支持这一点，它规定："（信息权）法律应提出一个推定，即所有政府部门的会议都应当向公众公开。"

在实践中，虽然大家都明白，但很少有信息权法规定公共机构的会议应当公开。一些国家在单独的法律中对此作出了规定。

第 8 项原则　信息公开优先
与最大限度公开原则相悖的法规应当修正或撤销

国际法没有规定各个国家应如何执行国际法中包括基本人权领域在内的法规，也没有规定如何执行有关信息权的法律。所以，如何解决信息获取的例外问题由各国自己决定。但同时，几乎所有国家的法典中都有一系列保密法规，很多并不符合上述准则，特别是与例外规则有关的部分。所以各国有义务建立一些机制以解决这一问题。

随着时间的推移，应当对所有限制信息公开的法律进行审查，目的是与信息权法保持一致。《非洲宣言》第 IV 条（2）款原则规定："应在必要时修订保密法，以符合信息自由原则。"

但是，在大多数情况下这至少是一个中期的解决方法。多少能对实施信息权产生及时效果的更短期的解决办法是，规定信息权法优先于保密法。如有可能，这应通过对保密法进行限制性解读来实现。但是如果产生了这种方法不能解决的更严重的冲突，信息权法可以优先于与其产生冲突的保密法。

这一点并不像乍看起来那样容易引起争议。专项委任代表的《联合宣言》规定："信息权法在与其他法规出现任何不一致时，信息权法都应优先。"另外，许多信息权法都采用这种方法。大多数的信息权法都包含一套全面的例外情况规定，用来保护所有须以保密方式来保护的合法利益（许多规则确实会因为过于宽泛而受到诟病），所以没有必要通过保密法来进一步扩展其范围。有必要建立一个解决冲突的制度，以防止公务员处于这样的矛盾境地：一方面保密法禁止他们披露信息，但另一方面信息权法却要求他们这样做。本着信息公开原则来解决这个问题的方法符合信息权的基本理念。

对记录进行分类的问题在原则上相对容易处理些。分类仅仅是工作人员个人对于记录敏感性的评估，绝不能作为驳回获取该记录的申请的唯一理由。相反，当有申请涉及某份记录时，应对其实际内容按照例外规定进行评估。而在实践中，许多信息权制度已经把对记录分类单独作为一种例外情况了。

第9项原则　保护检举人

披露坏事的人——检举人——应当受到保护

如果公务员依照信息权披露了不应公开的信息，而根据保密法他们将遭到制裁，那么他们就可能产生宁可因保密而违背信息公开原则（也不公开信息）的倾向，因为无论如何他们更加熟悉保密行为。结果许多信息权法规定，保护出于善意按信息权法规公开了信息的公务员。这种保护对于扭转政府内部的保密文化和树立开放的风气十分重要。

许多国家都对披露不法行为的个人或称检举人提供类似的保护。即使法律包含公共利益优先的规定，但是披露有关不法行为的信息是否合法往往是不明确的。而且不能指望为公共利益而披露信息的个人在复杂的情况下能够平衡可能涉及的不同利益。规定对他们进行保护，推进了各种有关不法行为的信息向公众的流动。《非洲宣言》第 IV 条（2）款原则规定：

> 所有出于善意而揭露不法行为，揭露严重的危害健康、安全或者环境信息的人都不应受到惩处，除非这种惩处保护了一项合法的利益，或者在民主社会这种制裁是必要的。

《联合国准则》也呼吁"对揭露不法行为者提供法律、行政或者与雇佣关系相关的支持"以保护信息权。《联合国准则》中把不法行为定义为"犯罪或欺骗行为、未履行法定义务、司法不公正、在公共机构管理中贪污以及欺骗或严重失职等"。"第19条原则"中对不法行为的定义补充了一点：对健康、安全或者环境造成严重威胁行为，不论是否与个人不法行为有关。

多国概览

阿塞拜疆

概述

《阿塞拜疆共和国宪法》(1995年)第50条(I)款规定:"人人有权遵照法律收集、取得、传递、加工和散布信息"。《信息获取权法》由阿塞拜疆共和国总统于2005年12月签署,遂生效成为法律。[1] 在此之前有1998年的《信息、信息化与信息保护法》[2],主要涉及政府内部如何组织信息,尽管该法的确也赋予公民获取个人自身数据的权利;另外阿塞拜疆还订立了一部单独的法律——1998年的《信息自由法》,确立了有关信息的一般原则,但没有规定信息获取权。[3]

制定《信息获取权法》(信息权法)的是一个工作组,其成员包括政府和公民社会两方面的代表,在阿塞拜疆这是一个具有较高协商性质的立法进程。这是一部进步的法律,在整个起草过程中这部法律不断得到完善,表现出了积极的政治意愿。它规定了一个独立的行政监督机构(信息专员)、有力的程序保障规定和广泛的主动公开信息的义务。但与此同时,免于公开的例外信息的规章却过于宽泛,缺乏对阻挠信息公开行为的法律制裁和对善意披露信息的保护,而且仅有少数几条促进措施。

此外,法律的执行一直非常薄弱。在法律条文付梓之时仍未任命任何信

---

[1] 该法律可见 http://www.antikorrupsiya.gov.az/eng/img/Law_on_right_to_obtain_information_done.pdf。

[2] 可见 http://www.ijnet.org/Director.aspx? P = MediaLaws&ID = 25178&LID = 1。

[3] 可见 Banisar, D., *Freedom Of Information Around the World 2006: A Global Survey of Access to Government Information Laws* (Privacy International, 2006), p.47. 可见 http://www.privacyinternational.org/foi/foisurvey2006.pdf。

息专员，尽管这在 2006 年 6 月之前就应该完成。根据媒介权利研究所的一份报告，[①] 没有任何一个国家机构按照法律要求提供一份文件登记表，现有公共网站上可获取的资料也远远少于法律所规定的，且只有很少的公共机构任命了信息官员。值得注意的是，在媒介权利研究所向 186 家不同的公共机构提出的 441 条索取信息的要求中，只有 125 条得到了答复，其中 32 条答复提供了所有索取的信息，并且只有 17 条是在法律规定的时限（7 个工作日）之内答复的。这些都说明无论用何种标准衡量，法律的执行情况实属不佳。

信息获取权

阿塞拜疆信息权法对信息获取权的规定主要在第 2.3 条。该条规定，任何申请获取信息的人都有权在不受限制和平等的基础上免费获得信息——如果公共机构拥有该信息。信息权法第 2.2 条支持这一规定，主张任何人都有权直接或通过其代表向公共机构申请获取信息，并规定了获取这些信息的方式和形式。第 2.1 条进一步规定，获取信息"是免费的"。

信息权法第 1 条规定制定了信息权法的目的，即遵照宪法第 50 条建立一个法律体系，以开放社会为基础，确保免费、不受限制、平等的获取信息的机会，并创造条件让公民监督公共职能的行使。第 6 条列出了一长串信息获取的原则，除了上文已经提及的原则，还包括公共机构披露信息的义务、最大限度的透明、快速处理索取信息的请求、保护机密信息、获取权的司法保护、免费获取信息（除非法律另有规定）、公共机构违反信息获取权的法律责任以及信息机密等级不应过于宽泛等。原则上，这应该为信息权法提供了一个良好的解释基础。

信息权法第 3.0 条将信息定义为任何"事实、观点、知识、新闻或其他种类的信息"，不论信息产生的日期、形式或类别。私人信息是指可以直接或间接有助于确定个人身份的信息，而公共信息是指在执行法律规定的职责时获得的信息。第 7 条对此进行了补充，并将存档信息界定为记录在"有形的数据媒介上的文本、语音或图片，不论其来源、储存场所、官方地

[①] *How Does the Law "On Obtaining of Information" WORK in Azerbaijan?* (Media Rights Institute, 2007). 媒介权利研究所是"互联网新闻阿塞拜疆"（Internews Azerbaijan）（internews 也译为因特网新闻）创建的机构，见 http://www.internews.az/eng/media/。

位、所有权类型以及是否由其所属的实体所生产"的任何种类的信息。形式上，获取权主要应用于公共机构持有的"信息"，因此关于"公共信息"的这个更狭义的定义——须受法定职责概念的限定——是否恰当就不清楚了。信息和存档信息这两个定义也存在混淆的可能性，且两个定义都非常宽泛。

信息权法第3.0条还将公共机构（信息所有者）定义为"国家权力机构、市政当局、一切所有制类型的法律实体和第9条所确定的个人"。第9条规定公共机构为国家权力机构、市政当局和执行公共职能的法律实体，以及"在法律证书或合同的基础上，在教育、医疗、文化和社会领域内"经营的私有法人实体。然而私有法人实体所承担的义务仅限于由其公共职责而产生或获取的信息（另见第21.2.2条）。目前尚不清楚上述领域——教育、医疗等——是否可以被认为是固有的公共职责。这可能是一个很广泛的定义，因为它是与功能而不是与形式相关，尽管这将取决于对该法的解释。

全部或部分国有或受国家资助的机构，以及占市场主导地位或独占市场地位或权利的法律实体，或在自然垄断的领域中运作的机构，也被认为是与某些类型信息相关的公共机构，这些信息包括"商品的提供、定价、以及在这种条件和价格下的服务和变化"等。规定的后半部分是一个进步的创新，为其他信息权法所没有。与此同时，国有或受国家资助的机构也须承担与其他许多国家的公共机构类似的披露信息的义务。

如上所述，信息获取权适用于每个人，不限于国籍、居住地或其他条件。

程序保障

信息权法第11.2条的普遍规定是，公共机构必须在内部为提供信息获取渠道作好准备。第2.5条规定，申请者可将他们从公共机构获取的信息用于包括商业用途在内的任何目的。索取信息的申请方式可以是直接口头提出或打电话，或者以书面形式直接递交、邮寄、传真或发电子邮件（第13.1条）。提出的申请应当包括申请人的姓名、联系方式，应说明信息的内容和申请人偏好的获取信息的形式。索取私人信息的申请也应同时附有申请人的身份证明文件。若所提供的申请材料不足，应当在5个工作日之内告知申请人。如果申请未能足够清楚地确定所索取的信息，这可以成为拒绝申请的理由。申请人不需要提供申请理由，除非在某些情况下，例如为行使某权利需要官方确认信息的提供，或申请非常紧迫时（第 15 条、第 21.1 条和第 24.4 条）。

公共机构一般需要确保每个人"免费、不受限制、平等的"获取信息的权利（第 10.1 条）。具体地说，公共机构必须通知申请人提出申请的"条件、政策和方法"，协助申请人找到该机构并不拥有的信息，协助申请人清楚地确定所寻找的信息，并在必要时协助无法进行书面申请的人，例如文盲或有残疾的人（第 17 条）。

在收到申请时必须登记，除非是匿名或口头申请，尽管仅登记信笺上方的印刷文字或记录联系方式就算是履行了登记义务（第 18 条）。必须处理每一份恰当提交的书面申请（第 15.7 条）。处理的方式——无论是已提供信息或已拒绝申请——都应在登记表中记载，连同提供信息的官员的姓名、提供的日期和信息的细节或拒绝申请的理由（第 28 条）。这些都是进步的规定，如果能够得到遵守，将确保处理申诉时有足够的文件线索。

信息权法第 24 条规定，必须尽快答复申请，任何情况下都须在 7 个工作日内完成（参见第 10.4.1 条）。如果需要更多的时间准备信息、确定申请要求，或需搜索大量的文件，答复时间可以延长另外 7 个工作日。在这种情况下，应在 5 个工作日之内告知申请人（第 25 条）。在需要更快获取信息的时候，应立即处理申请。如果办不到，应 24 小时之内处理。凡需要的信息被用以防止对生命、健康或自由的威胁，则应在 48 小时内提供（第 24 条）。按需要加快提供信息是一项有趣的创新，可能对新闻工作者特别有用。

若公共机构并不持有所索取的信息，它应该努力查找哪个公共机构的确持有该信息，并在 5 个工作日内将申请转交给该机构。这一义务并不适用于该法律所覆盖的私人机构，但它们如果不持有所寻求的信息，应在 5 个工作日内告知申请人（第 23 条）。

阿塞拜疆信息权法并没有解决通知第三方的问题。第 27 条规定，当信息已经被提供，申请已经被转交并通知申请人，申请人已被告知如何获取信息，或申请人接到"拒绝提供信息的有理由为依据的通知"时，申请就被认为已经得到满足。第 21.3 条对此进行了补充，规定任何拒绝提供信息的答复应当"明晰"，并说明所依据的具体法律条款。通过要求详细说明在申请被驳回时进行申诉的权利，这些条款可以得到进一步改进。

信息权法第 14.1 条解决信息的披露形式问题，第 10.4.1 条则概略地规定必须以最适合申请人的方式回复申请。申请人可指定获取方式的各种形式，包括查阅档案、复制档案、获取经核证的副本、转录编码信息或以电子形式获取信息。若公共机构缺乏技术手段、已有信息的持有形式使这一举动不可能，或者这样做会干扰公共机构的正常运作，或将对记录造成损害，那么以指定的形式获取信息可能被拒绝（第14.5条、第16.1条和第16.2条）。第16.2条说明，如申请人当面向官员提出请求，就可能得到口头答复。若信息有不同的语言版本，应当以申请人首选的语言提供（第16.5条）。

下列情况下应当免费提供信息：通过阅览记录获取信息，申请人本人复制信息，或公共机构没有提供技术支持，包括以电子方式提供信息。如果信息已经公开，也应是免费的。另外，收费不可超过准备和向申请人提交信息的费用。在3年之内，负责信息的行政机构应拟出一份收费服务项目、付款程序和其他有关费用的清单。在此之前，这些应由各公共机构内部自行决定（第26条和第57.2条）。若公共机构提供了不完整或不准确的信息，补充或更正的信息应当免费提供（第22.3条）。这些都是较为进步的收费规定，但若增加在某些情况下费用可以免除的条款，就更为完善了。此外，在许多信息权法制度中，准备信息都不会收费，因为这很大程度上取决于有关公共机构能否良好地管理自身的记录。

公布信息的义务

信息权法第10.4.3条规定了公共机构的一个普遍义务：向公众提供有关其履行职责的活动的信息。第Ⅳ章中详细说明了主动公布信息的规定。第29条列举了大约34种必须主动予以公布的各种类别的信息，包括统计数据、预算和详细的财务信息、预测、包括工资情况在内的工作人员的相关信息、环境信息、法律文件、规划文件、可提供的服务，以及很重要的一份秘密文件列表。这是有关主动公布信息义务的一个很长的进步的列表。

第30条规定了通过互联网、大众媒体、官方出版物，以及图书馆和其他公共信息中心公布信息。第31条原则性地规定应以使每个人都能尽快获取信息的方式公布信息。若法律或国际协定拟定了特殊的公布手段，这一手段应得到尊重。威胁到生命、健康、财产、环境或其他具有重大公共利益的事项的信息必须立即通过大众媒介和互联网进行披露，以减轻任何风险。

第32条规定公共机构应建立互联网"信息资源"（网站或类似网络服

务），以便利第 29 条所描述信息的公布。依照第 33 条，执行公共职能的私营机构也必须采取措施确保通过互联网获取信息的渠道，包括把最新的和"有效的"信息放到网络上。

根据第 12 条，公共机构都必须建立容易获取信息的公共电子登记储存站（electronic register），在公共电子登记储存站上登载机构所持有的重要文件，无论这些文件由它们制作还是从其他渠道获得的。这对那些设法寻找信息的申请人而言，是一个非常有用的工具。一些文件——如账目记录、问候、信件和备忘录等——不需要登记储存。"有关行政当局"，如负责信息权法的部长，应制定相关政策以指导登记储存站的建立、维护和更新。除了文件本身，下列信息必须记录：接收和（或）发送的模式，如果相关的话；文件的类别；需要时还要登记对获取该信息的限制。

例外

总体而言，信息权法中关于例外信息的规章虽然在某些方面尊重国际标准，却也是该法中较为薄弱的环节。它包括各种类型的应当保密的信息，是一个很全面的清单。保密信息分为两大类："官方使用"信息和隐私。这样看来，该法还可被视做一个保密法，也就是说，不得披露机密信息（除了公众无权获取它以外）。例如第 41 条规定，公共机构必须采取措施保护供"官方使用"的信息。

信息权法和保密法规之间的关系不很清楚。一方面，第 4.2.1 条规定，信息权法不适用于法律所规定的机密（第 21.1.1 条重申这一点）。另一方面，第 5.2 条规定，其他法律不能违背信息权法的要求。似乎可以这样认为，这些规定的综合效应是，信息权法并不适用于其他法律明确指定的秘密文件。

信息权法对某些例外情况的一揽子规定根本不适用。这些例外情况包括由管制公民申诉的法律所规限的建议、主张和申诉，以及国际协定确定的对信息的限定。信息权法同样并不适用于遵照管理国家档案的法律已被封存的文件，尽管信息权法本应建立自己的披露规章（第 4.2 条）。

信息权法第 21 条进一步陈述了拒绝提供信息的一般性理由，包括申请人"未经正式授权获取"该信息；申请人已被提供信息；回应该申请将破坏公共机构履行其义务的能力；由于索取的信息量大，当时回应申请是不切实际的，或回应申请要求对信息进行"分类、评估和整理"（可能是指公共机构并不掌握该信息，但可以从现有的文件中创建）。这些——尤其是在当时回应申请不切实际的规则——似乎给公共机构拒绝处理申请留下很大的余地。

许多例外规则并不包括危害测试，但提出了不得予以公开的一揽子信息类型。与此同时，大多数这样的例外规则确定了保密的内部时限。例如，"在国家实行控制期间"收集的信息须保密，直到作出裁决为止。在那些的确包括危害测试的例外规则中，标准通常很低，"将会或可能"的措辞经常被使用。上述两种情况的综合效果是，即使披露不会造成任何危害，该信息仍会被保密，虽然保密时间通常不会很久。该法没有提及发放机密证书，但其他法律可能对此有所规定。

第35.4条似乎与公众利益优先原则相反，规定如果披露信息带来的损害超过公众获取信息的利益，该信息可保密。然而，这只限于第35.2条所定义的"官方信息"，换句话说，乍看须保密的信息，实际上可能正符合公众利益优先的要求。第39.1条确实规定了有关事故或违法行为信息的有限的公众利益优先原则，只要这样做不会妨碍对事件的调查。

第22.2条对部分披露文件进行了规定，即文件若只有部分内容准予披露时，这部分内容应同其余部分分开，后者应予以保密。这条规则在第39.3条中再次出现，涉及不能以官方使用为由而视为机密的信息（见下文）。

根据第40条，供官方用途使用的信息只有在保密的理由仍然存在的情况下才能被列为机密，且在任何情况下不得超过5年。私人信息的时效期限为75年，或在信息相关者死亡30年后，或是根据一个相当奇怪的规则，即，如果无法证实该人是否死亡，则将期限定在其出生110年之后。

信息获取权法规定了可被视为机密的两大类信息，即"为官方使用的信息"，以及私人信息和关于家庭生活的信息。第35条规定了一长列属于第一大类的各种类型的信息，其中包括：

- 有关刑事或行政侵害的信息，直到案件已提交法院或已终止；
- "国家实施控制期间"收集的信息，直到作出裁决为止；
- 信息的披露可能妨碍政策的制定，直到定出政策为止；
- 信息披露可能破坏测试或财务审计，直至这些进程已经完成；
- 信息披露可能损害一个公共机构内部自由和坦率地交换意见；
- 信息披露可能产生不利于经济管理的影响，直至有关的活动已经完成；

- 信息披露可能破坏司法工作，直到决定已作出；
- 被外国和政府间组织视为机密的文件；
- 信息披露可能损害环境；
- 信息披露可能损害公共机构的利益；
- 已与一家执行公共职能的私营机构达成保密协定；
- 法令、决议和命令的草案，直到这些草案已提交审议；有关参与垄断活动的私营机构义务的法律文件，直到这些文件已被签署。

上文列出类别的大多数在许多信息权法中都有所认可。然而，上述列表中完全没有或仅规定了有限的危害测试手段，说明该列表仍然过于宽泛。

所有这些文件必须标记为机密文件，并标明保密期限（第36条）。该法还列出一长列可不被视为机密的各类文件，包括一系列经济和金融信息、提供给民众福利的信息、民意调查结果，有关灾害、环境和医疗保健等的信息，还有一个被视做机密的信息的列表（如上所述，这个列表本身属于必须主动公布的信息）。构成垄断的私营机构不能将报价条件、商品和服务的价格或与之有关的任何更改的信息视做秘密，而公共补贴下经营的私人机构也不能将这些补贴的条款或使用情况予以保密（第37条）。

第38条列出的可以保密的信息是有关私人或家庭生活的，包括下列几类：

- 有关政治或宗教的观点、民族或种族出身、健康、个人特征和能力，精神或身体残疾的信息；
- 作为犯罪或其他过错调查的一部分而收集的资料，在作出判决前须保密，以保护儿童、道德、隐私、受害者或证人，或依据执行判决的需要；
- 申请社会保障或服务，有关个人状况或领养的登记；
- 税务信息，除未清偿的债务以外；
- 性或家庭生活的信息。

所列出的类别有些特殊。比如，很有可能一个人会将其宗教或政治观点公之于众，在这种情况下，这些将不属于私人信息的范围。

允许个人获取有关自己的信息，除非这样做会透露未成年人的出身，妨碍犯罪的预防或罪犯的逮捕，或者关系到以国家安全为目而收集的信息。此外，各种各样的个人被允许获取私人和家庭的信息，包括未成年人的家长和教师，教育残疾人的个人，执行公务的官员，私营公司的员工和那些根据合法契约在教育、卫生、文化领域从事这些服务的个人。第8.3条还对个人数据的纠正进行了规定。这实际上构成了一种对微型数据的保护制度。这是一个复杂的法律领域，需要更为详细的规则来使适当的公正得到保障。如果像其他许多国家那样，这些条款不包括在信息权法中，而是被纳入完整的数据保护法中，会更为可取。

申诉

任何人都可以就信息申请失败向信息专员或法院提出申诉。投诉应包括投诉人的名字和地址，所申请获取的信息，以及对方工作失误的说明，并附有可资佐证的证据，包括所涉及的公共机构对请求的任何回应（第49条）。信息专员应在10个工作日内考虑该申诉，尽管如需要额外的澄清、解释或文件来处理该投诉，可在书面通知投诉人后将期限再延长10个工作日（第50条）。

投诉遭到拒绝的原因可能是：投诉是匿名的，与所涉及公共机构无关，是"重复、无根据的和有偏见的"，法院已经下达了有关的判决，或投诉人没有利用现有的机制在内部解决问题。在所有其他情况下，申诉人有权得到对投诉的合理裁决（第51条）。

信息权法第43条规定"信息事项授权代理人"（信息专员）的任命，将由议会从有关部长提名的3位候选人中选出。任何接受过高等教育，有教育领域经验和"品德高尚"的公民都可当选信息专员。信息权法规定了各种不适宜当选的情况：包括个人担任高薪酬职务，而不是从事科学、教育或创造性的工作；对外国承担了义务；被判刑且刑期未满，或法院已宣布其无资格。信息专员不得参与政治活动，不得代表任何政党或在非政府组织担任职务。当选的个人有7天时间使自己达到这些规则的要求。信息专员的任期为5年，可以连任，但只能连任一次。根据第44条，专员办事处具有法律地位且经费来自国家预算，但可以配置其自身的雇员。办事处应根据条例运作，条例应由负责的部长批准，虽然这一点没有明确的规定。

第45条对信息专员职务的提前终止进行了规定，即应由主管的部长作出陈述，由议会批准生效。提前终止职务的原因可能是专员未能履行信息权法所规定的职责，缺乏完成任务的能力，去世或离开位置，或法院下达了停职的命令。当专员被免职后，必须在15天内任命新的专员。一般来说，这些规则给信息专员的独立提供了良好的保护，尽管法律明确规定公民社会参与这一过程将会进一步加强这一点。

信息专员大体上有权确保公共机构遵守信息权法所规定的义务。专员可以在收到投诉或自发的情况下展开调查。调查可以涉及广泛的有关违法的问题，包括信息的申请是否登记得当，适用的程序是否得到遵守，对信息披露申请的拒绝是否合法，文件的机密时限是否恰当，公共机构是否履行了主动披露信息的义务，是否采取了适当步骤在互联网上传播信息（第46条）。因此，信息专员具有非常广泛的权力，可以调查公共机构实施信息权法中出现的任何问题。

在开展调查时，信息专员有权索取和接收任何公共机构的文件和说明，包括机密文件（第48条）。信息专员应将通过调查所作的任何决定向有关机构和投诉人公布，并在互联网上公开（第47.2条和第47.3条）。有关公共机构应当遵照信息专员的指示在5天之内纠正存在的问题，并以书面形式将所采取的步骤通知专员，而且应在互联网上公布。然而公共机构可以就信息专员的裁决向法院提起诉讼（第53条）。若公共机构未能及时采取必要的措施，信息专员可向主管该公共机构的最高机构申诉或向法院起诉。在前一种情况下，主管机构应审查此事，并向信息专员报告所采取的措施（第48条和第54条）。

制裁与保护

阿塞拜疆信息权法既不包含对阻挠信息获取权的制裁，也不包括对办事讲诚信的官员或检举人的保护。这是条款中的一个重大缺失。然而，《行政过错法规》涉及信息权的一些修正条款部分地补救了这一缺失。① 例如这项法律第181~183条规定，对有下列行为的官员处以罚款：非法限制信息权或提供虚假信息，拒绝提供信息获取渠道，拒绝接受索取信息的书面申请，违反记录管理的规则，对公众关注的不法行为信息的传播者进行报复。但尚未制定施行这些制裁的统一措施。

促进措施

阿塞拜疆信息权法包括一套相对薄弱的促进措施。第8条笼统地规定建立一个记录管理制度，指出，主管部长应制定关于"存储、归档和信息保护"的条例，公共机构有责任遵守这些条例。

---

① 《行政过错法规》2000年7月11日颁布，修正案2006年10月20日订立。

第10.2条规定公共机构有义务任命一名信息官员或设立一个信息"处"。后者大概可以理解为只是指这样一种情况：一个以上的个人被赋予这方面的职责。第10.3条规定，信息官员的任命不得成为拒绝信息获取的理由，虽然不清楚为什么这项规定被认为是必要的。第10.5条规定了信息官员的职责，其中包括处理获取信息的申请、联络信息专员、处理投诉、履行其他与信息有关的职责。然而其他信息权法规定通常由信息官员执行的一些任务，如协助申请人等，根据第10.4条，却是直接分配给公共机构的。

根据第10.6条，公共机构必须半年一次向信息专员就信息事项进行报告，或按照信息专员的要求更为经常地报告。信息专员则须每年向议会报告信息权法的执行情况，该报告应包括开展活动的总结，以及违反法律的情况、投诉、签发的决定等。该报告应通过互联网和大众媒介进行传播（第53条）。

信息专员同样被赋予了一系列普及推广的任务，包括提高公众对信息权法的知晓，为寻求信息的申请人提供法律援助，向公共机构提出建议以促进更有效地执行该法，进行培训和推广的活动，并编写一份信息申请的样本（第47条）。

保加利亚

概述

保加利亚共和国1991年宪法第41条（2）款[1]对信息权提供了以下保障："公民有权从国家机构和部门获得与其任何合法利益相关的信息，只要该信息不是国家或官方的秘密，并且不影响他人的权利。"《保加利亚公共信息获取法》[2]（信息权法）于2000年6月22日获得通过，从而在立法实践中贯彻了宪法对这一权利的保障。该法已被修改过许多次，包括2002年的较大改动，而最近的一次修订是在2007年。此外，保密法——《机密信息保护法》[3]也在2002年4月通过。此举意味着信息权法事实上已将定义何谓

---

[1] 可见 http://www.parliament.bg/?page=const&lng=en。
[2] 见 http://www.aip-bg.org/library/laws/apia.htm。
[3] 见 http://www.mvr.bg/NR/rdonlyres/C4EA720F-B6D3-4316-A3F9CB4BEB9251B1/0/06_Law_Protection_Classified_Information_EN.pdf。

秘密信息的任务留给了其他法规。从这个角度看，这是一个重要的进展。

保加利亚的信息权法具有若干积极的特征，采用了创新和进步的办法来积极主动地披露信息并提供良好的程序保障。但与此同时，它的一个主要弱点是，该法没有一套完整的例外规章。而其他缺陷则包括没有任何关于政府一级申诉的规定，以及促进措施不够有力。

近几年，包括 2007 年，保加利亚曾采取措施企图削弱信息权法中本具有进步意义的一些条款，尽管这些尝试最终以放弃而告终。① 信息获取权促进会是保加利亚一个受人尊敬的非政府组织。该组织 2006 年度报告指出："政治领导层的变动经常使得良好的做法产生变化，有时甚至被终止。"② 换句话说，要长期保持一个正面的开放制度需要进行不断的斗争。在这一进程中，法院发挥了十分重要的作用，尤其在对例外规章的解释方面。③

信息获取权

保加利亚信息权法第 4 条规定，公民以及在该国境内的外国人和法人实体，都有权按照既定条件和程序获取"公共信息"，除非另有其他法律规定了信息获取的特别程序。这规定的后一部分很不幸地导致了一种可能性，即让另一项法律来规定不那么有效或者更加昂贵的信息获取方法，从而削弱了信息权法。

信息权法明确指出其总目的在于规范主导公共信息获取的社会关系（第 1 条）。信息权法第 6 条阐述了有关信息获取的原则，其中包括确保信息的公开和准确，确保平等获取机会的条件，保护信息获取的权利，以及确保社会和国家的安全。尽管第 6 条对立法目的作出了有用的阐述——这是对立法宗旨的有益表述——但就如何平衡保密和公开之间相互对抗的利益而言，它没有提供多少指导性意见。

该法将公共信息定义为任何与社会生活有关的信息，这类信息让公民有机会对依法设立的公共机构形成意见，不管该信息是如何被存储的［第 2 条(1)款］。由于社会生活这一概念存在主观解释的问题，对这一问题的修正案在 2001 年被提出，甚至得到议会初次审读通过，但修正案最终还是被

---

① 见 http://www.aip-bg.org/documents/press_070607_eng.htm。
② 参考 *Access to Information in Bulgaria*：*2006*（AIP，2007）。见 http://www.aip-bg.org/pdf/report2006 - en - end. pdf。
③ 仅信息获取权促进会就曾卷入 120 多起诉讼案。

放弃了。更为可取的做法是将公共信息定义为法律范围之内所有的信息，而不是局限在社会生活或其他限定词的范围之内，然后再提供一个全面的例外规章，以保护任何合法的保密利益。

信息权法第 3 条界定了两类公共机构。第一类是"国家机关和地方自治机构"；第二类是受公法管辖的机构，以及接受综合预算资助的个人和法律实体，对后者适用于该资助经费范围内的运行。这是一个宽泛的定义，但目前还不清楚执行公共职能却不受公共资金资助的私有机构是否也包括在内。媒体也是受该法律管辖的机构，虽然对这些特别的私营机构赋予特殊义务似乎不太恰当，尽管这些机构在促进信息在社会中自由流动方面扮演着重要的角色。当然，在其他国家不存在让媒体承担特别的信息披露义务的做法。

程序保障

如前所述，公民或居民可以提出获取信息的申请。申请人可以以口头或书面形式提出申请，倘若口头申请被拒绝，可接着提出书面申请。这或许是为了避免以口头方式提出申请可能会导致的问题。申请必须包含申请人的姓名和详细联系方法，以及所申请的信息及获取形式的详细说明。相关的公共机构必须将申请登记在案（第 24 条和第 25 条）。若所申请的信息描述得不够清楚，应给予申请人最多 30 天的时间来解决这个问题，这个时间不应被包含在答复时限之内（第 29 条）。

相关机构必须将关于申请的处理决定尽快书面通知申请人，在任何情况下时限是必须在 14 天之内通知申请人，除非涉及大量的文件和需要更多的时间作出答复。在后面这种情况下，答复时间可延长 10 天，但必须通知申请人（第 28 条和第 30 条）。在所需的费用未被支付的情况下，实际获取信息的时间可能会被推迟（第 35 条）。

若最初收到申请的公共机构不持有所申请的信息，但知道另一公共机构持有相关信息，则该机构应当在 14 天内将申请转交给另一机构。如果该机构不知道哪家机构持有相关信息，同样应当在 14 天内告知申请人（第 32 条）。

信息权法对须经第三方同意才能披露信息的情况规定了不同的申请答复时限和程序。① 在这种情况下，答复时间可顺延 14 天，且该机构必须在 7

---

① 涉及范围会在下文予以讨论，在"例外"部分。

天之内联系第三方。披露任何信息都必须遵守第三方在同意披露时提出的任何先决条件。如果第三方拒绝披露信息，则相关机构应该从整个文件中挑选出不影响该方利益的部分并予以披露（第 31 条）。

若申请获得批准，则应在通知里说明信息披露的范围、申请人获取信息的时限（至少 30 天）、获取的地点、形式和费用。申请人未能在规定时间内取得信息可能只是意味着需要提交一个新的申请来获取信息。拒绝公开信息的通知中应说明"拒绝的法律和事实依据"，以及拒绝申请的日期和申诉的权利。在这两种情况下，通知书必须经由申请人签收，或以挂号信寄送。这似乎过于正式，尤其是在申请已被批准时，通过电子邮件或其他简单的形式进行通知就足够了（第 34 条、第 38 条和第 39 条）。

信息权法规定了四种不同的提供信息的形式，即查阅档案、口头解释、提供文件纸质副本或其他类型的副本。2001 年 1 月由财政部部长批准的法令为以上条款增加了一份书面解释，这在目前的公共机构正在遵照执行。相关机构须以申请人要求的方式提供信息，除非在技术上不可行、会导致不合理的成本增加或可能构成侵犯版权。前两种获取信息的形式应免费，而后两种获取形式的收费应依照财政部部长批准的价目表，但都不得超过实际成本。该法没有详细说明价目表可能会包括哪些项目，是只包括复制和发送的成本，抑或还包括有关的人工费用。但 2001 年的法令明确规定只能收取材料成本费用，不可以另收取工作人员的工时费。该法令规定每页的复印费用是 0.09 保加利亚列弗（约合 0.07 美元）。必须向申请人说明收费依据。申请人必须在现场被告知信息获取的这些方式和相关的费用。残疾人可申请以符合他们需求的方式获取信息（第 20 条、第 21 条、第 26 条和第 27 条）。

公布信息的义务

保加利亚信息权法对于公布的义务作出了明确的规定。公共机构必须"颁布"它们掌握的官方文件中所包含的官方信息，以及法律规定必须公布的其他类别的信息（第 12 条）。公共机构也必须公开有关其公务活动的信息，无论是通过出版还是公告的方式（第 14 条）。该法律还规定须定期公布有关公共机构的信息，包括它的权力、结构、职能和职责的说明，其权力范围内正式发布的文件清单，以及被授权接受信息申请的办公室的名称、联系方式和工作时间（第 15 条）。国家行政部长必须每年公布以上信息的总结，"并使每个行政部门都备有一份以提供公民查阅"（第 16 条）。

信息权法第 14 条(2)款要求公共机构积极地传播可能使生命、健康、安全或财产免受危害的信息，能够对以往不准确信息加以纠正的信息，或是另一法律规定需要加以传播的信息。它还要求传播可能与公共利益有关的信息。这些发布义务的确切范围尚不清楚。"公共利益"信息可以是一个非常宽泛的概念，取决于在实践中如何被解释。法律中的这一条款可以被看做这样一种倾向：要主动公布几乎所有任何人可能希望获取的信息，而在信息技术不断进步的当今这是可能实现的。公布信息的义务涉及的公共利益优先原则是一项其他大多数法律中没有的、令人感兴趣的创新。有趣的是，保加利亚信息权法未能在信息申请方面对公众利益优先原则进行规定。

例外

跟大多数国家的信息权法不同的是，保加利亚信息权法没有列出一个全面的例外规则清单。取而代之的是，保加利亚信息权法在公共信息的定义中排除了被其他法律列为机密的信息，而且明确规定这些信息不应予以披露。[①] 这令人遗憾，而且违反国际标准以及大多数国家的实践。虽然其他一些国家的信息权法的确在实践中遵循保密法，但大多数信息权法至少列有自己的例外规定。照搬保密法的问题是，保密法很少符合关于例外规则的国际的或最佳实践的标准。特别是，很少有保密法要求在阻止信息公开前需要进行危害测试。

保加利亚信息权法没有规定公众利益优先原则，也没有对保密信息设定历史时限。然而，《机密信息保护法》根据分类级别对机密信息规定了保密时限，分别为 2 年、5 年、15 年或 30 年［第 34 条(2)款］。而信息权法也确实规定了豁免信息的可分性，指出信息可被全部或部分获取［第 7 条(2)款及第 37 条(1)款］。

信息权法还包括了若干更深层的例外情况，散落在各条款之中。总体而言，这些例外情况不必经受危害测试，也不受公众利益优先原则的限制。信息权法第 2 条(3)款规定，该法不适用于个人信息。这是令人遗憾的，尤其在缺少公众利益优先原则或其他限制的情况下。公共机构持有广泛的个人信息，如果例外规则只适用于信息的披露会在实际上损害合法的隐私利益时，将会更为可取。第 8 条排除了公共部门在提供行政服务的过程中可能获得的

[①] 见第 2 条(1)款和第 7 条(1)款，另见第 9 条(2)款。

信息和存放于国家档案库中的信息。前者尤其会涉及大量的、没有合法利益保密需求的信息。

信息权法第 5 条规定，信息获取权不得以损害他人权利或名誉、国家安全、公共秩序、全民卫生或道德标准的方式行使。这是一个极其宽泛和模糊的禁令，与其他国家的做法不相符合，也存在严重被滥用的可能性，尽管在实践上，它还没有表现出是信息获取的一个重要障碍。它似乎也是基于一种误解，即对获取公共机构持有信息的权利和言论自由之间差异的误解，对言论自由进行的限制并不适用于信息获取权。

信息权法第 13 条(2)款对公共行政信息的获取作出了一些限制，包括涉及正式文件的筹备阶段而本身意义不大的信息（尽管现在的修正案规定，在文件通过后，需要公布这些信息）。同一条款还排除了正在进行的谈判的信息，这个限定似乎极其宽泛并与任何具体的危害无关。然而 2002 年的修正案将两个例外的保密时限设定为 2 年。

第 17 条规定不得限制获取受公法管辖的机构和综合预算资助的私营机构持有的信息，但要遵照第 17 条(2)款的规定，允许限制商业秘密的获取，因为披露商业秘密可能会导致不公平竞争。第 37 条增加了一项例外规则，针对的情况是信息的披露会影响第三方的利益，且该方尚未同意披露信息（见上文获取程序对这点的说明）。"影响"一词的范围没有界定，但可以非常宽泛。在许多信息权法中，这种例外仅针对出于信任而提供的信息，而披露这一信息可能会损害相关第三方的合法权益。

若信息已经公布，公共机构须告知申请人如何找到该消息，而不是由自己提供信息［第 12 条(4)款］。

表面上看，保加利亚信息权法设定的例外规章极其宽泛。在大多数情况下，它遵守其他法律所规定的例外情况，大部分这样的法律都不大会尊重有关信息公开的国际标准。此外，该法还详细列出了若干更进一步的例外规定，其中很少经受危害测试的检验，且其中许多规定因过于宽泛而无法着手。在某些案例中，法院缩小了例外的范围，虽然在另外一些案例中——例如在保护第三方利益和商业秘密方面——法律被解释得更为宽泛。

申诉

保加利亚信息权法没有对内部申诉或行政申诉作出任何规定。这是一个严重的缺陷，因为这意味着申请被拒绝时申请人唯一的选择是向法院提起诉讼，这既费时又费钱。

信息权法规定申请人可向法院提出申诉，后者有权力废除或修改原先的决定。当法院作出这样的判决时，相关机构应按照法院的裁决提供获取信息的机会。如果有需要，法院可审查所有证据，包括案件所涉及的信息，必要时可禁止旁听（第40条和第41条）。

制裁与保护

保加利亚信息权法对制裁进行了规定，适用于以下情况：公务员不在规定时限内答复，不尊重法院给予信息公开的指令，不遵守第三方同意披露时所提出的条件，或者受公法管辖的机构和受综合预算资助的私营机构未能提供公共信息。该法规定对这些违法行为执行各种标准的罚款，除非其他法律已经规定了更为严厉的处罚（第42条）。

信息权法不包括对依照法律或者因检举而进行的善意披露行为的保护。

促进措施

保加利亚信息权法很少提供促进措施。某些公共机构，即法律第3条界定的第一类公共机构——国家机构、国家管辖的单位和地方自治机构——显然不包括其他机构，必须依照2007年的修正案任命信息官员来负责处理获取信息的申请。[①] 尚不清楚为什么要以这种方式限制义务。

保加利亚信息权法没有其他许多国家的信息权法中包含的一系列促进措施，比如制作手册以指导民众如何行使其信息权的义务，制定档案管理规则，提供对政府官员的培训，或制定报告制度以确保该法实施过程的透明度。

印　度

概述

印度宪法没有明确规定保护知情权。然而最高法院在1982年裁定，获取公共机构所掌握信息的权利隐含在由宪法第19条所保障的言论与表达自由之中，而保密是"例外情况，且只有在公众利益需要不得不这么做时，

[①] 修正案的过渡和最终条款。

才是正当的"。① 这一裁决非常明确，信息权法却又拖延了一段时间之后才获得通过。

全国性的《信息自由法案》②（2002年）经过多年的公开辩论以及在印度许多邦已通过信息权法的情况下，于2002年12月获得通过。③ 这部法律效力微弱，广受批评，且未能由政府在官方公报上进行通报，所以从来没有生效过。公民社会的联合运动以及2004年的政府更替，使得《信息权法案》④（2005年）（信息权法）得以通过，并于2005年6月获得总统批准。据该法自身条款规定，该法分成若干阶段实施，但所有条款都已于2005年10月生效。

两部法律的名字或许暗示了其差别，后一部法律采用了在印度，尤其是在发起运动争取制定该法的群体中更受欢迎的说法，即信息权。2005年的法律明显比先前那部法律更进步。重要的差异包括：更成熟的主动公开制度，增加了一个独立的监督机构，包含强有力的促进措施和涉及范围窄得多的例外信息规章。但同时，法律仍然存在薄弱环节，例如几乎把各类情报和安全机构完全排除于其管辖范围之外。

印度信息权法对中央和邦政府具有双重约束力，这在许多条款中均有体现。例如，该法律规定了对中央和各邦公共信息官员的任命，以及对中央和各邦信息专员的设置，且规定各邦都应设置信息专员。

虽然不断有关于官僚抵制该法律的报道，但是初步迹象表明该法律的实施还是积极的。两年之后公民社会进行的一项调查显示，该法律实施过程中存在三个主要问题：公民和官员对该法知晓程度低，政治和行政系统实施该法的意愿低，以及政府对信息委员会支持力度不够。但与此同时，这项调查也有一些积极的发现：各种各样的行动者——从身处僻野的村民到城市精

---

① 古普塔对印度总统案（*S. P. Gupta v. President of India*），[1982] AIR(SC)149，第234页。另见北方邦对R·纳瑞恩等人案（*State of Uttar Pradesh v. Raj Narain and Others*），(1975) 4 SCC 428；以及印度快报公司对印度案 [*Indian Express Newspapers (Bombay) Pvt. Ltd. v. India*]，(1985) 1 SCC 641。

② 2000年98－C号法案，见 http://orissagov. nic. in/e-magazine/orissaannualreference/ ORA－2004/pdf/the_freedom_of_inf_act2002. pdf。

③ 若要详细了解印度早期地区和国家信息权的发展，请参考 ARTICLE 19, Center for Policy Alternatives, Commonwealth Human Rights Initiative and Human Rights Commission of Pakistan, *Global Trends on the Right to Information: A Survey of South Asia*（London: July, 2001），见 http://www. article19. org/pdfs/publications/south-asia-foi-survey. pdf。

④ 《信息权法案》，2005年第22号，见 http://persmin. nic. in/RTI/ WelcomeRTI. htm。

英——为了各样各样的目的正在运用该法，他们不仅将该法作为反腐败的手段，而且也用来解决个人问题，应对广泛的社会和政策问题。尤为重要的是，该法被用做处理申诉的一个途径。事实上，政府已多次在30天的信息申请答复期内解决了潜在不满，这样就消除了人们索取信息的动机。①

信息获取权

信息权法第3条规定，所有公民都享有信息权。第2条(j)款将信息权定义为获取信息权法规定的可获得的信息的权利。尽管该定义有些像是兜圈子，但是它保障了公民获取公共机构持有的信息的权利。

信息权法没有说明立法目的，但是其全称指出订立该法是为了制定切实的制度确保公民获取公共机构持有的信息的权利得以实现，以提高政府的透明度和诚信度。另外该法的序言部分指出，透明度和公众知情对于民主、腐败治理以及确保公共诚信度至关重要。它同样指出，信息公开很有可能与其他公共利益相冲突，因此有必要"协调这些利益冲突，同时维护至高无上的民主理想"。总之，这些有力而平衡的表述指出了信息权的重要性，为法律背景提供了很好的解读。

信息权法第2条(f)款对信息所作的宽泛定义囊括了以任何形式存在的任何材料，包括根据其他任何法律公共机构可以获取的有关任何私人机构的信息。"根据其他任何法律"似乎作出了某些限制，例如可能不适用于公共机构在合同的规定下能够获取的信息，这种情况在契约社会中并不鲜见。然而，它至少涵盖了所有直接由公共机构持有的信息。

信息权法提供了一个长长的单子，罗列了可能的信息记录形式——包括备忘录、电子邮件、通知、日志、电子数据甚至样本。法律第2条(i)款单独将记录界定为任何文件或手稿、缩微胶卷或传真、复制品或计算机所产生的任何制品。该定义明显比信息的定义更为狭窄——例如，该定义似乎并不包括样品——但既然法律规定的基本获取权适用于信息，那么在实践中获取权就不应受到后一定义的限制。

信息权法第2条(h)款对公共机构（该法律使用"公共管理机构"一词）的定义是由宪法或依据宪法、依据由议会或邦立法机构通过的任何法律、依据由政府颁布的任何通告设立的"当局、机构或自治组织"，并包括

---

① 感谢辛格向作者提供的信息，2007年11月13日。

任何政府拥有、控制或充分资助的机构，包括非政府组织。这又是一个宽泛的定义，尽管它没有像有些信息权法一样还包括不使用公共资金但承担公共职能的私营机构。

如上所述，信息获取权的范围限于公民（第 3 条）。法律第 1 条(2)款还包括一个地理限制，即它适用于除查谟和克什米尔邦之外的全印度。这是出于宪法规定的特别原因；① 查谟和克什米尔地区确实有其自身的信息权法，即《查谟和克什米尔邦信息权法案》（2004 年），但这依然是一个重要的限制。②

程序保障

根据信息权法第 6 条，申请人应以书面形式或电子手段，以英语、印地语或当地官方语言向（中央或邦内）合适的信息官员提出申请。若申请人不能以书面形式提出申请，无论是何理由，比如申请人不识字，信息官员应提供一切合理的援助，使申请形成书面文本。根据法律第 5 条(3)款，信息官员一般都需要向申请人提供合理的援助。信息官员还需要向"感官残疾者"提供援助，包括通过查阅材料的方式，使残疾者能够获取信息［第 7 条(4)~(6)款］。法律没有要求申请人提供申请理由，还有一条创新的辅助条款也规定，不应要求申请人提供任何个人详细信息，除非为了方便联络申请人。

相关部门必须尽快，而且无论如何都应在 30 天之内对申请作出答复，可事实上信息的提供可能取决于费用的支付情况。若信息涉及某人的生命或自由，相关机构必须在 48 小时之内提供答复。不在时限内作出答复被认为是对申请的拒绝［第 7 条(1)款和(2)款］。规定在更短时限内提供涉及生命或自由的信息是一项积极措施，只在少数信息权法中有这种规定。

若申请人申请的信息由另一公共机构持有或与该机构的工作关联更密切，信息官员须将该申请移交至该机构，并立即告知申请人［第 6 条(3)款］。若信息官员打算披露涉及第三方，或由第三方提供并且被第三方视为机密的信息，则应在收到申请 5 天之内，将披露信息的意向以书面形式通知

---

① 印度宪法第 370 条赋予查谟和克什米尔邦"特别地位"，且只有经过该邦同意之后，议会才可以为之制定法律。
② 见 http://jkgad.nic.in/roi/JK-RTI-Act-2004.PDF。

第三方，并给第三方在10天内陈述情况的机会。第7条规定的时限在这种情况下并不适用，此时答复须在40天内提供［第7条(7)款和第11条］。

若相关机构接受了申请，应通知申请人将会收取的费用、计费标准，以及申请人具有的质疑所估算的费用的权利和提出质疑的详细方法［第7条(3)款］。若某申请被拒绝，须告知申请人拒绝理由，以及如何对该决定提出申诉［第7条(8)款］。有趣的是，若记录只有部分获准公开，公共机构须向申请人提供有关被拒绝的申请部分更为详细的通知，其中不仅包括作出决定的理由，也包括对一些实际问题的解答，以及作出披露决定的人的姓名及头衔［第10条(2)款］。

信息通常应以申请人指定的形式提供，除非这样做会不成比例地转移公共机构的资源或不利于记录的保存或安全［第7条(9)款］。法律第2条(j)款明确列出了一些获取形式，包括直接查看产品或记录，记笔记或获取经过核准的副本，获取经过核准的样本和以电子版或打印版等其他记录形式获取信息。查看产品及获取经过核准的样本的权利是印度信息权法的独创，至少部分动机是出于处理这样的问题：公共工程项目中使用了不合标准的产品或材料。

信息的获取取决于交费情况，包括以电子形式提供的信息，但规定收费须"合理"。不应向生活在贫困线以下的公民收取任何费用。一项进步的条款规定：倘若公共机构超过了确定的时限，则不能收取任何费用，这能保证信息的及时提供。政府可订立有关的收费标准［第27条(2)款(b)项］。中央和各邦政府，以及一些法院制定了这类收费标准。中央政府所规定的申请费是10卢比（约合0.25美元），每一页A4纸或标准信函纸影印本收费2卢比（约合0.05美元），样品或模型按实际成本收费，每个软盘收费50卢比。第一个小时的查阅应该是免费的，而其后每小时收费5卢比。①

公布信息的义务

印度信息权法包括非常广泛的主动或定期公布信息的义务。每一个公共机构，必须在该法开始生效（此后每年更新）的120天内发布一系列信息，

---

① 参见2005年9月16日通过的《2005年信息权（收费与成本管理）条例》以及2007年10月27日通过的《2005年信息权（收费和成本管理）条例（修订案）》。见 http://persminnic.in/RTI/WelcomeRTI.htm。

包括以下内容：组织、职能和职责的详情；雇员的职权和职责；决策过程遵循的程序；任何履行其职能所遵循的规范；规则、章程、说明书和手册；持有的各类文件及其电子形式的类目；有关政策的制定或执行的公共咨询安排；所有董事会、理事会、委员会和其他机构的说明，以及它们的会议或会议记录是否公开；一份所有员工和其工资的目录；分配给每一个机构的预算和所有计划的细节，拟议的支出和报销的报告；资助项目的执行和受益人情况；特许权、许可证或其他批准书领受人的详情；公民获取信息的设施（包括阅览室）；所有信息官员的联系方法；可能发布的其他类似信息。公共机构在制定或宣布影响公众的政策或决定时也必须公布所有有关的事实，并向相关人员提供作出行政或准司法决定的理由［第4条(1)款］。

值得注意的是，法律要求公共机构必须作出"不断的努力"，主动提供尽可能多的信息，以尽量减少公众诉诸申请获取信息的需要。信息应广为传播，并方便获取，尽可能以电子方式传递并同时考虑到成本效益、当地的语言和当地传播区域中最为有效的传播手段。应当免费提供这些规则所涉及的信息，或只收取工本费或打印成本价［第4条(2)~(4)款］。

这些积极的出版规则都是广泛的和进步的。信息发布是一个非常重要的问题，印度信息权法对此处理得很好。该法也意识到主动公布信息的程度和申请信息的需求之间是相互影响的。现代通信技术使得公共机构能够主动地提供大量信息，最理想的是，提供的信息可能是申请者索取的目标，而且任何请求不涉及例外情况。

例外

信息权法第8条列出了主要的例外情况，设定了一套全面的保护公共和私人保密利益的规章。第24条规定从信息权法范围之内完全排除若干情报和安全机构，即列在表格2中的18个机构，如情报局、麻醉品管制局等。政府可通过公告的形式修订表格2，但必须提交给议会。邦政府也可以在官方公报上发布公告罗列情报和安全机构，但这也必须提交有关的邦立法机构。从法律信息权法范围之内排除这些机构是不适宜的也是不必要的。但同时至少存在一个例外，即有关腐败和侵犯人权行为的指控信息。若为回应人权指控而向这些机构索取信息时，尽管第7条设定了45天的时限，但是只有在（中央或各邦）有关的信息委员会批准之后才能提供。就腐败指控方面的信息而言，法律没有规定特别的程序。

根据第22条，信息权法显然优先于"暂时生效"的其他法律中与其不相一致的条款，如信息权法特别提及的《官方保密法》（1923年）就属于这样一个法律。大多数（但并非所有的）例外都包括某种形式的危害测试。该法还包括一个强有力的公共利益优先原则，而依据此原则，无论是信息权法还是1923年《官方保密法》中的例外，当披露带给公共的利益大于给受保护的利益带来的伤害时，信息应予以披露［第8条(2)款］。法律的起草人并不满足于此，还在法律中包括了针对某些例外的具体的公共利益优先原则（见下文）。

第10条(1)款规定了当记录只有一部分受例外的制约时进行部分公开（可分性）。该法还规定了有关历史的披露，例外规则不适用于提交申请20年前所发生的任何事情的信息，然而此条款不适用于为维护主权、安全、战略利益、与其他国家的关系、议会的特权和内阁文件等例外情况［第8条(3)款］。如果有关历史信息的限制的确适用于这些例外将更为可取；这些属于比较容易被滥用的情况，使得有关历史的披露愈发重要。

该信息权法规定了以下特定的例外：

• 披露信息将对国家主权和完整、安全、战略、科学或经济的利益，或与外国的关系产生不利的影响，或将煽动犯罪行为［第8条(1)款(a)项］；

• 信息的公开已明确被法院禁止，或信息的披露将构成藐视法庭罪［第8条(1)款(b)项］；

• 信息的披露将侵犯议会或邦立法机关的特权［第8条(1)款(c)项］；

• 包括商业机密在内的信息的披露将损害第三方的竞争能力，除非广大公众利益需要将之披露［第8条(1)款(d)项和第11条(1)款］；

• 某人由于信托关系所持有的信息，除非更重要的公共利益需要将之披露［第8条(1)款(e)项］；

• 来自外国政府的机密信息［第8条(1)款(f)项］；

• 信息的披露将危及任何人的生命或安全，或暴露有关执法或安全的机密的信息来源［第8条(1)款(g)项］；

• 披露信息将妨碍调查、拘捕或起诉罪犯［第8条(1)款(h)项］；

• 内阁文件，包括部长理事会的审议记录，受其他例外情况制约，即使按照其他例外规章这些信息应在决定已经作出"以及事情已经办完或结束"后公开［第8条(1)款(i)项］；

- 和任何公共活动或利益无关的个人信息，或信息的披露将导致没有理由的对隐私的侵犯，除非信息官员或上诉机构确定更重要的公众利益需要披露该信息，或是该信息不可不向议会呈递［第8条(1)款(j)项］；
- 信息的披露将涉及侵犯由个人而非国家所拥有的版权（第9条）。

除了将会煽动犯罪的信息和某人由于信托关系获得的信息免于公开之外，这些例外基本上与其他信息权法中的例外相符。与此同时，例外清单中不包括有利于公共机构内部商议的一般例外，虽然这个例外很重要，但在许多国家已被全面滥用。如前所述，大多数例外包括明示或暗含的危害测试，尽管值得注意的是有关内阁文件的例外，以及来自外国政府的机密信息的例外都没有包括危害测试。然而危害测试的标准非常高，在大多数情况下，进行危害测试的要求是信息的披露的确会在事实上导致损害。

有利于保护个人信息的例外规则措辞很奇怪。第一部分不包括危害测试，它并不扩展至与公共活动或公共利益有关的信息，使一些不构成隐私侵犯的个人信息可以免于披露。另一方面，根据例外规则的第二部分，构成隐私侵犯的信息即便涉及公共活动也不应该被披露，除非这将对整体的公共利益有益。有些法律只豁免真正属于私人性质的信息，并不包括与公职人员的工作相关的私人信息。比起印度信息权法中的条款而言，这个表述似乎更强有力，尽管在实践中，这一条款被解释为对规则的前后两部分都须进行危害检测。

申诉

根据信息权法第19条，任何人，包括第三方，如果没有在规定的时限内收到决定，或对某决定感到不满，可在30天之内向负有责任的信息官员的上级提出申诉。可在90天或在被视为适当的更长一段时间内，向有关的信息委员会（见下文）提起第二次申诉。相关受理机构必须在30天之内对第一次申诉作出决定，或将时限延至45天，但必须以书面形式说明延期理由。拒绝申请的信息官员须解释为何拒绝提供信息（第19条）。根据法律第20条(1)款，有关其他事项的投诉——如收费过多或不当拖延——举证责任也在信息官员。

第18条(1)款概述了申诉权利的范围，其中规定了信息委员会接受并查究与以下情况相关的投诉的责任，包括：因为没有任命信息官员等而无法提交申请，拒绝披露信息，未能在既定的时间内答复申请，收取的费用，有关所提供信息不完整、误导或虚假的指控，或关于申请、获取信息记录的任何其他事项。这些都是极为宽泛的投诉理由。

在对申诉进行处理时，信息委员会可能会"发起调查"，在这种情况下，它们与依照《民事程序法》（1908年）审判案件的民事法庭拥有同等的权力，具体表现在以下方面：传唤证人和迫使他们提供证据；要求出示文件，包括任何公共记录；接受宣誓后陈述的证据；以及规定范围内的任何其他事项［第18条（2）～（3）款］。

信息委员会的决定具有约束力。在决定一个问题时，信息委员会具有广泛的补救权力，包括：通过指定新信息官员、公布某些信息、改变记录管理系统、加强官员的培训或要求其向委员会提供年度报告的方式，命令公共机构采取必要的步骤，确保依照法律以某种特定的形式来提供获取信息的渠道；要求公共机构补偿投诉人；或按照法律规定，施加任何其他惩罚措施，例如，对阻挠信息公开的信息官员进行罚款［第19条（7）～（8）款］。

信息权法对有关中央和邦信息委员会（以下评论仅涉及中央信息委员会）的任命和独立性作了非常详细的规定。根据法律第12条，委员会应由1名首席信息专员和最多10名中央信息专员组成，委员会在由总理、反对党领袖和总理任命的内阁部长组成的委员会的建议下，由总统任命。虽然这阻止了执政党完全左右决定，但仍然是一个高度政治化的做法，尽管目前的首席信息专员W.哈比布拉（Wajahat Habibullah），已证明了他立场上的独立性。

信息专员应是"在公共生活中德高望重的人"，在列出的某领域中"具有广博的知识和经验"。他们可能不是议员，不担任公职，不与任何政党存在关联，也不开展任何商业活动或在任何行业中任职（第12条）。后一个条件看起来相当严厉，排除了信息专员甚至在业余时间从事某种职业的可能性。

信息专员任期为5年，不可连任，65岁之后便不再任职。专员必须按照信息权法附表1的规定进行宣誓，保证忠于宪法，维护印度主权和领土完整，尽职尽责，排除"恐惧或偏袒，偏私或恶意"。专员的薪金是在扣除任何他们可能会接受的政府退休金后，比照选举委员会同级别的薪资发放（第13条）。最后这点似乎相当不公平，因为与可能领取其他养老金的人相比，那些领取政府养老金的人就吃亏了。

信息权法第14条涉及解除专员职务的问题。最高法院作出决定，被质疑的专员出现包括以权谋私或不能胜任在内的不当行为后，总统发布命令解除其职务。当最高法院正在作出决定时，专员的工作可能会先被总统暂停。在发生以下情况时，总统也可以通过命令解除一个专员的职务：如果某专员已被判破产，或已被定罪；总统认为其涉及道德败坏，从事有偿职业；因身体或精神的疾病，在总统看来不适宜继续任职；已获得的财务或其他利益，有可能对他或她履行专员的职责造成不利的影响。

总体来说，这些都是非常有力的规定，但直接由总统解除其职务的理由是宽泛的，且与在其他情况下需要最高法院的证明不相一致（所以只有最高法院可以裁定是否工作能力不足，而总统本人仅可以因精神疾病而解除专员的职位）。

信息权法第 23 条意味着取消法庭所发布指令的司法管辖权。然而这在实践中的影响只是，个人可能没有办法通过下级法院获得救助，因为宪法保障高级法院和最高法院的诉讼渠道，许多信息权案件已经在这些法庭得到判决。

制裁与保护

信息权法包括一套成熟的制裁制度。根据法律第 20 条，如果某信息委员会认为，信息官员无合理缘由拒绝受理某申请、未能在指定的时限内提供信息、恶意拒绝申请、故意提供不正确不完整的或误导性的信息、蓄意破坏申请的信息，或者以任何方式阻挠信息获取，应处以每天 250 卢比的罚款，直到相关信息被提供，而罚金最多可达 25000 卢比。在问题不能得到纠正的情况下，例如由于信息已被损毁，可能最高额度会自动适用。在实施这种制裁之前，委员会应给予涉及的信息官员一个合理的听证机会。该条款规定应由信息官员承担举证责任，即证明其工作"合理和勤奋"，尽管过失只涉及缺乏合理理由，而不是缺乏不懈努力。对于屡犯过失者，委员会应建议采取惩戒行动。该条中所列的不当行为是非常全面的。

另一方面，不得对任何人根据信息权法已经或将要采取的任何行动提起法律诉讼（第 21 条）。该法没有保护检举人的条款。①

---

① 印度没有就检举行为进行完整的立法，然而 2004 年 4 月由人事、公共投诉和退休金部通过的第 89 号决议确实对检举人提供了一些保护。

促进措施

根据法律第 5 条(1)款,每一个公共机构应按需要任命尽可能多的信息官员来向申请人提供信息,他们的正式名称为中央或邦信息官员。这些信息官员可向任何其他官员寻求援助,这些被求助的官员应向该信息官员不遗余力地提供援助[第 5 条(5)款]。

第 4 条(1)款(a)项规定了记录管理的最基本规则,规定所有公共机构必须保持其记录,"并以合适的目录和索引的方式和形式为履行信息获取权提供方便"。虽然这项规定很有用,但更好的做法是在该法中制定一套建立和实施记录管理标准的制度。可以录入计算机的记录应以电子方式获取,还应当根据资源许可通过一个连接全国各地的网络提供获取。对于不需要主动提供的其他信息,该网络或许只在政府内部使用。

信息权法第 25 条规定了信息委员会每年向政府报告的义务,而这些报告应提交议会或邦立法机关。每一个部或局须将其管辖下的有关公共机构的相关信息提供给相关的委员会,因为后者可能需要准备报告。该报告应至少包括下列信息:向每个公共机构提出的请求申请数目,遭到拒绝的请求申请数目,申请依据的法律条款以及每条条款的被援引次数,向信息委员会提起申诉的次数及结果,每次对官员采取的纪律活动的详情,收费的规定,可说明相关机构按照立法精神实施法律的事实以及任何改革建议。

该法还规定了不同级别的政府有义务以适用的官方语言制作和更新可用来指导公众如何使用该法案的指南。除其他事项外,该指南应包括:法律的目的、信息官员的联系细节以及关于提交申请的方式和形式的说明、信息官员和各委员会可提供的援助、任何法律未能执行的补救措施、如何提起申诉、主动披露信息的规定、收费的规定以及为实施该法而通过的一切法规或通告[第 26 条(2)~(4)款]。

最后,该法规定,政府可以在资源许可的范围内开发项目来教育公众,让其知晓他们依照信息权法所应享有的权利,并给信息官员提供接受培训的机会[第 26 条(1)款]。

这一系列促进措施相当全面,但少了一个因素:该法没有为更常规的促进措施——如公众教育和培训等——设定核心职责或指定责任的归属。因此,目前只能以非常笼统和随意的方式对促进措施进行规定。

牙买加

概述

牙买加1962年宪法第22条保障言论自由，其定义包括公民获取、传播观念和信息的权利。这一权利可能受到法律所规定的为保护各种公私利益所作的合理要求的限制。法律并没有特别保障获取公共机构持有信息的权利。[1]

《牙买加信息获取法案》[2]（2002年）于2002年7月得到王室批准，并分成四个阶段依次生效。从2004年1月，该法案开始适用于一些公共机构，其后适用于越来越多的公共机构；截至2004年11月，它已经全面生效。[3] 该法案的制定经历了漫长的时间。公民社会对这一问题的讨论至少可追溯到1991年，而大约在该法最后对所有公共机构完全生效的十年前，一份绿皮书[4]于1995年出版。[5]

牙买加信息权法案包含强有力的程序保障，一个较为严格的例外规章，以及一套良好的申诉制度。涉及主动进行信息披露方面的条款是有限的，在这方面的实际工作也是薄弱的。法律管辖范围也受到一些不必要的制约。除了提供信息获取渠道，该法还包含了更新和纠正个人档案的详细方法。

牙买加总理办公厅档案和记录局信息公开处成立于2003年1月，其任务是监督该法案的执行实施。涉及官员、非政府组织和企业的"信息获取法案（ATI）利益相关者咨询小组"，则是监督法律实施的一个志愿组织。[6]

---

[1] 见 http://pdba.georgetown.edu/Constitutions/Jamaica/jam62.html。

[2] 见 http://www.jis.gov.jm/special_sections/ATI/ATIACT.pdf。

[3] 根据《牙买加信息获取法案》（修正案）(2003年)，2003年12月通过。见 http://www.jis.gov.jm/special_sections/ATI/Amendment.pdf。特别要参见新的第5条(1)款。条例于2003年通过，规定了法案执行的若干方面。见 http://www.jis.gov.jm/special_sections/ATI/regulations.pdf。文章讨论的是修订后的法案。

[4] 绿皮书是一份官方讨论性文件，该文件允许公众在形成政府白皮书或法规草案中的政策方案前发表意见和参与讨论。

[5] 卡蒂·苏敏芬（Kati Suominen）称，该法被停止了11年，而后在相关机构与公民社会广泛磋商之后得到通过。见《拉丁美洲和加勒比海地区信息获取》(Access to Information in Latin America and the Caribbean)，http://www.juridicas.unam.mx/publica/librev/rev/comlawj/cont/2/arc/arc2.pdf。

[6] 信息部长对该群体的权限进行了正式的批准，但除此以外该群体没有其他官方权力。

"信息公开处"的网站上可以获取的最新报告——《处长关于执行情况的报告》——指出,在2005年第一季度,该处总共收到约135件申请,其中75件申请得到完整的信息,10件申请被移交,差不多84%的申请在法定时限内得到回复。①

信息获取权

信息权法案第6条(1)款对获取权进行了明确的规定:"人人应有权获取除免于公开文件之外的官方文件。"法案第2条对立法目的作出以下说明:"加强并促进宪政民主制度的某些基本原则",特别是"政府问责制、透明度以及公众参与国家决策"。这些目的需要通过赋予公众获取公共机构持有的文件的权利得以实现,但信息获取权受到例外情况的制约,后者与就某些政府、商业或个人保密信息的公共利益优先原则达成平衡。这给该法案提供了一个良好的背景,并给出了积极的、目的明确的法律解释。

该法适用于每个人,并没有任何基于国籍、公民身份或住所的限制。

获取权适用的对象是"文件"(documents),而不是信息本身。信息权法案第3条对"文件"作出了宽泛的定义,包括任何书面材料、地图、计划、图表或图画、照片以及记录声音的文件、图像或者其他能够被设备复制的数据。获取权所指的(见上文)"官方文件",是指公共机构持有的、"与其职能相关"的任何文件,不论它是否是由该机构制作,也不论它是否在信息权法案生效之前已被创建。"持有"在此意味着该文件由公共机构拥有、保管或控制。

根据第5条(1)款(c)项,该法只适用于法案生效之日前30年以内公共机构制作或持有的官方文件。负责该法案的部长——目前是信息部长——通过发布受议会否定决议制约的命令②,可对公共机构制作或持有的超过30年的文件提出申请。最后,根据第6条(4)款,若公众依照其他法律,或以其他方式,或通过购买的手段能够获取某文件,这些获取手段不受法案的限制。

从涉及的文件角度,法案的范围有两个重要的限制。第一,该文件必须

---

① 报告见 http://jard. gov. jm/ati/index. php? option = com_docman&task = cat_。
② 根据《牙买加司法解释法案》第30条(4)款,这意味着必须将规章尽早提交两院,而任一议院可在21天之内废止该规章。"受肯定决议制约"的意思是,除非得到两院肯定的决议,该规章将无法生效。

与持有该信息的公共机构所履行的职能相关。虽然我们可以质疑，为什么一个公共机构会持有与其职能无关的信息，但这仍然有可能被作为一个拒绝提供信息的理由而被滥用。第二，该法案并不适用于30年前的文件。这是不适宜的，也没有其他信息获取法认为这是必要的。档案法确实规定在某些条件下可以在30年以后公开官方文件，但这是有局限的，并且不符合公认的信息权的标准。①

公共机构（信息权法案采用的术语是"公共权力部门"）是指所有的部委、部门、执行机构或其他政府机构，任何法定机构，教区委员会（地方议会），金斯敦和圣·安德鲁城市议会，以及牙买加政府或某机构持有50%或以上股权的任何政府企业。而政府企业的定义是，根据公司法注册的、相关政府或机构对其政策产生影响的公司。

部长通过发布受赞同决议制约的命令可将该法适用范围扩大至其他政府企业（即政府持有的股权少于50%的公司）或其他提供公共性质服务的机构，后者被认为是牙买加"福利"社会的基本组成部分，但具体情况按照部长认为合适的范围进行调整［第5条(3)~(4)款］。部长也可以通过命令——同样须经赞同决议批准——按照他或她认为合适的范围，规定哪些法定机构可以免受该法的限制［第5条(6)款(d)项］，或以他或她的判断，限制该法案对于主要的政府企业（即那些政府拥有50%或更大的股权的公司）的适用范围［第5条(5)款］。

信息权法案还规定将某些公共机构完全排除在管辖范围之外，如总督，拥有宪法或任何其他法律赋予或强加的权力和职责的机构，以及安全和情报部门——各警察和防卫部队，涉及其战略的和实际操作过程中的情报搜集活动。最后，该法并不适用于法院的司法职能或司法职务持有人或司法单位，尽管它确实适用于法庭持有的行政性质的文件［第5条(6)~(8)款］。

因此，该法适用于广泛的公共机构，并允许部长将适用范围扩展至政府可以施加影响的私人公司，以及其他提供基本公共服务的私营机构。与此同时，部长被赋予限制该法适用范围的权利，这包括某些政府企业和法定公共机构。这是不适宜的，并可能导致基于政治理由使得某些机构脱离法案管辖范围。而这种脱离是不必要的，尽管类似的脱离在其他信息权法中也有所发

---

① 1982年第20号法案，参见该法案的第10条。见 http://www.moj.gov.jm/laws/statutes/The%20Archives%20Act.pdf。

现。如果法案涉及所有公共机构，然后提供适当的例外规则，以保护任何合法的保密利益，则会更为可取。

程序保障

任何人都可以通过电话或其他电子手段提出申请获取书面文件［第7条(2)款］。请求信息时，申请人没有必要提供申请理由［第6条(3)款］。唯一正式的申请条件是，申请人应该描述清楚所寻找的文件以便利公共机构查找，并且，如果申请人要求，公共机构应提供相关的协助。此外，如果申请人提供的信息不足以确定该文件，公共机构应提供给申请人协商的机会以确认所寻找的文件［第7条(2)款和(3)款，第10条(1)款］。

《2003年条例》提供了一份提交书面申请的简单表格（条例附表1），尽管表格可用可不用。根据条例第8条(1)款，若申请人通过电话或电子方式提交申请，负责官员应采取必要措施，在表格1上记录和保存。条例第9条要求当申请人因语言技能有限或残疾无法提交书面申请时，负责官员应提供必要的援助。根据该条例，"负责官员"应以"规定的方式"［第7条(3)款(b)项］告知申请人他们已经收到申请［第4条(a)款］。

有关部门应尽快答复申请，在任何情况下不得超过30天，尽管如果存在"合理的原因"，答复时限可能再延长30天，但送达申请人的通知中须附有理由［第7条(4)款和(5)款］。若申请的文件由另一个公共机构持有，或与另一个机构的工作关系更为密切，须尽快将申请转交该机构，在任何情况下都不应超过14天。在这种情况下，必须立即通知申请人其申请已被转交，并告知申请人接收转交的公共机构从收到申请之日算起拥有30天的答复时间［第8条和第7条(4)款］。如果未能在适当的时间内提供回复，申请人可将其视做拒绝而提起申诉［第30条(3)款］。

第10条(2)款列出了一些披露可以被延缓的情况。这些情况包括，其他法律对于某文件的披露规定了时限，时限未到则文件不得公开；某文件准备提交议会或提交给某一特定的个人或机构，须等待一段合理的时间，直至文件已经提交；过早披露文件将违背公众利益，须等到不再有此可能时。申请人必须在14天内被告知关于延迟披露的决定［第10条(3)款］。

这些规定存在一些问题。虽然让有关发布信息的法律规章优先于信息获取法是合理的，但只有在这些制度设定的发布时限较短时才合理。根据上述规则，甚至几年的公布时间也会迟延文件的披露。因为文件正处于准备状态而获准延缓公开的规则是比较独特的。这也许是因为缺乏一般的"内部审议"例外而提供的一种补偿，许多国家的信息获取法都订立了"内部审议"例外规则（见下文"例外"部分）。但是，推迟公开文件的依据中若至少包含"造成危害"这一部分会更好，这样一来只有在披露文件会造成某种危害时，禁止披露才具有正当性。过早公布将对公众利益不利的规则几乎就是向滥用该规则敞开大门。在其他法律中，公共利益可以凌驾于例外之上并为披露提供正当理由，而不是像这里那样与之相反。最后，在公共机构已作出推迟披露的决定再允许其在 14 天之内通知申请人，是非常不必要的，应立即通知申请人决定的结果。

条例第 18 条规定如果在向申请人提供信息获取机会时可能影响到第三方的个人隐私，则须通知第三方。如果向申请人提供信息，第三方有权获得副本。

相关机构须将关于申请的决定告知申请人。如果是拒绝或推迟披露全部或部分信息，必须将这一事实告知申请人，同时附有理由和"要求未被满足的申请人可能拥有的选择"，比如重审申请结果［第 7 条(5)款和第 11 条(2)款］。若申请人得到了获取信息的机会，申请人应被告知信息获取的方式、任何收取的费用和直接查阅文件的地点［第 14 条(2)款］。

信息权法案第 9 条规定了须以申请人指明的形式提供信息，并列出备选方案，包括：查阅文件，收听或观看信息；正式认证的文件副本（例如盖有公共机构官方印戳）；音频文件、图像或编码文件所包含文字的誊本。如果申请人要求的获取方式会有损于该文件，或获取方式不适当或构成侵权，公共机构可提供另外一种方式。此外，根据条例第 16 条，若原始文件复印效果不好，应告知申请人并建议替代方案。

法案第 12 条规定，申请人应承担复制文件的费用，尽管相关公共机构的负责人可以免除或减少收费。然而第 13 条规定，在"官方因授权公开而产生的费用已经被支付"的情况下，申请才可予以批准，这意味着可能存在其他费用。然而，条例反复只提及复制费用［见第 10 条(a)款，第 14 条(2)款(b)项，第 20 条和第 21 条(1)款］，在实践中只收取复制费用以及传播成本费。条例第 20 条还规定了如何向部长提交减少或免除费用的申请。

公布信息的义务

牙买加信息获取法案第 4 条规定应主动公布附表 1 所列出的信息，并按照部长最初所设定的框架。附表1列出了公共机构的"工作领域"、部门及机构的名单,它们处理的工作领域、它们的位置和开放时间,以及主要官员的头衔及工作地址。这类信息应以规定的方式发布和更新。条例第6条(b)款规定公共机构针对的领域或职能变化时须发布通告。

附表1还相当详尽地描述了一份必须公布的通告。这份通告应包含一份手册或其他文件的列表,其中包含解释、实施、规则、先例等,公共机构根据计划或规则,就权利、特权、援助、义务以及类似的议题,作出相关的决定或建议。通告中所列的这些文件应可以查阅和购买,而通告本身每年应至少更新一次,并在政府公报中登载。若手册中所列的某份文件包含可被豁免的信息,它可以不公开,但在可行的范围内,公共机构应提供另一份不包括豁免材料的文件。

部长可按发布受肯定决议制约的命令修订附表1。此外,该法案没有规定对信息内容作任何更改。这是一套有限的主动公布信息的规则。特别是,实际需要主动公布的文件数量非常有限。与此同时,法案要求公布包含上述文件的通告有着重大的意义,这取决于这个要求如何广泛地被理解,尽管它仍须要求市民积极获取信息。

在实践中主动披露超过基本信息以外的信息的行动很少。已经制作的文件列表在查找文件方面不是非常有用。至少一个提交联合专门委员会的议案中包含了修订公布计划的提议,该委员会去年对此法案进行了审查,但在过去18个月中,对议案所提的建议一直没有采取相应的行动(见下文)。

例外

该法案第三部分包含了全面的例外规章。第35条(2)款规定,该法不得影响除了《官方保密法》以外其他任何法案规定的保密条款;而第35条(3)款规定,《官方保密法》应适用于任何违反《牙买加信息获取法案》的披露情况。如此看来,这些规定意味着,《官方保密法》以外的法律中所规定的保密条款凌驾于信息获取法案规定的信息获取权;同时,信息获取法案未授权的披露行为根据《官方保密法》仍然应受处罚。目前还不清楚,《官方保密法》和《牙买加信息获取法案》之间的冲突将如何得到处理。

大多数的例外须经受危害测试的检验,尽管值得注意的一个相反的例子是,定义宽泛的内阁文件不需要测试。与此同时,法案第23条规定了一个全面的证书系统,该证书是用来最终证明一份或部分文件是否属于被豁免的情况。总理可签发证书，证明某份文件是受豁免的内阁文件，而主管部长可签发有关安全、国防或国际关系、执法或经济管理的证书。此类证书的样式在条例附表中可以看到，而条例第17条(3)款则要求每个证书须在政府公报上公布。显然，证书很有可能会被滥用。最理想的情况是根本就不使用任何证书。如果允许使用证书，它们应仅限于高度敏感的材料，这些材料被认为过于机密而不能被外部机构查阅。

该法案不包括公共利益优先原则，然而令人惊讶的是，涉及某些内阁文件时，有部分的优先。保护环境的例外也包含公共利益优先原则。法案第11条(1)款规定了豁免材料非豁免部分的可分割性。第6条(2)款规定，例外不适用于20年或20年以上的文件，但部长可发布受议会赞同决议制约的命令，规定一个更短或更长的期限。这是个积极的规定，尽管其影响是有限的，因为该法案并不适用于超过30年的文件。

该法案规定的具体例外情况包括：

• 披露文件会威胁到安全、防卫或国际关系，或其中包含和另一个政府或国际组织秘密沟通的信息（第4条）；

• 尚未公布的内阁文件或不是纯粹的事实、不具有纯粹的科学或技术性质的内阁文件（内阁文件在此处有广泛的定义）；某些内阁文件——如为内阁准备的意见、忠告或建议，或内阁讨论纪要——应予以披露，如果这符合整体公共利益（第15条和第19条）；

• 有关法律执行的文件，信息的披露可能危及生命或安全，对调查或公正的审判不利，暴露机密的信息来源，影响预防、侦查或调查违法情况方法的有效性，便利嫌疑人逃脱拘留，或危及惩教设施的安全（第16条）；

• 在法律上享有特权的文件，或披露该文件将会导致违反信用、藐视法庭或侵犯议会特权（第17条）；

• 官方文件——例如有关税收、利率或货币政策的文件——可以推断公开该文件将会对经济或政府的管理能力产生相当大的不利影响（第18条）；

• 商业秘密或信息，可以推断信息的公开会对商业利益产生损害（第20条）；

• 经过合理预计，披露文件将使文化、历史和环境资源的保护受到损害（第21条）；

• 允许申请人获取该文件将会不合理地暴露私人信息（第22条）。

在大多数情况下，这些例外符合国际惯例，尽管它们在某些情况下，可以通过更为仔细的语言，或通过对例外进一步实行例外得到缩小。然而，重要的是，该法案没有保护内部审议过程（除保护内阁文件以外）的一般性例外。这种例外尽管可以在大多数国家的信息权法中找到，但往往会被严重滥用。

申诉

该法规定由一个独立的信息上诉法庭进行内部审查和处理申诉。内部审查适用的情况是，当公共机构推迟或拒绝公开全部或部分文件的获取，或收取的费用申请人认为不合理。申请人必须在原来的决定公布以后30天之内提出申请，要求进行内部审查；而上诉法庭须在另一个30天之内作出决定。如果涉及的例外是关于第14条（国防和国际关系）、第15条（内阁文件）、第16条（执法）或第18条（经济）的，则内部审查应当由主管部长负责；如果是其他例外情况，则由公共机构的主要官员负责。内部审查可作出或许与原决定相同的裁决（第30～31条）。

申请人可以向上诉法庭对内部审查所作决定（或未能在给定的时间内提供应有的决定），或对无法进行内部审查的原先决定提起申诉，提起申诉的时限是原先决定作出之后的60天之内。在这样的申诉中，公共机构有举证的责任，以证明其原来的决定是合理的。法庭可作出与原先裁决一样的结论，但不能废除豁免某文件的证书。该法庭可查阅任何宣称被豁免的文件，但这样做的条件是确保公众并不因此获得该文件（第32条）。该法没有规定法庭的其他权力，也没有规定法庭以何种方式举行听证会。然而，《信息获取（上诉法庭）规则》（2004年）对这些问题进行了处理，提供了当事人各方陈述意见的权利和授权法庭传唤证人的权力。

信息获取法案的附表2对上诉法庭五名成员的任命进行了规定，其中一人须为主席，由总督与总理和反对党领袖协商后任命。成员任期为五年，不能连任。委员可在任何时候书面辞职，或由总督与总理和反对党领袖协商后基于以下理由解除职务：精神不健全或无法履行其职责，破产，已被判处死刑或监禁，因为任何不诚实的罪行而被定罪，或未能履行法案规定的职责等。成员的薪酬由负责公共服务的部长决定。

上述有关上诉法庭成员的规定确实给法庭的独立性提供了重要的保护。与此同时，这些规定可以进一步得到改进，例如规定不得任用与政治有千丝万缕关系的候选人。根据一些报道,法庭缺乏有效完成其工作的人员。①

制裁与保护

信息获取法案第 33 条(2)款规定,在相关机构遵照法案真诚提供申请人信息获取机会的情况下,申请人不得对公共机构的任何官员或文件的作者提起任何诽谤、违反保密责任或版权之类的诉讼。与此同时,无论是法案本身还是给予获取信息的机会都不可被解释为对错误行为的授权,包括个人披露已获取的文件[第 33 条(1)款和(3)款]。法案进一步规定,依法批准获取信息本身不构成刑事犯罪,但是如果《官方保密法》使披露某些信息成为罪行,则《官方保密法》适用于违反信息获取法案的信息披露行为(第35 条)。因此,该法案为那些善意披露行为提供了一些保护,但在披露出现决策失误导致违反《官方保密法》时,该法案似乎没有为其提供保护性条款。这是不适宜的,因为它可能会导致官员在信息披露方面过于谨慎。该法中没有为检举人提供保护。

法案第 34 条规定,出于阻止披露的目的,而更改、污损、妨碍、清除、销毁或隐藏某个法律赋予获取权的文件(即非豁免官方文件)的行为构成刑事犯罪行为。

促进措施

该法包括的促进措施很少。《2003 年条例》第 3 条及其以下的条款规定任命的"负责人"有责任处理申请,维护大众对此法和其他有关条例的认知,协调信息的主动发布,以及确保该法案的合理实施。

该法案还规定了议会两院委员会对此法"不定时"的审查,同样规定了第一次审查时间不晚于该法案生效后两年之内(第 38 条)。信息获取联合专门委员会也相应于 2005 年 12 月成立,并于 2006 年 1 月开始举行听证会。委员会于 2006 年 3 月完成听证,但在其报告定稿之前政府便倒台,而报告未来将被如何处置仍不清楚。

根据法案第 36 条的规定,部长应编制执行情况的年度报告,并提交给

---

① 参见英联邦人权行动组织 2006 年春季时事通讯中对牙买加法案的回顾,见 http://www.humanrightsinitiative.org/ publications/nl/newsletter_ spring_ 2006/article6. htm。

众议院和参议院。该报告应包含的内容是全部或部分收到、批准、推迟和拒绝信息申请的数目,拒绝信息公开所根据的例外条款及使用的频次,以及内部审查、申诉的情况和相应的结果。每个公共机构必须向部长提交相关信息来协助这份报告的编写。网上可以获取的最新报告是2005年第一季度的。[①]

日 本

概述

1946年通过的日本宪法[②]中有保障信息权的条款,尽管宪法第21条对表达自由提供了普遍性的保护,保障"言论、新闻和所有其他形式的表达"自由,并规定了对查禁的禁止。早在1969年,日本最高法院就在两起知名度很高的案件中确立了由第21条表达自由保障条款所保护的知情权(知る権利)。[③]

尽管如此,直到30年后,国家《行政机关信息公开法》[④](信息权法)才经过公民社会的长期斗争,于1999年5月得到通过。该法于两年后即2001年4月生效。在揭露政府过失方面——当时日本的经济奇迹开始动摇,人们日益关注政府的失误——以及在解决阻挡在民众面前的官方秘密这堵墙方面,获取公共信息都被认为是至关重要的因素。这一点反映在信息权法第1条中,该条涉及法律的目的,称信息公开的目标是为了确保"公民对政府的各种活动可以问责,并有助于建立一个能让公民适当地了解和批评的公平和民主的政府。"下级政府订立的许多信息权规章领先于国家级法律的订立,而且这些规章也在一定程度上推动了国家级法律的订立。事实上,在1999年全国性的信息权法通过时,900多个城市已经订立了这类规章。[⑤]

---

① 参见 http://jard.gov.jm/ati/index.php?option=com_docman&task=cat_。
② 参见 http://www.kantei.go.jp/foreign/constitution_and_government/frame_01.html。
③ 参见 Repeta, *Local Government Disclosure Systems in Japan*, *National Bureau of Asian Research*, Paper Number 16, October 1999, p.3. 一个相应的案例是: Supreme Court Criminal Case Reporter, Vol.22, No.23, 1969, p.1490 (the "Hakata Station Film Case")。
④ 由2004年第84号法律修订,于2005年4月1日生效。修订版见 http://www.cas.go.jp/jp/seisaku/hourei/data/AAIHAO.pdf。
⑤ 参见雷皮塔和舒尔茨《日本政务信息:信息获取新规则》(Repeta and Schultz, *Japanese Government Information: New Rules for Access*), http://www.cas.go.jp/jp/seisaku/hourei/data/AAIHAO.pdf。

日本的信息权法可以广泛应用（除了某些例外情况），存在良好的程序保障，并有一个较为严格的例外制度，虽然这个例外制度可以更严格一些。但在其他一些方面信息权法还有待加强，特别是需增加主动发布信息的义务以及把监督机构从内阁办公室移出。

目前日本公共机构每年大约要处理50000次信息申请。在大多数情况下，执行的情况是不错的。在2006财年，大约有40%的申请所索取的信息全部被披露，约90%的申请全部或部分披露。2005年4月1日生效的信息权法修订版，使得规范上诉机构的单独立法得以通过。① 上诉机构的责任范围还扩展至包括据《个人信息保护法》提起的申诉，新法规在同一天生效。

信息获取权

信息权法第3条规定了信息获取权。该法规定，任何人可以向公共机构的负责人提出披露行政文件的申请。收到申请后，公共机构主管必须参照例外制度（信息权法第5条对此有所规定）披露信息。

如上所述，第1条规定了法律的宗旨，阐明了该法依据的原则是主权在民。其总的目标在于促进公共机构的信息公开，以促进人民对政府的问责，培养公众对行政机构更大程度的理解和批评。

该法将"行政文件"定义为机构所持有的、"供其雇员在组织内部使用"的、任何雇员在履行其职责的过程中制作或获得的文件、绘图或电磁记录。这个定义是不全面的，因为信息可能以其他形式被掌控，而且该定义仅涉及因公务目的而掌握的记录。同样，该定义也不包括另外两种情况。第一种情况涉及已经出版的、用于一般性销售的记录；而第二种情况是指依据内阁令管理的文件，特别是那些作为历史或文化的材料或进行学术研究的档案［第2条(2)款］。立法者们认为，使这些信息公开的现行制度是适当的，尽管同一披露规则若适用于所有的文件则会更好。

法律定义为"行政机关"的机构包括：
- 依法建立的内阁机关或由内阁控制的机构；
- 其他各种法律所定义的行政机关；

---

① 《信息公开与个人信息保护法审查委员会组织法》（Law Establishing the Information Disclosure and Personal Information Protection Law Review Board），2003年第60号法条，于2003年5月30日通过。

- 审计委员会［第 2 条(1)款］。

日本还有许多提供基本服务的公共企业就像立法机构和法院一样不属于信息权法管辖的范围，尽管最高法院已经通过了自己的有关信息获取程序的条例。① 信息权法的确要求在其通过后两年之内，通过相关法律来管理公共企业的披露义务（额外条款第 2 条）。该义务随着《独立行政机构信息公开法》的通过得以履行，此法于 2002 年 10 月 1 日生效。②

任何人，包括非日本公民，都有权按照信息权法索取相关信息。

程序保障

申请人必须以书面形式，包括以电子的形式，提交申请，申请需包含申请人的姓名（对于法人申请人而言，则是提交法人代表的姓名）、地址，并提供详细的文件说明以便于查找。信息权法并不要求申请人说明申请理由。若提交的信息不全，公共机构应当通知申请人，并给其一段合适的时间来补正，同时也应"尽力"提供援助（第 4 条）。法律要求公共机构的负责人提供对申请人可能有用的信息，并采取其他方法来协助申请人（第 23 条）。

公共机构通常必须在 30 天内作出披露的决定。若公共机构将申请发回申请人以更正或澄清，这段修改申请的时间不包括在这 30 天的时限之内。若"有正当理由，如因事态的发展而遭遇困难"，则可再延长 30 天，但公共机构必须以书面形式连同延期理由通知申请人（第 10 条）。若申请涵盖了"相当大量的行政文件"，且在 60 天的期限内提供所有信息可能会使公共机构的工作"大大受到阻碍"，公共机构的负责人则可在时间期限内披露"合理数量"的信息，并在"一段合理的时间内"提供其余部分信息。在这种情况下，若公共机构未能遵守自己设定的期限，也不会遭受处罚，但公共机构必须将该规则的适用情况和其余文件的提供时限等以书面形式通知申请人（第 11 条）。

这些规则使公共机构对于推迟披露拥有重要的自由裁量权。第一个延期，即长达 30 天的额外时间，只需门槛很低的"正当理由"，并且只要理由是"合理的"，还可进一步推迟披露；而关于什么是"合理"的，法律并

---

① 罗伦斯·雷皮塔（Lawrence Repeta）尚未出版的备忘录，2007 年 10 月 2 日。
② 参见雷皮塔和舒尔茨《日本政务信息：信息获取新规则》（Repeta and Schultz, *Japanese Government Information: New Rules for Access*）。该法在效果上与信息权法相当，尽管它适用于独立的公共机构，而不是政府机构。

没有定义。许多信息权法不允许此类无限期延长，而是提供了"严格"的答复时限。日本外交部就充分利用这一漏洞并无限期拖延答复。例如在2003年，该部在30天之内对181条请求作出了答复，延期答复的申请约705条，后者几乎是前者的4倍。在这些延期答复的申请中，在它自己所提供的时限内进行答复的申请约占一半；其中有129条申请的答复延期时间超过一年。在一些案例中，申请人已经提起诉讼，要求公共机构对其不合理的拖延行为进行赔偿。[①]

如果有"正当理由"，如该文件由其他机构编写，公共机构可将申请移交给其他机构，但须书面通知申请人（第12条和第12条2款）。该移交标准相对较低，在许多信息权法中，只有当该文件与其他机构的工作更为紧密相关时，才允许这么做。

信息权法包括与所申请信息相关的第三方进行协商的详尽条款。第三方当事人可以有机会提出意见。如果第三方反对披露相关信息，在决定作出和贯彻该决定（即实际披露信息）之间必须要有两周的时间。相关机构决定披露信息后，也必须通知第三方；如果他们认为必要，可以提起申诉反对该项决定（第13条）。

若已作出披露信息的决定，相关机构应以书面形式通知申请人这一事实以及与披露形式相关的事宜。若作出不披露信息的决定，这包括由于该公共机构并不持有该信息而导致的不披露决定，相关机构也须告知申请人这一事实，尽管该法没有具体规定该通知应包含哪些内容（第9条）。然而，《行政程序法》第8条规定相关机构必须提供理由[②]且告知申请人有向相关行政部门和法院提起上诉的权利。[③]

信息权法第14条规定了各种信息获取手段。申请人可要求查看记录、获取副本或通过其他方式获取电磁记录，内阁令对此有详细说明，而申请人的要求通常应得到尊重。然而，如果查看记录这种方式会对记录造成损害，申请人可通过获取副本的方式达到目的。

根据内阁令，相关部门可收取处理请求和提供信息的费用，但这些不得

---

① 罗伦斯·雷皮塔尚未出版的备忘录，2007年10月2日。
② 该条款作了一般性的规定，若公共机构拒绝许可申请，必须提供理由。《行政程序法》见 http://www.cas.go.jp/jp/seisaku/hourei/data/APA.pdf。
③ 参见《行政复议审查法》第57条,《行政案件诉讼法》第46条。罗伦斯·雷皮塔尚未出版的备忘录，2007年10月2日。

超过实际成本。在制定收费标准时,"应使数额处于可以承受的范围之内";内阁令同样规定,如果申请人存在经济上的困难或有其他特殊情况,公共机构负责人可减少或免除费用(第16条)。根据《信息披露实施令》第13条和第14条,提交申请的费用是300日元(约合2.60美元);若申请的是电子形式的信息,则申请费用是200日元;审阅费为每100页100日元;复印费用是每页10日元(约合0.09美元)。费用免除的情况非常少见。①

公布信息的义务

日本信息权法没有规定主动公布某些类别信息的义务,但考虑到主动披露在许多司法实践中承担着重要作用,这是一项严重的疏漏。

例外

日本信息权法第5条列出了不向申请人披露的六种不同类别的信息。与信息权法同时获得通过的一个补充法律列出了一份可以脱离信息权法管辖的其他法规的清单。这份清单包括的许多法律提供了获取信息的其他手段,这些法律包括涉及诉讼文件的刑事程序法、不动产登记法和其他法律法规。这些法律并不一定符合公认的信息权标准;如果存在不一致的情况,最好是信息权法优先于其他法规,而不是像目前这样倒过来。

大多数例外情况都要经过危害测试。在某些情况下,例外规则要求确认信息的披露真会造成实际危害,尽管这也许只是基于公共机构的估计,即它们认为存在"充分的理由"相信披露信息将造成危害。在其他国家的信息权法中,仅仅存在危害的风险就够了。

日本信息权法有两类"公共利益优先原则"。信息权法第7条规定了一般性的公共利益优先原则,即"存在特定的公共利益需要",但法律措辞对此相当随意,只规定在这些情况下,公共机构负责人"可以"披露信息。另外,法律适用的标准看起来相当高,只有在面对某个明显高于一切的利益,而不仅是较为重要的利益时,该规定才适用。此外,就个人信息和商业信息而言的例外情况中,法律规定了针对指定类型的危害更为具体的公共利

---

① 所有公共机构的费用免除次数加起来,每年通常少于10起。参见《行政复议审查法》第57条,《行政案件诉讼法》第46条。罗伦斯·雷皮塔尚未出版的备忘录,2007年10月2日。

益优先原则（见下文）。

如果某文件只有一部分符合例外规则，而披露文件的其余部分仍有意义，那就必须披露这部分（第6条）。信息权法并不包括有关历史性文件的披露条款。

信息权法第5条的第一个例外涉及个人的信息，即，当信息的披露可能会暴露某人身份，或在无法确定任何人的情况下，披露的信息"可能对个人的权利和利益造成危害"。这就是人们通常所说的"个人信息"例外。这个例外非常宽泛，特别是例外涉及可能会暴露某人身份的所有信息，而不是会对合法的隐私权造成损害的信息，甚至仅仅是与隐私权有关联的信息。此外，例外规则中"暴露个人身份"的部分没有经受危害测试的检验。对这一例外规则所作的限制在一定程度上减缓了它的弊端，例如当法律或习俗要求披露该信息，或公共机构必须披露信息以保护某人的生命、健康、生计或财产时，或者是前面提到的内部公众利益优先原则。这一例外也并不适用于有关公职人员公务活动的信息，这是对其适用范围一个重要的限制。个人信息例外是政府官员在大多数情况下拒绝披露信息时援引的理由。

第5条中第二个例外涉及企业信息，即信息的披露将损害公司的权利、竞争地位或其他合法权益，或信息是基于信任和保密的条件下被提供的，且在所有的情况下，信息的保密是"合理的"。同样，这种该例外不适用于以下情况，即必须披露信息以保护某人的生命、健康、生计或财产。

第三个例外涉及这样的信息：公共机构的负责人有"合理的理由"，认为披露这些信息会对国家安全、与其他国家或国际组织的关系构成威胁，或者对与其他国家或国际组织的谈判不利。

第四个例外涉及这样的信息：有充分的理由认为信息的披露会对"犯罪的预防、制止或调查，起诉的维持，处罚的执行，以及其他维护公共安全和公共秩序的事项"构成潜在危害。

第五个例外是指涉及政府内部审议或协商的信息，这些信息的披露可能会使决策过程中意见的坦诚交换或中立性受到不公正的危害，造成不必要的混乱，或使任何人处于不公平的优势或劣势。这一例外很大程度上符合国际标准，但除了对信息公开可能造成混乱的担忧，这一点一般不被认为是一个合法的限制信息公开的理由。一方面是因为"混乱"是一个过于主观的概念；另一方面是因为这种例外本身就是家长式的，违背了信息权法的要旨，即权力在民。

第六项例外旨在防止公共机构妨碍、损害商业运作。它包括了一长申具体危害,看上去还没有完全列举。这份清单还包括:对调查的阻碍,损害正当的商业利益,破坏人事管理,在合同或谈判中损害国家利益,以及推动不公正或非法的行为。这份清单尽管有点令人生厌,但事实上所列的大多数情况都是合理的。

申诉

当申请被全部或部分拒绝时,申请人可立即向法院提起诉讼,使法院下令推翻拒绝的决定,他们还可以提起行政上诉。关于后者,信息权法规定除了申诉本身不合法,或已作出披露文件的决定外,行政上诉须向公共机构负责人提起申诉,而公共机构负责人须将申诉提交给"信息公开与个人信息保护审查委员会",该委员会隶属于内阁办公室的监督机构。法律没有设定负责人向委员会提交申诉的时限,而且事实上存在着相关负责人并没有提交申诉或超过一年后才延迟提交的情况,而在这种情况下,委员会并没有权力采取行动。法律规定必须将所有申诉情况告知申请人、上诉人(如果不是同一人)和提出过交涉的第三方(第 18~19 条)。

尽管审查委员会隶属于内阁办公室,但该机构作出了一些努力,以确保它的独立性。目前委员会由 15 名成员组成,申诉通常由 3 名成员组成的小组进行处理。① 委员会有 5 名全职成员,各领导一个小组并担任主席,这些成员通常是退休的政府官员;其他 10 名是兼职成员,其中包括学者、执业律师和社会的其他成员。委员会主席通常是一名退休的上诉法院法官(这类法官法定退休年龄是 65 岁)。由首相任命具有"卓越判断力"的人担任委员,这些人须经由议会两院批准,但这个过程应该确保公开性和政治上的监督。委员会成员的任期为 3 年,可以连任。倘若获得议会两院批准,首相可解除委员的职务。解雇的理由限于其工作能力不足、行为不当或存在与职责相违背的行为。

任职时,委员会成员不得是政党或团体的官员。信息权法规定,成员的工资应由另一法律决定。除非得到首相允许,全职委员不得从事其他有报酬

---

① 2005 年 4 月 1 日开始生效,此时新的审查委员会开始发挥作用,委员会成员的数目也从 12 人增加至 15 人。参见《信息公开与个人信息保护法审查委员会组织法》(*Law Establishing the Information Disclosure and Personal Information Protection Law Review Board*),2003 年第 60 号法条,于 2003 年 5 月 30 日通过。

的活动。这显然是给政治上的滥用留下了空间，所以如果法律对此进行规定或并非通过首相进行批准，则会更好。主席由其他成员从他们自身当中推选。该法还设立了秘书处以协助委员会。

委员会通常应有 3 名审查委员会成员评议某事项，尽管所有成员可构成上诉机构（法律第 6 条涉及审查委员会的设立）。在评议某申诉时，委员会可要求公共机构提供与争议有关的记录或进一步向申请人或其他当事人要求信息（《审查委员会组织法》第 9 条）。《审查委员会组织法》详细规定了申诉的处理过程，包括当事人陈述和进行相关调查。相关人士可向委员会提交书面材料，而后者也可允许相关人士进行口头陈述（第 10~11 条）。①

可以就上诉委员会所作决定向地方法院提起诉讼。

制裁与保护

日本信息权法没有相关条款对故意阻挠信息获取的行为进行惩处，或为那些善意披露信息的人提供保护。然而它规定委员会成员披露他们作为委员而接触到的秘密信息是有罪的行为，最高可被判处一年带有苦役或高达 300000 日元罚款的监禁。这和对公职人员披露信息进行惩处不太一样，尽管惩罚非常严厉，但似乎是合理的。

促进措施

信息权法包括了一些一般和具体的促进措施。政府需要"努力加强措施来提供行政机关持有的信息"。地方公共实体相应的需要努力制定和实施信息披露措施（第 25 条和第 26 条）。

该法还要求公共机构主管通过提供他们所持有的档案中的相关信息，以及采取其他"适当措施"促进信息的披露。虽然法律没有要求公共机构任命信息官员，但管理和协调机构的总干事应建立"全面的、处理有关信息披露申请的信息中心，以确保法律的顺利执行"（第 23 条）。

法律要求公共机构主管制定规则，按照内阁令进行"适当的"文件管理，并公开这些规则。内阁令应规定有关"分类、制作、保存和支配行政文件"的通用标准（第 22 条）。内阁也应向公共机构索取有关实施情况的报告，并每年编纂和公布这些报告的概述（第 24 条）。

---

① 罗伦斯·雷皮塔于 2007 年 11 月 12 日提供了有关该审查委员的信息。

信息权法规定，该法生效约四年后，政府应审查其有效性，并以审查结果为基础，采取必要的改进措施来促进信息公开（附加条款第 2 条）。如上所述，该法在 2004 年进行了修订。①

吉尔吉斯斯坦

概述

2003 年吉尔吉斯斯坦宪法第 16 条(6)款确认了对个人信息的有限获取权，除非该信息属于机密。目前吉尔吉斯斯坦正在启动修订宪法的程序，巴基耶夫总统于 2007 年 9 月 21 日号召对新宪法倡议进行全民公决。2006 年通过的对宪法的修改被宪法法院否决，从而导致 2003 年 2 月的全民公决所采纳的宪法被重新实施。②

吉尔吉斯斯坦在 1997 年首次通过了《信息获取权保障与自由法》。③ 尽管信息获取权法为获取信息提供了一个基本框架，但它并没有对例外规则进行清晰地阐述。根据该法律，官员应当负责对秘密进行分级，但是将该法律在民众中进行推广而做出的努力是非常有限的。④ 各方的压力导致了新法律的诞生，该法律是由来自媒体、商界、非政府组织和政府代表组成的专家小组起草的。《吉尔吉斯斯坦共和国国家机构与地方自治政府机构所掌握信息的获取法》⑤（信息权法）于 2007 年初生效，它在过去的信息获取权法的基础上有了非常显著的改进。

吉尔吉斯斯坦信息权法有很多积极的特色。它包含非常详细的程序保障，这一保障可能源自公众的不信任。政府会根据法律的精神来贯彻法律，同时也基于过去法律条文被官员钻空子的经验。它也制定出一系列关于公开会议的条文，这在其他信息权法中非常罕见。最后，和一些新一代的信息权

---

① 由 2004 年第 84 号法律修订，于 2005 年 4 月 1 日生效。修订版见 http://www.cas.go.jp/seisaku/hourei/data/ AAIHAO. pdf。
② 参见 http://www. legislationline. org/legislations. php? jid = 29&ltid = 14。
③ 可见 http://www. legislationline. org/upload/legislations/0b/b3/71bdeda3cd18a208b73f34711206。
④ 参见 Almaz Kalet, Access to Information in Kyrgyzstan in Central Asia – In Defence of the Future: Media in Multi-Cultural and Multi-Lingual Societies（OSCE 2003）。
⑤ 可见 http://www. article19. org/pdfs/analysis/kyrgyzstan-foi-06。该法律作为第 136 条的附件附在解释上；尽管这从形式上看尚属草案，最后通过的法律却等同于被分析的法律。

法一样，它包含一套非常详细的关于主动公开信息的规定。

同时，该法也有一些重大的不足，其中最严重的是例外规则。它的例外规则仅仅是援用现有的保密法。考虑到这些保密法律并未反映信息权法的基石——公开性原则，这一点可能会带来很多问题。信息权法在申诉条款规定上也很不足，缺乏对于善意公开的保护，同时其推广措施也不得力。

独立人权组织对该法的测试表明在贯彻该法中有得有失。在 2005 年 6 月到 2007 年 9 月这段时间不同公共机构收到的 65 例信息申请中，只有 40% 的申请得到了及时的处理，另外的 14% 是在规定时间范围之外被满足的；约 23% 的申请被拒绝，而 25% 的申请根本没有得到下文。公共机构有时只在提起法律申诉之后才提供被申请的信息。但是，法院看起来很少对那些申请信息采取补救措施，而是经常以该信息和申请人的法律利益无关拒绝受理申诉，这是和信息权法的第 9 条相悖的（该法规定提起申请不需要提供任何动机说明）。[①]

信息获取权

吉尔吉斯斯坦信息权法的第 1 条将其目的描述为实现和保护"由国家机关和地方自治政府持有的信息的获取权并实现最高程度的信息公开、普及和透明"。这一点通过第 2 条(2)款得到支持，该条规定所有的国家和地方自治政府都有义务提供信息，而第 4 条(1)款规定国家和地方自治政府机构是"公开、透明和公共的"。

第 3 条明确规定了每个人都有权获取由国家和地方自治机构掌握的信息，并描述了该规定背后的原则，即"信息的可获得性、客观性、及时性、公开性、真实性"。对信息的限制只能通过法律来确定，而国家将保护每个人"寻求、接受、调查、制作、告知和传播信息的权利"。

这些规定确认了明确的获取权而且也认可了指导解释法律的有力的原则，尤其是最大限度公开的理念。

信息权法第 6 条认可了很多提供信息获取的一般方式，比如出版、回应申请、颁布信息，为查阅文件和材料提供直接途径，为会议提供直接途径以及其他未被法律所禁止的方式。尽管这可能并非完全必要，因为公共机构本

[①] Maria Lisitsyna 于 2007 年 11 月 4 日提供的材料。根据 Nurbek Toktakunov 对 IHRG 所作的研究。

可以按自己选择的方式自由传播非秘密信息，但这项规定至少使公共机构有信心通过这些不同的渠道传播信息。

与其他大部分信息权法不同，吉尔吉斯斯坦的信息权法并未明确地对信息进行定义。这一点可能导致一些问题，因为缺乏明确定义可能被用做借口剥夺对某些格式的信息或某类信息的获取权，比如电子邮件。考虑到这部法律诞生时间相对比较短，是否的确会造成这样的后果还有待检验。

在第2条(2)款，国家机构被定义为根据宪法和其他法律以及法令所建立的机构，立法、行政和司法机构，贯彻上述机构决定的机构，由国家预算支持的机构以及地方（较小单位的领土）用以实现中央政府职能的机构。地方自治政府被定义为由地方民众为解决地方事务而设立的"代表性的、行政管理机构和其他机构"。上述两个术语——国家和地方自治机构——还包括由联邦和地方预算支持的机构，该机构实现与国家权力和自治无关的功能，包括那些主要处理"卫生、教育、信息、统计、顾问和信贷问题"的机构。

看起来这是一个对公共机构较为宽泛的定义，尽管许多国家的信息权法都增添了不从公共财政获得支持但也在承担公共职能的私有机构。

根据信息权法第3条的规定，信息获取权适用于每个人，因此看起来没有以任何方式受到诸如"只适用于公民或居民"之类的限制。该法中的某些其他规定——比如参加会议的权利——从适用范围上看仅限于公民，这表明此处更宽泛的界定是有意为之。

程序保障

如前所述，吉尔吉斯斯坦信息权法的程序规定非常详细，一共有4页之长。根据第7条(1)款，信息申请可以通过口头、电话或书面方式，通过亲自递交、邮寄、快递或电子渠道提出（也见第9条）。第8条对处理口头申请作出了清晰的规定。第8条(2)款规定通过口头方式申请的"简短信息"应当通过口头方式提供，从而取消了提出书面申请的要求。如果口头回复无法满足申请人的要求，申请人应被告知如何提出书面申请以及其他根据该法获取信息的渠道。口头申请必须和有关申请人以及对该申请作出回应的官员一起登记在案。

根据第9条，书面申请必须包含公共机构的名字和(或)接受申请的官员的名字、申请者的姓名、出生日期及居住地址（或合法申请者的类似信息），还要包括对信息的充分描述以便于寻找该信息。如果上述信息不清晰，则接受申请的官员应负责通过联系申请者或者其他方式来正确理解该申请。但是这部法律并未以其他方式规定对申请者提供帮助。提出申请不需要提供任何理由。公共机构所在地以及邮局必须提供申请表格以备索取，而且该表格下方应解释如何填写该表格以及申请程序和收费情况。

第11条(3)款规定回应申请的信息应当完整，使申请者无须提出重复申请。这一规定在第11条(4)款(2)项中被再次申明。另外，处理申请的官员不得询问申请者打算如何使用该信息。这两个规定在信息权法中并不常见，它反映了对政府机构能否恰当贯彻这些规则的某种程度的怀疑。

第11条(1)款规定书面申请必须在接受申请的公共机构登记，还规定须登记收到申请的日期、关于申请者的信息、申请主题的一个简短陈述、接受申请的官员的姓名及其职位、拒绝提供信息的理由、收取的任何费用、关于转发申请的所有信息、回复申请人的日期以及描述准备回复的主要阶段的信息。这个登记被认为是随着申请处理的过程而形成的。如果贯彻情况良好，该登记将构成对申请情况的良好追踪途径。

根据第10条，书面申请必须在两周之内得到回应，该期限从接到申请之日开始计算，到该回应被寄出（包括将其放入邮筒中）为止。如果申请必须被转送至另一个公共机构，则从另一个公共机构收到申请之日起开始计算这两周的期限。如果申请未能在两周之内得到回应（该法未对此作出任何条件限制），公共机构在通知被提供给申请者之后，可能将回应期限顺延两周。未能及时对申请作出回应将被视为拒绝该申请。

当公共机构并未持有被申请的信息时，该机构必须通知申请者该事实；而如果另外的公共机构确实持有该信息，应将该申请转发至后者。如果信息已经被发布，处理申请的官员必须向申请者说明该信息的位置（第12条）。

对申请作出回应的通知必须包含处理该申请的官员的姓名和职位、对申请主题的简单描述、一份所提供文件的清单、撰写通知的日期以及处理该申请的官员的签名。同时还必须包含一个"消耗品费用和信息服务的价格列表"以及该地区处理有关人权、图书馆服务和信息提供的主要国家机构的名称及联系方式［第11条(4)款］。如果拒绝提供被申请的信息，该回复也必须包含该拒绝所依据的吉尔吉斯斯坦法律的规定以及如何进行申诉的信息［第15条(3)款］。这部法律规定拒绝提供信息的任何决定的依据本身必须是公开的［第4条(4)款］，这一点是比较先进的。

第7条(2)款和(3)款、第8条(1)款和第14条解决了满足申请的方式问题。这几条规定对申请的回应在正常情况下，如果技术上允许，应与递交该申请的形式一致（比如口头、书面或者电子方式等）。电子回复可能以文件附件或标明该回复的网络地址的形式完成。如果申请是用传真方式发送，则应在材料的体积"不阻止"该方式的情况下，以同样的方式加以回复。根据第7条(3)款，如果某文件以超出一种语言的形式存在，则该文件应以申请者所期望的语言加以提供。

第13条(1)款规定：一般而言，对于申请的回复正常情况下是免费的，但是第13条(2)款规定申请者应当负担所有的邮递费用。根据第13条(3)款，当申请复印量超过5页时，公共机构可以按照中央政府的价格表征收不超过实际成本的复印费。公共机构可以为穷人提供费用的豁免。

这些规章的主要部分是和其他国家的好的做法相一致的。

公布信息的义务

1. 信息

如前所述，吉尔吉斯斯坦信息权法在大约12款条文中约有8页纸对主动公布信息进行了全面而详细的规定。第16~17条描述了各种必须被颁布的具体信息类型，包括法律、有关当前决策和官方活动的信息、公共机构的年报、公共机构负责人的就职和去职信息、国家和地方预算的通过、价格和税率的改变、与公共财产管理相关的法律行为、外国人所拥有的土地或房屋的分配、国际条约的签订和解决灾难的措施。第18条要求总统的年度国情咨文必须同宪法法院以及调查官员舞弊情况的法官报告，以及国家机构对其在"报告期内"的活动情况，包括主要的统计信息一起发布。第19条和第21条指的是公共机构要向大众传媒及在公众可获得的手册上发布包括对其职能概述在内的材料，同时确立了公共机构需要就其活动向大众传媒提供信息的义务。

第20条提供了一个由36类必须每年发布的信息构成的清单。它包括公共机构的工作及其结构的信息、个人可以和该机构进行交流的程序、关于该机构所拥有的信息以及其管理信息的制度和该机构从事的项目的信息，还包括从国外机构获得的预算和资金的信息以及有关招标和竞争的具体信息。

第22~25条规定了可以直接获得官方信息的渠道。第23条主要规定了通过官方的国家基金会可以提供的直接渠道以及相关规则。这些规则包括诸如建立特别区域供个人研究文件之用，要及时公布信息（比如法案和其他已签署文件的公布时间是一周）等。根据第24条，公共机构必须发送官方报告、手册和其他官方信息给图书馆;而第 25 条要求公共机构开发电子信息数据库,至少要包括现行法律的一个完备的列表。这类电子数据库将是免费使用的。第 31 条要求公共机构联入公共信息网络,建立电子邮件来接受和回复电子申请并在公民可以容易进入的区域创立用户站,比如国家机构大楼、图书馆、邮局等。通过这些方式可以对上述条款进行补充,以便于在实践中疏通电子途径。第 30 条规定公共机构须设立专门单位处理公布信息的事务。

一方面,这些都是非常广泛而且进步的义务,同时也是一些实用的获取信息的途径,如提供场地使个人可以查看文件或进入电子数据库。另一方面,主动公布信息的义务能真正达到何种程度并不是很清楚。该法中被反复提及的信息——比如法律行动、国家机构的联系方式以及外国代表的名单等——在很多国家都已经按照惯例在网上公布,表明这些义务并非像看上去那样广泛。有关招标的具体信息的公开义务给人以深刻的印象,但很多其他的金融信息的表述却非常一般化——比如"关于预算的执行信息",而诸如公务员及其工资的列表这样其他国家规定的信息公布义务在吉尔吉斯斯坦的法律当中是缺失的。

2. 公开会议

吉尔吉斯斯坦的信息权法建立了一套公共会议列席制度,这是相对比较独特的。[①] 第 26 条规定了基本的原则,即公共机构的"会议"(session)对公众和当地法人实体的代表开放,当然全封闭的会议除外。"会议"这一术语到底所指为何并不是很清楚,但是后来该法提到了"行政机构的会议",看起来只包括高级的正式的决策会议。

同一条规定了根据第 5 列出的例外规则而不得对外开放的会议,并且规定了个人申请参会的原则。第 27 条主要是关于通知的,它规定了媒体应该按月公布会议的计划,会议的议程、日期、时间以及地点,并且至少在开会之前一周通知开会地点。第 28 条主要是关于申请参会的具体细节,包括对普通机构而言至少留有 5 个公众坐席,而代表机构(如被选举出来的机构)至少要有 10 个坐席,同时也规定了在申请数量超过实际空间时应当应用的优先原则。最后,第 29 条规定了那些拒绝遵守规章的人可以被请走,同时参会者在不干扰会议的前提下可以做记录并进行录音和录像。

---

① 有些国家制定法律控制公开会议,美国政府的阳光法案(United States Government in the Sunshine Act, 5 U. S. C. 552b)就是一个例子。可见 http://www. usdoj. gov/oip/gisastat。

这些规定被纳入到信息权法之中特别受到欢迎，而且清楚地表明了希望真正地公开的意图。但是，这些规章可能需要进一步细化。纳入到这些规章的范围之中的会议类型也应当被细化。不予公开的原因也应当细化，因为第5条主要是规定例外信息的，因此或许并不完全适合于会议不对外开放这种特别的情况。

例外

跟大多数国家的信息权法不同的是，吉尔吉斯斯坦的信息权法并不包含一个全面的例外规则清单，只是援用保密法而已。第2条(3)款规定信息权法并不适用于公民向公共机构进行建议、投诉和请愿时包含的信息，也不适用于公共机构获得其他公共机构的信息。这两条好像完全被从信息权法中排除，而两者背后的理论依据尚不清楚。

第4条规定，对获取信息进行的合法限制必须符合第5条的规定，而且任何拒绝给予获取权的决定必须依据第15条并建立在第15条的规定之上。第5条(1)款认可了两类保密信息：根据吉尔吉斯斯坦法律规定的国家机密，有关官方秘密或私人秘密的信息。其中私人秘密的界定也是依据吉尔吉斯斯坦法律的规定。第5条(2)款将官方机密定义为公共机构的"旨在保护机构运作的技术上和组织上的规则"以及"封闭的听证会和会议的具体信息"，包括封闭会议中官员的立场以及投票情况。第5条(3)款像其他法律中规定的那样，提到了官员有义务对某些信息保密从而保护诸如隐私、商业利益和职业机密等私人利益。

第15条在保密法的基础上作出了自己的拒绝信息申请的规定，例如，当申请不符合有关口头申请的规定（如第8条规定的那样），当同一个公共机构已经在考虑由同一个人就同一主题提出的申请，或是当该机构并未拥有而且没有义务拥有该信息时。除了有关保密法的规定之外，这些都是拒绝申请的合法原因。

在第5条中（在某种程度上第15条也有所涉及）规定的例外规则的内容主要参照保密法，从方法上看是有问题的，这出于很多原因。最重要的是现有的保密法最不可能尊重构成信息权法基石的公开性标准。例外规则不可能划定清晰而具体的范围。至少有一些例外规则不包含危害测试，因此即使没有危害威胁，该信息仍可能被拒绝披露。保密法不大可能包含公共利益优先条款（在这种情形下，信息仍然必须公开，即使有可能导致对合法保密利益的伤害，而这样做是符合全体的公共利益的）。

同样必须注意的是第 5 条中规定的附加例外规则也会产生很多问题，尤其是那条声称要通过技术上和组织上的规则来保护公共机构运作的条款。这和其他很多信息权法中可以找到的"内部讨论"例外规则比较类似，如果该法规措辞不严谨，很容易被反对信息公开的官员加以严重滥用。吉尔吉斯斯坦的信息权法的表达看起来非常宽泛，因此容易被这样滥用。

从更加积极的一面来看，第 4 条(4)款规定当一个文件包含受限制的信息时，该文件中任何未受限制的信息仍然应当公开（这是可分割条款的一种形式）。此外，第 6 条(3)款规定已经通过别的方式提供信息不能构成拒绝某个申请的理由。

申诉

吉尔吉斯斯坦信息权法只是在第 35 条中简单提及了申诉，规定任何拒绝提供信息的行为，或任何违背法律规定的行为都可以按照现有的法律向上级官员提出申诉，也可以向调查官员舞弊情况的官员或者法院提出申诉。

因此，该规定确认了向上级官员提出内部申诉的权利，这同样可能是一种解决很多问题的有用的方式，尤其是在一种新的信息权制度施行的初期，低层官员可能不愿或者不能改变既定的习惯去采取更加开放的做法。一些关于处理此类投诉的基本程序规则可能成为一种有效途径，至少保证官员们能达到最低要求。向调查舞弊行为的官员提出申诉的权利也是有益的，作为行政复议的一种形式它花费低廉、易行而且快捷。与此同时，在大多数情况下，调查舞弊行为的官员的权力是受到限制的，具体而言，他们不能命令相关机构发布信息而只是有权提出建议。

制裁与保护

信息权法的第 36 条简单地规定，根据现有的法律，不管是因为做了某事还是未做某事而未能依法恰当履行义务的个人将承担"刑事、行政、民事、纪律或物质的责任"。这是对妨碍法律的行为的一种非常宽泛的制裁形式。这种制裁可以通过规定具体的行为方式而得以精确化，比如为了阻止公开而有意地破坏文件的行为将遭到制裁。

这部信息权法并未订立条文保护因贯彻该法或揭发弊端而善意披露信息的行为（揭发者）。

促进措施

吉尔吉斯斯坦信息权法包括一套非常基本的促进措施，这些措施的地位超越了上文已详细列举的主动公布信息的广泛措施。根据第32条，公共机构一般被要求提供为了实现信息权所需的组织条件和其他条件，同时要求遵循该法规定的义务，还要在7天之内更正不精确的信息并保存一个所有必须制作的文件的登记簿。

第33条规定公共机构必须任命信息官员，同时规定公共机构要按照信息权法的规定公开简短的电话信息。第34条规定要和媒体合作来促进该法律的实施，包括告知公众以及号召公共机构在媒体上发布关于它们在贯彻法律方面作出的努力。最后，第37条要求在该法律通过后三个月之内向立法机构提出建议，使其他法律和信息权法达到一致，并向总统建议采取必要的组织措施去贯彻该法律，以及向地方自治政府机构提出建议采取必要措施来贯彻该法律。

但是信息权法并未规定其他的促进措施，比如发布一个使用这部法律的指南、开发一个系统来管理公共信息、承担对公共官员的培训义务或者要求公共机构就其贯彻信息权法时的表现向立法机构进行汇报，以及所有被证实在其他国家有用的措施。

墨　西　哥

概述

墨西哥2002年[①]宪法第6条[②]中有对信息权利的简短保证："国家将保障信息自由。"但墨西哥议会两院与16个州的立法机构又一致通过了一项对宪法第6条的全面的修正案[③]，明显地扩大了宪法对信息权的保护。[④]

---

① 当年国家信息权法律在墨西哥首次获得通过。
② 可从下面网址中获得墨西哥2002年宪法的一个版本，http://historicaltextarchive.com/sections.php? op = viewarticle&artid = 93JHJT1C1。
③ 对宪法内容的修正需要得到16个州的支持。
④ 在2007年7月20日的政府公报（*Diario Oficial de la Federación*）中发表。

新条款的规定包括：个人信息应受到保护，但除此之外所有信息都应当公开，只有在保证法律确定的公共利益的前提下，信息的获取才受到暂时性的限制。应当建立获取信息的便捷系统并使之处于独立机构的监督之下。在这部法律生效后一年之内，必须遵照这部法律的规定设立政府各级信息获取系统以及各分支机构的信息获取系统。① 这可能是世界上仅次于瑞典②的对信息权利最全面的宪法保障。

《联邦透明度和公共政府信息获取法》（信息权法）由福克斯总统于 2002 年 6 月签署生效③，墨西哥由此成为较早通过信息权法律的拉美国家之一。信息权法与宪法修正案一样，是新政府许诺打击腐败、推动墨西哥民主政治的一部分，因而获得国会两院的一致通过。根据信息权法，监督机构有权对各项事务进行规制，其中包括如何确定信息机密程度等重要问题。其中一项应对一系列问题的规章已经于 2003 年 6 月获得联邦公共信息协会（IFAI④）的通过（见下文）。⑤ 墨西哥所有的 31 个州，以及联邦特区（墨西哥城）也都通过了信息权法。

墨西哥的信息权法是同类法律中比较进步的一部。它具有一系列积极的特色，包括强有力的程序保障，以及以创新的方式确保此法适用于所有公共机构，无论其宪法地位如何；并禁止将调查严重侵犯人权或反人类罪行所需要的信息列为机密。该法通过设立"联邦公共信息协会"（IFAI；Instituto Federal de Acceso a la Información Pública）⑥ 这一机构而确立了一个非常强大和独立的监督机制。"人权观察"组织对墨西哥信息权法作出如下赞赏性的评价：

---

① 确切的说是在 2008 年 7 月前。
② 在瑞典，信息权法本身被认为拥有宪法性的地位。
③ 该法英文版见 http://www.gwu.edu/~nsarchiv/NSAEBB/NSAEBB68/laweng.pdf；西班牙文版见 http://www.diputados.gob.mx/LeyesBiblio/pdf/244.pdf。
④ IFAI 译为"墨西哥联邦公共信息公开协会"，简称"联邦公共信息协会"。——译者注
⑤ 联邦公共信息协会于 2003 年 6 月 11 日通过了《调控联邦法律透明度及政府公共信息获取》的规章（Reglamento de la Ley Federal de Transparencia y Acceso a la Información Pública Gubernamental），西班牙文版规章见 http://www.sre.gob.mx/transparencia/docs/reglamento_lftaipg.htm。
⑥ 关于联邦公共信息协会，2006 年 4 月 26 日前任世界银行行长保罗·沃尔福威茨在墨西哥蒙特雷的记者招待会中说过："联邦公共信息协会，这一帮助普通公民获取公共信息的独立机构，给我留下了特别深刻的印象。"具体内容见 http://web.worldbank.org/WBSITE/EXTERNAL/COUNTRIES/LACEXT/MEXICOEXTN/0,,contentMDK:20903722~pagePK:1497618~piPK:217854~theSitePK:338397,00.html。

信息权法可能是墨西哥自2000年选举开始的民主化转变中迈出的最重要的一步。[1]

信息权法的执行产生了积极的成效。"促进公开社会正义"组织的一份研究表明,在对"沉默的拒绝"(指不对公众的信息申请作出答复)比率的调查中,墨西哥的数字比参与调查的其他13个国家都低[2]。此外,"对获取信息的要求加以积极回应"的比率这一项,墨西哥也有较好的表现。一份关于联邦公共信息协会和在墨西哥提倡透明文化的报告在开篇就提出:"在世界各国的信息自由法中,墨西哥处于领先地位"。[3]

信息获取权

墨西哥信息权法第2条全面规定,个人可以获取政府拥有的所有信息。而第1条则阐述了该规定的目的,即确保公民有权获取由政府、宪法保障的自治团体和其他合法机构以及任何其他联邦实体拥有的信息。第4条进一步阐述了信息权法的6个目标:确保信息获取过程简单、程序便捷,促进公共行政的透明化,保护个人信息,推动公共事务问责制的实行,提高档案记录的管理,推动墨西哥的民主化和法治化进程。最后,第6条[4]规定,在对信息权法进行解释时,必须优先考虑公共机构透明度原则。该条还规定,对于信息权法的解释必须符合墨西哥宪法、《世界人权宣言》[5]、《公民权利和政治权利国际公约》[6]等相关国际条约和联合国人权条约确保言论自由的相关原则。

上述条款结合在一起为信息权法的制订和实施提供了良好的背景并对负责贯彻该法的人提供了有力的指导。

信息权法将"信息"定义为由公共机构产生、获取、占有、转换或保

---

[1] *Lost in Transition: Bold Ambitions, Limited Results for Human Rights Under Fox* (Human Rights Watch, 2006),电子版见 http://hrw.org/reports/2006/mexico0506/ mexico0506web.pdf。

[2] 见 *Transparency and Silence: Survey of Access to Information Laws and Practices in Fourteen Countries* (Open Society Justice Initiative, 2006), p. 43. 电子版见 http://www.soros.org/resources/articles_ publications/publications/transparency_ 20060928。

[3] Sobel, D. and Bogado, B., *The Fderal Institute for Access to Public Information in Mexico and a Culture of Transparency*, February 2005, Executive Summary. 具体内容见 http://www.global.asc.upenn.edu/index.php? page =32。

[4] 信息权法的第6条于2006年6月6日进行了修订。

[5] 联合国大会第217A(III)号决议,1948年12月10日通过。

[6] 联合国大会第2200A(XXI)号决议,1966年12月16日通过,1976年3月23日生效。

存的档案中所包含的一切内容。同样，该法对"档案"的定义是，与公共机构行使职能或开展活动以及公职人员相关的一切记录，无论其具体的形式、来源、生成时间和生成方式。这是对"档案"相对宽泛的定义，但令人遗憾的是，它受到该法中对有关公共机构职能与活动的档案文件的大量约束性规定的限制（第3条）。

信息权法对两类公共机构承担的义务分别作出了规定。所有公共机构，都被定义为"受法律制约的主体"，然后对其中的一部分公共机构进一步定义为"机构和实体"。该法对属于"机构和实体"（基本上是政府的行政部门）的公共机构的义务进行了更严格地规定，而对"其他"公共机构承担的义务规定则相对简单。

所有"受法律制约的主体"（公共机构）包括：
- 联邦行政和公共管理部门；
- 联邦立法部门，包括众议院、参议院、常设委员会和其他机构；
- 联邦司法部门和联邦司法委员会；
- 由宪法保障的自治团体；
- 联邦行政法庭；
- 任何其他联邦机构。

由宪法保障的自治机构进一步被界定为包含联邦选举机构、国家人权委员会、墨西哥银行、大学和其他任何依据宪法规定而建立的机构。

"机构和实体"，即上述带标记的第一条，是指在"宪政联邦公共行政法"中指明的机构，包括总统和分散的行政机构，如总检察长办公室。

该法对"公共机构"的界定总体而言是宽泛的，因为它包含了各级政府和所有部门。但与此同时，这一界定并不一定包括由政府资助或承担公共职能的私营机构。

该法律的第一部分适用于所有公共机构。但第二部分内容包含大部分的程序性规定和包括联邦公共信息协会在内的监督系统，仅适用于"机构和实体"，即政府的行政部门。该法第三部分的适用对象限于其他公共机构，主要是政府的立法和司法部门和五个自治机构。这一部分内容非常简短，只含有两个条款，但它试图将第二部分中的许多义务和监督职能加以合并。通过这样新颖的方式，信息权法将政府三个体系的部门机构都加以规定的同时又尊重了宪法保障的权力分割。同时，这导致对该法的差异化运用，使行政部门（机构与实体）受到独立性更强的机构更严格的监督。

本节将和对墨西哥信息权法的分析一样，将重点集中在"机构和实体"的职责上。

程序保障

任何个人均可向任何公共机构设立的联络部门（见下文，"促进措施"部分）提交获取信息的申请。提交方式可以是信件（包括电子邮件）或任何被许可的形式。在提交获取信息的申请中必须包括申请人的名称和地址、对所需信息的清楚描述、任何有关的事实和申请人希望的信息公开方式。法律明确规定，公共机构决定是否披露所索取的信息不应受到申请者动机的影响。如果对所需信息无法作出清楚描述，或者个人在提出获取信息的申请时存在不识字等困难，联络部门有义务提供援助（见第40~41条和暂行第8条）。

公共机构对于获取信息的申请必须尽快回复，任何情况下不得超过20个工作日。一旦申请人已支付相关费用（第44条），公共机构必须在其后10个工作日内提供所需信息。一项特殊规定认为一旦公共机构未能在规定时限内作出回复决定，将被理解为接受申请人的要求。除非联邦公共信息协会确定申请人所需信息属于机密，否则该机构在其后10日内有义务向申请人免费提供所需的信息（第53条）。

一旦信息被视为机密，则所有机构和实体中的监督部门——委员会（见下文）必须立即被告知这一事实以及保密的依据，这些关系到是批准这一保密决定还是将其撤销并提供获取该信息的权利。同样，如果档案找不到，委员会必须知情，如经采取"适当措施"后依然无法找到，则可以确认该机构或实体不持有该信息（第44~46条）。

公共机构只需向申请人提供它拥有的信息（第42条）。但是，如果一个机构并不持有被申请的信息，则必须将这一申请转发给拥有该信息的机构（第40条）。虽然，该法关于通知第三方的规定不多，但该法确实要求涉及申诉的文件必须指明任何利益相关的第三方（第54条）。而关于申诉审理的第55条一般会给予第三方当事人某些权利。该法还从总体上规定须按照规章订立处理信息获取要求的"内部程序"（第44条）[①]。

[①] 联邦公共信息协会于2003年6月通过了一项信息申请程序的规定。联邦公共信息协会于2003年6月11日通过了《调控联邦法律透明度及政府公共信息获取》的规章（Reglamento de la Ley Federal de Transparencia y Acceso a la Información Pública Gubernamental），西班牙文版规章见http://www.sre.gob.mx/transparencia/docs/reglamento_lftaipg.htm。

一旦申请要求得到满足，申请人必须被告知所需费用和获取信息的方式（第44条）。如果申请被拒绝，该机构的委员会也支持这一决定，申请人必须在时限内被告知这一结果、拒绝的理由和申诉的方式（第45条）。如果该机构并不持有申请的信息，必须向申请人提供相关的确认通知（第46条）。

如果条件允许，信息公开的形式必须符合申请者的要求（第42条）。否则，就应该按照规章制订信息获取的各种具体方式（第44条）。

墨西哥信息权法规定相关费用采取累进制的方式。获取信息的费用必须依据《联邦职责法》[1]的规定，不得超过复制、递交该信息所需的成本，并且不包括寻找和整理信息所需的成本（第27条）。查阅个人资料是免费的，但是适当的信息传递费还是可以收取的（第24条）。目前允许的收费额是普通复印件每页1比索（0.09美元），核准副本每页20比索。[2]

上述程序只适用于"机构和实体"，而非其他公共机构。该法第61条试图从总体上要求其他公共机构以类似"机构和实体"的方式来处理信息获取申请，要求它们"按照与信息权法确定的原则和期限相符的一般性规定或协议，在各自领域内建立承担个人信息获取服务的机构、标准和具体程序"。信息权法特别要求这些公共机构在一年之内，建立保障信息获取的若干制度和机构，包括联络部门和获取信息所需的程序。它们还必须提交一份关于保障信息获取活动的年度行动报告（第62条和暂行第4条）。

作为一项有趣的创新点，信息权法规定，信息的获取申请和答复本身都应该公开发布（第47条）。在实践中，整个申请过程可以通过"信息申请系统"进行电子化操作，该系统有一个单独为此而设的网站。[3] 该系统还包括发布问题帖子及提供答复的功能。该系统还向公众提供自2003年以来所有可以获取的电子文件。

公布信息的义务

信息权法第7条规定了公共机构信息公布的宽泛责任并使之受到例外规章的约束。它规定，所有的公共机构都必须按照联邦公共信息协会（针对机构和实体）或其他有关监督机构（针对其他公共机构，它们自行建立或

---

[1] 该法于1981年12月31日起生效。内容可见 http://www.diputados.gob.mx/LeyesBiblio/pdf/107.pdf。
[2] 这表明不同的公共机构的收费方式不同，一些按页数收费，其他的则按整个文件收费。
[3] 具体见 www.sisi.org.mx。

指派从事信息获取服务的部门）颁布的条例，公布 17 类可以获取、易于理解的信息。① 这些信息包括该公共机构所从事的一般业务，提供的服务、程序和表格，补贴计划，签订的合同，提交的报告和可以参与的机会。更重要的是，第 12 条规定了公共机构必须公布其管辖的所有公共资金的数额和接受资助者的信息，这一点表明制定该法的一个重要动机就是对于腐败问题的高度重视。

信息权法明确规定了如何确保信息能够被获取，包括通过电子方式的远距离获取和通过本地系统的获取。其中一个重要的规则是，为了方便公众获取可以主动披露的信息，每一个机构都必须为公众提供一台配有打印设备的计算机，并在用户需要时提供帮助（第 9 条）。

该法还包括了一系列有关信息公布的具体指示。根据第 8 条的规定，司法部门必须公开所有的裁决，但相关个人可以拒绝公开其私人信息。机构和实体必须将所有规定和行政安排在正式通过前 20 天对外公布，除非提前公布可能阻挠这些规定的通过。政治党派和团体向联邦选举机构提交的报告和关于这些组织团体的任何形式的审计在完成后须尽快公布（第 10~11 条）。各类机构每半年也须对所拥有的机密信息制作索引，说明制作该机密信息的所属部门。确定机密的日期和保密期限。该索引在任何情况下都不被视为机密（第 17 条）。

例外

信息权法确立了相当明确的例外规章并主要通过保密体系来运作，尽管在这一体系中存在一些潜在的漏洞。第 14 条规定，由其他法律明确要求保密的信息就属于例外规定中的一种——特别是受到法律保护的商业、工业、税务、银行机密和信托秘密——这在一定程度上确立了现有的保密制度。

只有部分例外要进行危害测试，而具体的危害标准各有差别。第 13 条一般性地规定，例外源自信息的披露"可能"导致消极后果，但对危害程度的认定标准却相差很大——从"损害"、"危害"或"伤害"至"严重损

---

① 关于这一点在联邦公共信息协会 2003 年发布的规范第 8~25 条中有进一步的阐述。联邦公共信息协会于 2003 年 6 月 11 日通过了《调控联邦法律透明度及政府公共信息获取》的规章（Reglamento de la Ley Federal de Transparencia y Acceso a la Información Pública Gubernamental），西班牙文版规章见 http://www.sre.gob.mx/transparencia/docs/reglamento_lftaipg.htm。

害"。第14条所规定的例外情况——其中大部分涉及其他法律,如在调查尚未作出结论时以及内部审议(见下文)——并未规定危害测试。然而,根据联邦公共信息协会在2003年通过的条例,当公共机构根据信息权法第13条、第14条、第18条来决定是否将文件划分机密等级时,机构的负责人必须考虑到公开这些文件可能会造成的危害。

联邦公共信息协会(或对联邦公共信息协会管辖之外的公共机构进行监督的相关独立组织)的任务之一就是制定信息加密和解密的标准,[①]并监督与之相关的整个系统。行政主管单位被信息权法定义为持有信息的公共机构的组成部分,实际负责信息的加密与解密。联邦公共信息协会可在任何时候获得被列为机密的信息,以确定它是否被正确加密(第15~17条)。

信息权法没有规定公众利益优先原则。但是,第14条中的确有一个特殊并十分积极的规定,"当对严重侵犯人权的行为或反人类的罪行进行的调查遇到障碍的时候"禁止对相关信息的保密。这一规定将会促进人权和人道主义工作。

第43条规定可以部分地披露信息(可分割性),"只要信息所属的这些文件容许保留机密的部分或章节不被泄露"。

信息权法第13条、第14条对信息保密规定了严格的时间限制,至多12年。在保密理由不再成立或当保密期结束时,被保密的信息应当解密,尽管这不影响其他法律。这种时间限制在特殊情况下,如最初加密理由仍然成立时,可由联邦公共信息协会或有关监督机构加以延长(第15条)。在具体实践中,这种情况相对罕见。

第48条包含了一般性的例外规则。它规定:对于一些冒犯性的要求或同一人反复提出的已经回应的相同申请则不必进行处理。目前还不清楚"冒犯性"要求具体指的是什么,但在其他一些信息权法中是指无理取闹的要求。另一个一般性例外是已经公布的信息并不需要提供给申请人,但在这种情况下,联络部门必须协助申请人寻找到已公布的信息(第42条)。

第13条规定了特殊例外,即披露信息可能会导致下列情况:
- 危及国家、公众安全或国防安全;
- 损害正在进行的谈判或国际关系,包括泄露有关其他国家和国际组织的保密信息;

---

① 联邦公共信息协会2003年发布的规范中包含对信息分级更宽泛的标准。

- 损害国家的金融或经济稳定；
- 对个人生命、安全或健康构成威胁；
- 严重妨碍执法，包括妨碍预防或起诉犯罪、司法行政、征收税款或移民管制。

上述规定是拒绝信息公开的合法理由并存在于许多国家的信息权法中。

第14条在由其他法律规定的这些例外（详见上文）的基础上增加了以下的例外情形：在调查之前，[①] 法庭在裁决前审理的文件，针对公务员但尚未作出裁决的文件，官员在决议形成之前的商议中提出的意见、建议或观点。这些例外的主要问题在于缺乏测试，而且例外本身过于宽泛。

信息权法第18条、第19条还规定对私人信息进行保护。当个人提供信息给公共机构时，后者必须说明应对什么信息予以保密（仅在它们有合法权利对信息加以保密时），然后此信息只可在征得信息提供人同意之后才能公布。这一规定得到了专门保护个人信息的第一部分第4章内容的支持，第3条(II)款中对个人信息进行了定义：个人信息属于某一自然人，有关他或她的"民族或种族血缘的信息，涉及身体、精神或情绪特征的信息，感情和家庭生活的信息，住所信息，电话号码，遗产信息，意识形态和政治观点，宗教或哲学信仰与信念，身体或精神健康状况，性取向，或任何类似的可能会影响到他或她的隐私权的信息。"除了医疗需要或公共机构之间按照行使权力的适当方式交换信息等例外情况，一般而言，上述个人信息未征得当事人同意不得公开。第4章还给予公共机构或个人纠正个人数据的权利（第21条和第25条）。

申诉

对于机构的投诉必须首先由联邦公共信息协会经手再向法院提起诉讼。在下列情况下申请人在接到公共机构拒绝申请的通知后的15天内可以提出申诉：拒绝提供所需的全部或部分信息，拒绝申请人对个人信息的及时修正和回顾，获取信息的成本或形式出现问题（第50条）。申诉时限极其短暂可能使一些申请人来不及提出申诉。投诉本身必须包含被申诉的机构或实体的名称、申诉人名和任何第三方当事人名或机构名、申诉事由发生的日期、申诉内容、论据和任何与此案相关的正式文

[①] 具体含义不清楚。

件的副本（如拒绝申请的通知）（第 54 条）。投诉文件可交付被投诉机构的联络部门，该部门收到投诉文件后的第二天必须将其转发给联邦公共信息协会（第 49 条）。投诉也可直接交付联邦公共信息协会或通过信息申请系统转交。信息申请系统会自动向被申诉公共机构发出通知并在联邦公共信息协会内启动申诉程序。

一位调查委员会的成员必须在 30 个工作日对申诉主张进行调查并向所有成员作出报告。在其后的 20 天内，委员会必须对申诉作出裁决。上述时间限制基于正当的理由可以延长一倍（第 55 条）。如果相关公共机构没有在时限内对申诉作出回复，联邦公共信息协会应该迅速处理该项申诉（第 54 条）。在下列情况下，提起申诉可能会遭到拒绝：申请行为超过申诉时限，联邦公共信息协会已经作出明确裁断，申诉内容与委员会决定无关，或法院正在受理该申诉（第 57 条）。

在联邦公共信息协会支持公共机构的原有决定并否决申请人申诉的一年之后，申请人可以要求联邦公共信息协会重审，联邦公共信息协会必须在 60 天内对原申诉作出第二次裁定（第 60 条）。

第 33 条规定设立联邦公共信息协会这个独立的公共机构，专门负责促进信息权、行使申诉机构的职能、处理关于拒绝披露信息的投诉并保护个人信息。信息权法确立了若干规定来促进联邦公共信息协会的独立性。联邦公共信息协会的五个专员由政府的行政部门提名，在提名公布后 30 天内，参议院或常设委员会可以通过投票的方式否决提名。被提名人必须符合下列条件：墨西哥公民，没有被判过欺诈罪，35 岁以上，没有明显的政治关系，"在职业活动中有杰出表现"（第 34 条和第 35 条）。

专员任期为 7 年，符合下列情况的将撤销其职务：严重（或屡次）违反宪法或信息权法，其行为或不作为危害了联邦公共信息协会的工作，已被定罪而受到监禁（第 34 条）。首任五位专员中的两位任期为 4 年，并可能再延长 7 年（暂行第 5 条）。

联邦公共信息协会可以接受、拒绝或修改申诉，且其裁决应包含限令公共机构执行裁决的时限（第 56 条）。该裁决为最终裁决，但申请人可向联邦法院提出上诉（第 59 条）。

如同联邦公共信息协会处理针对"机构和实体"的申诉一样,其他公共机构也有义务为申请人提供类似的申诉服务(第61条)。

制裁与保护

通过以下方式不遵守信息权法的公务人员将负有行政责任:销毁资料,疏忽性、欺诈性或故意拒绝申请人获取非保密信息,或拒绝执行委员会或联邦公共信息协会的命令公开信息。公务人员出现这些错误,以及任何其他不遵守法律规定的行为,将根据《联邦公务人员行政责任法》的规定受到惩处。多次犯错的将会受到严惩(第63条)。

信息权法同样基于《联邦公务人员行政责任法》的内容,规定了官员泄露机密信息所应担负的责任。其中少数几条规定很可能会对公开化文化的发展造成阻碍,促使官员倾向于保密(第63条),从而犯错。与墨西哥不同,许多国家的信息权法专门为那些根据法律要求而出于善意公开信息的官员制定了保护性的条款。

促进措施

墨西哥信息权法规定了一些有趣的程序性机制来促进法规的有效执行。所有公共机构必须建立"联络部门",相当于其他一些法律中的"新闻官员",其职责包括:确保主动发布规定的信息,接受、处理获取信息的申请并给予申请人帮助,确保相关程序得到执行,建立机构内部程序来有效处理获取信息的要求,承担相关的培训,记录申请信息和执行结果。"联络部门"的上述职能必须在信息权法正式生效的6个月内建立,并在其后的6个月内实现正常运转(第28条和第62条,暂行第3条和第4条)。

该法还规定,除少数的例外,每一个机构和实体都要建立由公务人员、联络部门负责人和内部监督机构负责人组成的信息委员会。该委员会负责协调和监督该公共机构的一切信息行为,建立信息程序、监督信息保密、同联络部门共同确保包含申请人所需信息的文件能够被找到、建立文件维护标准并监督执行情况并确保向联邦公共信息协会提供其年度报告所需的一切信息(参见下文)(第29~31条)。

联邦公共信息协会拥有众多职能,除了前文已经提到的,还包括:通过颁布行政法规的方式解释信息权法,监督法律实施并对违规行为进行劝导,向个人提供咨询意见,确定信息获取的各种方式,促进相关培训,制作如何使用信息权法的简单指南（第37条和第38条）。

信息权法第9条对管理文件作出了一般性的规定："机构和实体"必须按照联邦公共信息协会颁布的条例处理信息，包括信息的网络化。第32条规定，联邦公共信息协会必须与国家档案馆合作建立"行政文件、档案编目、分类和保存的相关标准"。

联邦公共信息协会负责向国会提供年度报告，其内容至少应包括"每一个机构和实体收到的信息申请的数量和具体结果，机构的反应时间，联邦公共信息协会处理的事件的数量及结果，内部监督机构介入前的指控状态和在执行该法方面遇到的任何困难。"因此，联邦公共信息协会应该向不同机构的委员会公布指导方针，使之遵循第29条(7)款，为联邦公共信息协会提供所需的一切信息（第39条）。如同对联邦公共信息协会的要求一样，其他公共机构也必须准备自己的报告并将报告副本提供给联邦公共信息协会（第62条）。

秘　鲁

概述

1993年秘鲁宪法保障公众对公共机构所拥有信息的获取权。[①] 这一保障规定，公众不需提供理由即可申请获取"需要的"信息。宪法还规定对"银行业秘密信息和与税收相关的机密信息"以及私人和家庭信息给予更显著的保护。[②] 秘鲁政府以立法的方式确认上述宪法保障，在2002年8月通过了《透明化与公共信息获取法》，公众的信息获取权也不再限于"需要的"信息。[③] 然而，这一法律不但因其规定了非常广泛的例外规章受到批评，而且受到了申诉调查官员发动的司法挑战。[④] 因此，在该法生效后不久，秘鲁政府就于2003年2月再次颁布该法的修订版，以帮助解决上述问题。

秘鲁制定的信息权法是一部先进的法律，在最大限度公开信息的前提下

[①] 见第2条(5)款，http://www.idlo.int/texts/leg6577.pdf。

[②] 见第2条(5)款和(6)款。

[③] 第27.806号法律，其修正案内容见http://www.justiceinitiative.org/db/resource2/fs/?file_id=15210。

[④] 见 Committee to Protect Journalists, *Attacks on the Press 2002*, http://www.cpj.org/attacks02/americas02/peru.html。

包含了确保信息权所需要的所有关键性内容。在某些方面，该法的规定简单明了，省去了一些从其他法律可以得知的细节。但是，该法对于主动公开信息，特别是有关金融信息，作出了也许比任何其他国家的信息权法都要详细的规定。

信息获取权

秘鲁信息权法律明确规定了公众获取公共机构所持信息的权利。信息权法第1条指出制定该法的目的是为了"促进国家行为的透明化程度"，并规范由宪法赋予公众的信息权。第7条规定任何个人都有权申请和接收来自公共机构的信息。第3条也支持了这一权利，并规定国家掌握的所有信息，除了属于例外规则规定的信息，都应被假定为公共信息，而国家有义务按照"公开披露原则"满足公众获取信息的申请。除了笼统而明显赞成信息公开之外，该法没有对它的具体目的作出详细的说明。

该法第10条主要是对信息权法中"信息"涵盖的范畴作出详细的界定。它指出，公共机构有义务公布信息，不论信息的保存形式是"书面文件、照片、录音、磁带或数字设备或任何其他格式"，只要信息是由该实体生产、持有或控制。此外，所有基于行政性质的决定并由公共财政预算承担费用的文件记录，包括官方会议的记录，都属于公共信息。第3条进一步详细规定，公共机构的所有活动和规章必须遵守"公开披露原则"。

这是一个宽泛的定义，虽然并不完全清楚其包含的限制性规定可能会有什么效果。由公共实体"创建或持有的信息"，似乎涵盖了绝大多数可能被视为公共的信息。信息必须由公共机构拥有或控制的规定同样是合理的，只要私人机构存档的信息被视为在如此保存该信息的公共机构掌控之下，而且该公共机构能随时获取所存信息。

信息权法第2条中将公共机构界定为《普通行政程序法》的第27.444号预备法令（Preliminary Law No. 27.444）第1条中包括的那些机构。下列机构都属于信息权法界定的公共机构：政府系统的三个分支部门（行政部门，包括各部委和分散的公共机构；立法机构；司法机构），地区和地方政府，由宪法或其他法律赋予自主权的组织机构，其他的"凭借行政权力得以运作的国家的有关机构、组织、项目工程和计划"，提供公共服务或"经政府特许、授权、委托"而拥有行政权力的私人法律机构。

信息权法第8条进一步规定，国有企业也"遵守本法规定的信息公开程序"；第9条规定，私人法律实体"根据27.444号预备法令第1条第8款的要求"（见上文）"是有义务告知公众所从事的公共服务的特点、成本和行政职能。"和公共机构相比，私人法律实体承担更为有限的信息义务。

正如上文指出的，信息权法给予所有人信息获取权（第7条）。为明确这一点，第13条特别规定，不能因为申请人的"身份"而拒绝其获取信息的申请。

程序保障

通常应向公共机构里指定的处理信息问题的官员提出获取信息的申请，如果并不存在此类官员，则可直接向拥有信息的官员或其顶头上司提出申请[第11条(a)款]。法律规定不需任何理由就可以提出获取信息的申请（第7条），但规定直接向拥有信息的官员提出申请则可能出现问题，因为申请人常常不知道所需信息的拥有者是谁。

正常情况下，公共机构应在7个工作日内回复申请，如果存在信息搜集非常困难的情况，回复时限可再延长5个工作日。在这种情况下，公共机构必须在7天时限届满前以书面形式告知申请人[第11条(b)款]。这一时限规定，即使与其他大多数国家的信息权法比较，都显得很短。因此，这一时限规定可能会因为难以被遵守而遭到诟病。当公共机构无法在上述最终时限内作出回复，则被认定为拒绝了信息获取申请[第11条(b)款、(d)款和(e)款]。公共机构的回复含糊不清，则可能被视为对该申请没有完整履行回复的责任（第13条）。收到申请的公共机构如果并不持有该信息但知道该信息的持有方，则应告知申请人[第11条(b)款]。

第13条规定，只有属于第15～17条规定的例外情况，才能拒绝相关的信息获取申请，公共机构必须告知申请人拒绝的原因和所需信息的保密期限。上述规定，特别是对公共机构公布信息保密时限的规定对保护信息权有积极作用。该法对于拒绝回复的规定，和一些其他程序性规定一样，显得更加详细。例如对所有拒绝通知中都应包括的内容作出了详细的规定。此外，在实践中这些规定是通过不予遵守或者干脆不加回复的方式来贯彻的。

第20条对相关费用作出了规定。申请者必须承担复制所需信息的费用，但收取任何额外费用将被视为对信息获取权的限制，应受到制裁（见下文）。每一个公共机构必须在其《行政程序规章》（Texto Unico de

Procedimientos Administrativos——TUPA）中详细列出合法的费用数额。这种仅限于复制信息成本的收费规定是非常先进的。与此同时，制订统一的收费单据将防止不同机构收取不同的费用。另外在某些情况下，例如申请人是穷人，公共机构可以考虑免除信息费用。

和许多国家信息权法的模糊解释不同，秘鲁的信息权法明确地作出如下规定，即公共机构无须创造或生产它们没有或无须拥有的信息，当出现对该种信息的申请时，公共机构必须告知申请人这一事实。公共机构也无须公布对其持有信息的评估和分析（第13条）。这样的规定并非毫无道理，但是，当公共机构甚至拒绝执行某些很简单的操作时，例如从数据库中自动提取某种格式的信息，该规定可能被当做这一拒绝的依据；而实际上在其他情况下，这一操作会被认为是信息权的一个组成部分。

秘鲁信息权法对类似法律中一些常见的程序事项没有加以规定。该法并不要求公共机构对申请人提供所需的援助，例如当申请人是文盲、残疾人或难以充分说明他们所要信息的详情时；不要求公共机构在收到申请后作出确认；它不要求信息申请涉及的第三方参与磋商；该法也没有对是否允许申请人指定所需信息的保存格式，例如电子版、复印版等，作出任何规定。尽管它确实有一条先进、可操作的规定，即申请人应在工作时间内"直接、立即获得"所需的信息。

公布信息的义务

秘鲁信息权法值得赞赏的一点是，它极大地扩展了公共机构主动公布信息的责任。除了贯穿整个文本的数条规定之外，该法用"第4章：透明的公共财政管理"的全部大约14条的篇幅对这一问题进行了规定。

第5条规定，政府部门根据预算需要通过互联网公布下列信息：部门机构的一般性信息，预算信息，所有工作人员的工资信息，政府采购和服务的详细信息，以及涉及高层官员公务活动的有关信息。此外，公共机构必须公开指定负责开发网站的官员。第6条规定建立网站的最后时限（例如，中央政府各部门的最后时限是2003年7月1日），并要求预算主管部门在分配预算时对此加以考虑。

正如上文所指出的，信息权法第4章对主动公布信息的义务作出了极其详细和广泛的规定。就全球所有信息权法的相关规定而言，秘鲁信息权法对于公共机构，特别是属于公共财政领域的公共机构，应承担的主动公布信息的义务作出了最为繁复的规定。它包括法规目的和定义部分（第 23 条）和对信息公布机制的规定（第 24 条）。后者要求公共机构根据财力不同，通过互联网、各大报纸或在人口稀少的地区选择合适的方式公布信息。所公布的信息中应包括信息收集使用的具体方法并对相关术语加以解释，从而允许公众能够对该信息作出适当的分析。公共机构必须按季度进行信息的公布并在每一季度的最后 30 天内完成工作，所公布的信息必须包含前两个季度的，以便进行比较分析。

该法对于一些特殊机构规定了具体、明确的责任，如经济和公共财政部、全国资助国有企业基金和负责政府合同与采购的高级理事会。此处无须赘述在该法第 4 章基础上对上述机构作出的详细具体的义务规定，可以肯定地说，该规定涵盖诸多信息，包括：预算信息，员工信息，项目、合同和采购信息，宏观的经济信息和经济预测（如税制改革对公共财政预算和社会经济可能产生的影响）。某些特定信息甚至被规定应至少在全国大选前 3 个月对外公布，如对政府本届任期内成绩的回顾和对今后 5 年国家财政状况的预测。

例外

信息权法的第 15~17 条规定了信息获取权的例外情况。第 15 条涉及"秘密信息"，主要是指军事、情报信息；第 16 条规定了"专用信息"，主要是与警察、司法系统相关的信息；第 17 条规定了"机密信息"，包括一系列其他类型的例外情况；第 18 条对上述例外情况的发生条件作出规定。

第 18 条规定，拒绝信息获取申请的唯一理由必须来自于第 15~17 条的规定。这些理由可能不会被"小范围惯例"（norm of a lesser scale）这一规范所推翻，并通过严格的方式加以解释。虽然存在上述具有进步性的一般性规定。但是，第 17 条(6)款包含一个针对受到国会或宪法立法保护的所有信息的例外规定。第 17 条(2)款甚至进一步把对机密信息的司法保护应用到银行、税务等各个领域。① 这些规定使得信息权法不能推翻国会已经通过的其他法律以及更低级别的法律规定中含有的保护信息秘密的规定。

---

① 如前文所述，这与宪法第 2 条(5)款的规定一致。宪法第 2 条(5)款对此类信息提供了广泛的保护。

秘鲁信息权法确立了一个带有信息分类体系的复杂的关系结构。它规定只有各部门主管或各部门指定的官员可以对信息进行分类。该法进一步规定了信息可被定为机密的一系列标准，它们构成了例外情况的主体。由此可以推定，不符合上述标准的信息即使被定为机密仍然可以公开。

在信息权法中对许多例外情况的提出确实包括公布信息可能造成危害性后果这一判断标准。然而，该法并不依据这一标准，就将国家情报委员会（Consejo Nacional de Inteligencia，CNI）的情报和反情报活动信息完全纳入规定的例外情况（第15条）。此外，大多数有关国防（即在信息权法中被称为军事机密）的信息，也都不考虑是否有危害性后果，而直接纳入该法的例外情况之中（尽管有些信息确实包含危害测试）。该法在判定军事基地的防御计划、与国家安全相关的技术规划等类型的信息是否属于例外的规定时，同样并不依据公布信息是否具有危害性这一判断标准。相比之下，该法对于情报信息（但不包括国家情报委员会的情报，见上文）、"专用信息"和"机密信息"的例外情况的规定主要还是依据是否造成危害这一标准。尽管在某些情况下，危害的具体标准定得很低，如"可能危及"或"可能会带来危险"。

值得注意的是，信息权法规定与公共机构内部决策相关的信息属于例外情况，不论公布此类信息是否会造成危害性后果。因此，公共机构决策过程中的意见、建议或观点信息属于机密信息。当公共机构完成了决策，同时确实参考了该意见、建议或观点信息时，这种例外才能够被"终止"。由此可见，与公共机构进行决策相关的背景性文件可一直处于保密状态，即使与之相关的工作已经完成。

虽然，该信息权法并不包含因公共利益而产生的一般性优先原则。但第18条却包含两条带有"公共利益"的优先规定。首先，任何与侵犯人权或《1949年日内瓦公约》（Geneva Conventions of 1949）相关的信息不能被视为机密。此外，不得利用信息公开的例外破坏秘鲁宪法中的规定。

其次，以下机构成员根据其恰当行使职能的具体需要，有权获取免于公开的信息：国会、司法机构、总控机构（Contralor），以及人权监察员（Defensor del Pueblo）。例如，法官在某一具体情况下在行使职权时以及出于获取真相而需要时，可以获取机密信息。人权监察员出于维护人权的目的同样有权获取机密信息。

信息权法第19条对信息分割作出如下规定：对于含有保密内容不予公

开的文件中的其他非保密信息必须予以公开。第 15 条对过时信息的公开作出了规定，但该规定只适用于属于其规定范围的防务和情报信息。对于被定为机密且至少需保密五年以上的信息提出的获取申请符合如下条件时可以被满足：所求信息的有关部门主管宣布公布该信息不会对公共安全、领土完整和民主造成损害。如果这一申请被拒绝，有关部门主管必须以书面形式向申请者提供拒绝理由，并将拒绝理由转交给拥有信息解密权的政府内阁。

秘鲁信息权法规定如下信息免于公开：

- 与军事相关的保密信息，由几个子类别信息组成［第 15 条(1)款］；
- 与情报相关的保密信息，由几个子类别信息组成［第 15 条(2)款］；
- 与预防和打击犯罪相关的保密信息，由几个子类别信息组成［第 16 条(1)款］；
- 一经公开即会损害国家间的谈判进程或产生负面外交影响的信息［第 16 条(2)款］；
- 公共机构内部决策性材料，如上所述［第 17 条(1)款］；
- 被银行业、税务、工业、商业、技术和证券交易规则保护的信息［第 17 条(2)款］；
- 与正在进行的由行政机构许可的行政性调查有关的信息免于公开，直到该调查结束或调查时间超过 6 个月［第 17 条(3)款］；
- 由公共司法顾问制作或得到的涉及法律策略或法律特权的信息资料免于公开，直到与之相关的司法进程结束［第 17 条(4)款］；
- 一经公开将侵犯隐私权的个人信息［第 17 条(5)款］；
- 任何其他法律予以保密的信息［第 17 条(6)款］。

申诉

秘鲁信息权法对于申诉作了基本的规定。根据第 11 条(e)款，如果一项信息获取申请已被拒绝，或者公共机构在截止日期前未作回复而被视为拒绝；如果该公共机构受辖于其"上级部门"，申请人可以向该公共机构的"上级部门"提出申诉。第 11 条(f)款规定，如果申诉被拒绝，或在提交申诉之后的 10 个工作日内公共机构没有回应，那么行政性的申诉程序就此结束，申请人可以提出司法上诉。在条款中规定公共机构在收到申诉之后的 10 个工作日内必须回复的做法似乎更为可取，但即便如此也可能无济于事。

除了规定了上述公共机构的内部申诉程序外，信息权法没有申请人向独立的行政机构,如信息专员或监察员,进行申诉的规定。

信息权法第11条(g)款依据"行政执法程序"、"关于人身信息的宪法保护程序"① 对信息获取的司法申诉作出的规定,受宪法第200条(3)款的保护并有相关法令的规定。

制裁与保护

信息权法第4条规定,公共机构都必须遵守该法的规定。对不遵守该法规定的官员或公务员(即该法所涉及的公共机构而非私人机构的员工)予以制裁,并依据刑法典第377条对于滥用权力的规定对"违法行为严重的官员提起刑事起诉"。第14条对此规定予以加强,它规定,主管官员"随意阻挠"公众获取信息、对信息获取申请回应不充分或妨碍信息权法的执行将根据第4条的规定被追究法律责任。

第4条还规定,公共机构的官员不应由于遵守该法公布信息而遭到"报复"。另一方面,第18条规定,官员必须确保信息权法第15~17条所涵盖的免于公开的信息的机密性,并承担泄密的责任。目前尚不清楚上述两项规定是如何协调的。但第4条的内容看起来受第18条制约。换言之,官员可能不会因为在接到请求后公布信息而受到制裁,除非所公布的信息属于信息权法规定的例外情况,在这种情况下,官员可能受到制裁。在实践性更强的信息权法里,只要官员公布信息是出于善意,则可以免于任何制裁。这样有助于推广开放性的文化氛围。

秘鲁信息权法没有"保护检举人"的规定。

促进措施

秘鲁信息权法仅对信息权的促进措施作出了非常基本的规定。根据第3条,公共机构必须指定一名官员负责回应信息获取的申请。第8条重申了这一义务并规定,如果公共机构没有指定这一官员,此项责任则由该机构的"秘书长"(secretary general)或主管承担。

第3条还规定了公共机构应承担的两个一般性的积极义务,即相关负责官员应该为"信息的组织整理、系统化和公布出版"规划出"足够的基础设施",公共机构应"采取一些基本方法来保证和提高透明度"。目前还不

---

① 即公民有权获取自己的个人数据。

清楚这些义务的应用范围,以及在实践中如何实现。

第21条规定国家有义务以专业的方式生成和保存其文档以确保信息权的正确行使。禁止公共机构"在任何情况下"销毁信息,而应在法律规定的时限内将所有资料转交国家档案馆。国家档案馆可以依据其内部条例对不相关的信息加以销毁,但前提是在一段合理的时间内都没有对该信息的获取申请。上述义务规定对促进信息权具有积极作用。在此基础上制定更加具体的制度来妥善管理信息能够加强这种积极效果。此外,"公共机构不得销毁信息,而应将所有资料转交国家档案馆"这一规定,似乎是由于对"信息"概念的理解过于狭小。"信息"其实还应包括像电子邮件,甚至电脑中的"微型信息文档"(cookies)这样的内容。

第22条规定内阁有义务每年向国会提交有关信息获取申请的报告并说明哪些申请被获准,哪些被拒绝。因此,为编写这一报告,内阁必须从公共机构收集资料。这一规定具有积极作用,如果信息权法对该报告所应包含的内容作出详细的规定,那将更为有益。

南　非

概述

1996年的南非共和国宪法,不仅保障了获取国家所掌握的信息的权利,而且保障了为行使或保护自身权利所必须获取的任何私人机构所持有的信息的权利。① 宪法也明确要求政府通过立法在宪法生效后的三年内落实这一权利。② 这是一个非常实际的条文,它迫使政府及时立法,在三年期限内政府也确实完成了此项立法。

启动该项权利的立法——《信息公开促进法》(信息权法)于2001年3月生效。③ 这是世界上一部更加进步的信息权法律规范,它无疑反映了种族隔离时代积累在人民心中的深刻的不信任感。该法具有很强的程序保障,及一套严格的例外规定。南非信息权法的一个主要缺点是它没有规定行政层次

---

① 见1996年第108号法案第32条,见 http://www.acts.co.za/constitution_of_the_republic_of_south_africa_1996.htm。
② 见1996年宪法第32条(2)款、表6和第23项。
③ 见2000年第2号法案,http://www.gov.za/gazette/acts/2000/a2-00.pdf。

的申诉。因此,如果要求被公共机构拒绝,只有法院可以对此进行审查。该法也基本上没有规定任何主动公布信息的义务,这在一些较新订立的信息权法中已受到广泛关注,对于申请驱动型的信息公开这也是一个重要补充。

至少同样重要的是该法没有得到充分实施。一项研究表明,62%的申请都被"无声拒绝"或根本没有回应,这一比例在已经实施信息权法的国家中是最高的。[1] 研究报告指出,就遵守信息权法的情况(即实际提供信息回应申请的情况)而言,南非是"到目前为止被追踪的7个拥有信息公开法的国家中得分最低的。"[2] 南非人权委员会2005～2006年的年度报告进一步证实了这一点,其着重指出:"提交第32条所要求的报告的公共机构的数量(公共机构落实信息权法的情况)仍然很低,与前面的报告期间相比收到的报告数量有所减少。"[3] 如果公共机构连明确、公开并受到官方监督的法律义务都无法履行的话,这显然会成为一个问题。

信息获取权

南非信息权法第11条(1)款设定了公共记录的获取权,其中规定如果提出申请者(该法称为申请人)遵循信息权法中规定的程序且所索取的信息不属于例外情况,申请者就有获得该信息的权利。获得私营机构信息的权利规定设于本法第50条(1)款,与对公共机构信息获取权的规定很相似,其重要区别在于此项权利只用在使用信息是为了行使或保护某项权利时。本节主要侧重于有关公共机构的信息获取权,该法对获取私人机构信息有平行的、非常类似的规定。

信息权法在第9条规定了详细的立法"目标"。这些目标包括:在合理的限度内实施宪法赋予的信息获取权,合理的限度即信息的获取"旨在合理保护个人隐私权、商业秘密以及有效、高效的政府治理";实施宪法规定的义务以促进人权文化氛围,包括允许公共机构获取私人机构所拥有的信息息;建立切实可行的机制以"尽可能快捷、廉价和方便的方式"实现获取

---

[1] 内容见 Transparency and Silence: A Survey of Access to Information Laws and Practices in Fourteen Countries (Open Society Justice Initiative, 2006), p. 43。见 http://www.soros.org/resources/articles_publications/publications/transparency_20060928。

[2] Transparency and Silence: A Survey of Access to Information Laws and Practices in Fourteen Countries (Open Society Justice Initiative, 2006), p. 69。

[3] 内容见附录第85页,见 http://www.sahrc.org.za/sahrc_cms/downloads/Annexures.pdf。

权；包括通过公共教育等方式普遍提高透明度、责任感和实现良好的治理。

信息权法以这些目标为基础确定了其立法指向。信息权法第 2 条中有具体实施规定，该条旨在解释该法的条款，它要求法院而不是政府官员之类的其他主体承担对该法的解释，在碰到与该法目标相一致的合理解释和与该法目标不相符的其他解释时，优先考虑前者。

信息权法第 1 条将公共或者私有机构的记录定义为：以任何形式或媒介存在的，由该机构持有的任何被记录的信息，不管该信息是否由该机构创建。无论记录何时存在该法都适用于该记录，如果记录由一个机构持有或管控，则该记录就被认为属于该机构（第 3 条）。这一简单定义包含了公共或私人机构所持有的以任何形式存在的任何信息，这是实施最大限度公开原则的体现。

信息权法第 1 条把公共机构定义为：国家或国家级、省级、市级政府行政机关的任何部门，以及其他行使宪法或州宪法规定的权力的机构，或依照某项法律行使公共权力、履行公共职能的其他机构。这看起来不包括由大量公共资金资助的私营机构，除非对它们的职责有相关的司法解释。根据该法第 8 条，同一机构若与某些信息相关可被视为公共机构，而与其他信息相关则可被视为私人机构。该法不适用于内阁或其委员会、法院的司法工作和法院的司法官员或作为个人的国会议员（第 12 条）。尽管许多信息权法的确包括针对内阁档案的例外情况，但其他大多数信息权法中还是没有这些免除披露的规定，因此这些例外规定让人很遗憾。

该法把私营机构界定为自然人或任何从事贸易、商业或专门职业的合伙企业，或任何以前的或现在的法人。

任何人都可以提出要求获取信息。该法特别提到的公共机构可以要求从私营机构获取信息，但同时根据该法基本上不允许私营机构从公共机构获取信息。

程序保障

申请必须向有关的信息官员提出，可以在其办公地点提出，也可以以规定的格式向其发送传真或向电子邮件地址发出申请，[①] 申请至少必须确定索

[①] 内容见 2002 年 2 月 15 日，第 R. 187 号《促进信息获取之规定》（Regulations Regarding the Promotion of Access to Information），附录 B，表格 A。见 http://www.dme.gov.za/pdfs/about_dme/paia_regulations.pdf。

取什么记录和申请人是谁,并说明获取信息的形式和语言。凡申请人不能提出书面申请的可以提出口头申请,信息官员有义务记录口头申请内容并向申请人提供一份复印件(第18条)。获取信息的申请不受申请者获取信息的理由及信息官员对这些理由所形成的看法的影响 [第11条(3)款]。

信息官员必须对申请人的申请提供"合理、免费和必要的援助"。在没有向申请人提供该援助之前,信息官员不得拒绝已提出的申请(第19条)。第21条要求信息官员采取措施来合理必要地保存被申请的记录,直到最终作出关于该申请的决定。

信息官员应当在30天内尽快对申请作出处理(第25条)。如果申请涉及记录数量很大,遵循30天的规定会不当地影响到机构的正常工作,或如果信息搜寻必须在不同的城市或机构间协商进行,原来的30天无法完成工作任务,则可再延长30天时间处理该申请。信息官员必须通知申请人延期的时限(第26条)。如果有第三方利益相关人参加则适用不同的时限(见下文)。根据第27条规定,如果信息官员在法定期限内未能就申请作出决定就视为拒绝该申请。有趣的是,该法实施的第一年,对申请的决定期限规定是90天,第二年是60天(第87条)。申请被获准的申请人一旦支付所有费用可以立即拥有信息获取权。

该法包含了详细的申请移交的规定,如果与原来提交的申请或记录密切相关的是另一机构,而与接受申请并拥有该记录的公共机构关系不大时,就需要移交。在任何情况下这种移交都必须在14天内作出。这个时间并不是对申请作出决定的额外时限。必须告知申请人移交事宜(第20条)。第23条规定在记录不存在或无法找到的情况下,必须正式通知申请人该情况,以及所采取的试图找到记录的措施。这一通知被视为拒绝获取记录申请的决定。

南非法律对第三方的通知和介入有详细的规定,这是第二部分第5章的主题。如果设置某些例外——特别是那些保护隐私或商业机密等涉及第三方权利的例外——任何与获取信息相关的第三方在申请后的21日内都有在任何情况下被尽快告知的权利,涉及公共利益的申请人和申请必须优先通知(第47条)。第三方必须在通知后的21日内或者陈述拒绝公开记录的理由,或者同意公开记录(第48条)。公开的决定必须在30日内作出并通知与申请相关的第三方,告知他们最后的决定。如果作出了给予被申请信息的决定,申请人可以在接下来的30日内(即递交申请后81天内)获得信息,除非第三方递交反对该决定的申请（第 49 条）。

如果申请得到批准，含有规定费用、信息获取形式和申诉权利的通知将送达申请人，例如对获取形式或缴费有异议可提出申诉。如果申请被全部或部分驳回，该通知必须包含足够的拒绝理由，同时要提供相关的法律依据并告知提出申诉的权利（第 25 条）。

该法对申请人获取申请的方式有详细的规定，包括复制、查阅或浏览记录，提供副本，进行电子复制或通过记录机器提取信息。公共机构必须按照申请人要求的方式给予其信息，除非这样做会不当地干预公共机构的工作，不利于保护记录或侵犯版权。该法还为残疾人规定了特殊的获取信息的形式，但并不加收额外的费用。最后，如果记录是以申请者偏好的语言存在的，应当允许申请人以该语言作出申请并获取这种语言版本的记录（第 29 条和第 31 条）。

申请人应当为复制记录和检索准备工作缴纳相应的申请费用。如果这些费用超过预定的限制，申请人就会被要求预交押金。该法明确规定了部长有豁免任何人的费用、确定收费范围、确定收费计算方法、免除某些类别记录的费用的权利，以及如果收取该条所指费用的成本超过应缴纳的费用，有权决定不收取该费用的权利（第 22 条）。

2002 年 2 月由司法和宪政发展部的部长所批准的条例建立了一套关于向公共机构申请获取信息时所收费用的制度，规定信息处理费用和获取资料的费用共 35 兰特（约 5.30 美元）：复印资料每页 0.6 兰特（约 0.10 美元），软盘每个 5 兰特（约 0.70 美元），光盘每个 40 兰特（约 5.7 美元）。在要求交纳定金前，申请者不得占用工作人员超过 6 个小时的工作时间。[①] 在 2005 年 10 月的《政府公告》中，司法部长免征年收入低于 14712 兰特（约 2101 美元）[②] 的申请者在获取、复制信息时的费用。该通告同样规定，当收取费用的成本超过该费用或当请求的信息属于个人信息时，可以不收取该费用。[③]

[①] 内容见 2002 年 2 月 15 日，第 R. 187 号《促进信息获取之规定》，附录 A 第二部分。见 http://www.dme.gov.za/pdfs/about_dme/paia_regulations.pdf。

[②] 该规定适用于独身的申请人，对已婚夫妻的限制规定见 R27，192。

[③] 见《推动信息获取法案》(Promotion of Access to Information Act)，2000 年，对第 22 条（8）款规定的豁免与裁决，第 R.991 号，2005 年 10 月 14 日。见 http://www.info.gov.za/gazette/regulation/2005/28107.pdf。

该法还规定在其他法律没有相关规定时，个人信息有误可以进行更正（第 88 条）。

公布信息的义务

南非信息权法没有规定信息公布的责任，这是一个严重的缺陷。但它至少要求每个公共机构向其主管部长提供年度报告。该主管部长负责该机构的司法行政工作，并详细说明哪些种类的信息即使没有申请也会自动公布（包括出于检查的目的公布信息），哪些信息可以出售或免费提供。反过来，部长必须在政府公报中公布这些信息（第 15 条）。私人机构也可以向部长提交含有上述信息的目录并由该部长公布在政府公报中（第 52 条）。

南非信息权法还包括一个独特的规定，即要求政府确保在每一种被普遍使用的电话簿中都有每一个公共机构所有信息官员的姓名和与其联系的详细信息（第 16 条）。

例外

南非信息权法对信息获取的例外情况作出了非常详细、全面和严格的规定。值得注意的是，第 5 条规定，当有任何其他法律禁止或限制信息公开，且这样的规定与信息权法的目标或特殊规定严重不一致时，信息权法的例外规定将在排除上述规定的前提下适用。然而对于已经进入司法程序的民事案件或刑事案件所需的信息和其他法律规定可以公开的信息，不受信息权法例外规定的限制（第 7 条）。这样的规定大概是确保该法能够基于相关的民事或刑事程序规则披露这些信息。

除少数情况外，该法大多数的例外情况都包含某种形式的危害测试。就大多数例外规定而言，判断标准是"可以合理预期"会导致损害，这是一个相对较低的标准，且需要作出解释。对于一些例外，采用"很可能"造成危害这一相对较高的标准。该法没有规定公共机构必须签发信息机密性的证明文件。

基于公共利益的需要，可以推翻所有的例外规定。当公布的信息可以揭露严重违反法律或不遵守法律的行为，或即将严重威胁公众安全或环境安全的行为，且公布该信息对公众利益的好处"显然大于"其造成的危害时（第 46 条），可以推翻该法的例外规定。该法对公共利益的分类作出了限定，因此，这种基于公共利益的需要对于例外规定的推翻在一定程度上受到了限制。但这种规定的优点在于潜在地避免了对于什么是公共利益的混乱争辩。

该法第28条对信息分割作出了如下规定：一份记录存在任何不包含豁免信息的部分并可以与剩余部分合理分割时，该部分的信息应予以公布。在这种情况下，对申请人的回复应该包含根据该信息不同部分的性质作出的不同决定，即向申请人发送获准通知（允许其获取所需信息中可以公开的部分）和拒绝通知（拒绝其获取所需信息中免于公开的部分）。

该法没有对公布历史记录作出一般性的规定。但在规定某些特殊的例外情况时涉及对历史记录的公布问题。例如，该法规定国际关系信息和公共机构内部决策信息免于公开的时间期限是20年。

该法规定了两类一般性的例外情况和一些更特殊的例外情形。第一，对将在未来90天内公布的信息获取申请的批准可"在一个合理的时段"内推迟，申请人可提出申诉，解释为什么他或她需要在此之前获得该信息；如果申请人不获得该信息将遭受明显的歧视时，该信息将被提供给申请者（第25条）。第二，对于"明显无聊或无理取闹"的申请或对"公共机构的资源造成实质性的、不合理的转移"的申请可拒绝（第45条）。

第4章规定了主要的例外情况。南非法律有些独特的地方在于它既是信息获取法律又是信息保密法。这是通过下述规定达成的：对某些例外情况，公共机构必须拒绝提供信息；而对其他的例外情形，则使用了更加常见的表述，即"有可能拒绝提供信息"。该法对例外情况作出了非常详细和严格的规定，提出了很多对于免于公开规定的例外情况，进一步限制了信息不公开的范围。

第34条规定了对于获取信息包含对"第三方的个人信息不合理的公开"的例外。然而，这一例外不适用于下列情况：当事人同意公开，给当事人提供信息时告知当事人该信息有可能被公布或者已经可以公开获得。更重要的是，此种例外也不适用于与公职人员职位相关的个人信息。

该法还对南非国税局出于加强税收征管立法的目的进行的信息获取作出了不寻常的例外规定（第35条）。该法没进行危害性后果测试，就规定这些信息属于例外情况。

第36条对商业信息加以保护，包括：商业机密，以及由第三方秘密提供的、一旦公开会对其商业利益产生不利影响的信息，或使第三方处于"能合理预期到的"不利地位的信息。第37条进一步规定下列信息免于公开：一旦公布将破坏法律确保的信任关系的信息；一经公布会被预期为对同样信息的未来供应造成影响的信息，而此类信息的持续供应符合公共利益。

第36条和第37条规定例外情况在第三方当事人同意公开或该信息已经公开的情况下不再适用。更重要的是，第36条规定的例外对于内容涉及严重危及公众安全或环境的产品试验和环境试验结果的信息也不适用。

一旦公布会被合理地认为造成下列后果的信息免于公开：危及生命或人身安全的，或对建筑物、设施、其他财产、运输工具等的安全造成威胁的，对保护个人、财产、秩序的制度造成危害的（第38条）。

第39条对执法和司法程序信息的例外作出了比较详细的规定。包括一经公布就能够合理认为对执法手段、起诉、调查和预防犯罪造成破坏性后果的信息。但这一例外规定并不适用于一般性的拘留信息。这一规定值得欢迎，但目前尚不清楚该内容为什么被认为是必要的，因为法律执行根本不会受到这种影响。法律特权内的信息同样免于公开，除非特权受益人已经放弃这一权利（第40条）。

第41条规定了涉及国家安全和国际关系的例外情况，即，一旦公开，其后果可以"合理地预期会损害"国家防卫、安全或国际关系的信息。它还规定根据国际法或国际协定而秘密地获得的信息，或能够泄露来自另一国家或国际组织的机密或泄露向另一个国家或国际组织提供的机密的信息免于公开，除非该信息的存在时间已超过20年。令人遗憾的是对于后一部分的例外规定并不包含危害性测试。该法的同一条为该例外适用的范围提供了详细但非专门的目录，特别包括对军事情报的规定。该条内容毫无疑问想要对例外情况的范围加以限制，否则会产生很多有问题的例外。与此同时，该列表包含的种类非常广泛，例如关于武器弱点的信息，此类问题很可能合法地成为重要的公共辩论的主题。

第42条规定公开"可能会严重危害共和国经济利益、财政福利或政府管理经济的能力"的信息属于例外情况。该条再次提供了一个指示性清单，缩小了军事信息的例外范围。这一条同样规定下列信息属于例外：国家或商业机密信息，一旦公开将可能损害公共机构商业利益的信息，或一旦公开将可能造成当事人在谈判或竞争中处于不利地位的信息。这后一部分的例外对于内容涉及严重危及公众安全或造成环境威胁的产品试验和环境试验结果的信息并不适用。

南非信息权法的另一种不寻常的例外适用于研究，无论是由第三方还是由公共机构所进行的研究。公开此类信息将可能"严重不利于"第三方机构或公共机构，以及研究本身或研究主旨主题（第43条）。这一例外通常在很大程度上会被认为属于保密规定的例外范围，尚不清楚单独制订这一例外的目的。

像大多数信息权法一样，南非信息权法包括一个旨在维护内部决策程序效力的例外规定。第44条规定公共机构决策过程中的意见、咨询、建议或协商讨论说明性信息免于公开。这是另一个无须危害性测试的例外规定，因此，这一例外规定涉及的范围可能非常广泛，但基于公共利益的需要仍然可以被推翻（见上文第46条）。第44条还规定一旦公布后能够合理预期到会发生以下情况的信息免于公开：会因为阻止政府内部真诚地交流看法或意见而阻挠讨论过程，或因为提前公布该信息而阻挠政策的成功出台。当此类信息存在时间超过20年，上述例外规定不再适用。最后，第44条规定：一旦公布可以合理地预期会危及测试，带有保密协议的评估材料和各类草案初稿的信息免于公开。

从适用范围上看，南非的例外情况整体上是好的，因为它的例外规定是非常有限的。在损害和公共利益测试方面没有起到应有的作用，有些例外规定显然是不必要的。另一方面，例外被严格界定的目的是为了试图确保只有合法的机密信息是保密的。

申诉

南非信息权法规定了两级申诉，首先是公共机构的内部申诉，在这一途径被使用并无效时，申请人可以向法院提起诉讼。该法没有关于设立一个专门负责申诉的独立行政机构的规定，这是一个严重的缺陷，因为司法申诉昂贵且费时。

申请人和第三方都可以就获取信息、收费、延长时限或信息获取形式等提出内部申诉。申诉必须在60日（如需通知第三方则在30日）内以规定的格式递交，并辅以适当的费用。对有第三方参与的状况，该法再次做了详细的规定（第74~76条）。内部申诉必须在30日内作出裁定并向申诉人和相关第三方递交书面通知，并告知其所拥有的司法上诉权（第77条）。

申请人可以在接到内部申诉结果且内部申诉流程已经使用并无效后的60日（如需通知第三方则在30日）内提出司法申诉。司法申诉既包括在内部申诉中提出的理由，也包括对公共机构拒绝进行内部申诉的投诉。该法要求公共机构向法院提供其所需的任何记录，但该法禁止法院公布属于例外情况的文件（第 78~80 条）。

制裁与保护

南非的法律规定了制裁和保护的内容。通过破坏、损坏、篡改、隐藏或伪造记录剥夺他人信息获取权的行为属于犯罪，可被处以罚款或最多 2 年的监禁（第 90 条）。2006 年 10 月，司法部长颁布的条例规定，如果信息官员未能确保该法第 14 条要求的手册被公众获取，或对申请人查阅、复制该手册收取除了规定费用之外的费用将被视为犯罪，要判处罚款或关押。[①]

另一方面，该法规定任何人对其善意地"行使本法赋予的权利或履行本法赋予的义务"时所作出的任何行为不承担责任（第 89 条）。信息权法对保护检举人没有作出规定，但有专门的法律对此作出规定。[②]

促进措施

南非信息权法包括许多促进措施。第 1 条规定，信息官员必须由该公共机构的主管担任。第 17 条规定，每一个公共机构均应当"本着使信息获取申请人尽可能容易地获取信息的需要，任命足够的助理信息官员"。

每一个公共机构均需在该法生效的 6 个月内以至少三种官方语言编制一本提供有关信息公开程序的手册。第 14 条规定了手册的确切内容，包括公共机构的构成、公众如何获取信息和服务、任何公众咨询或参与的程序，以及对所有的救助措施加以说明的信息。这本手册必须每年更新并根据为达成该目的而制定的法规进行分发。2002 年的条例详细规定了这些手册必须在"合法放置"的每一个地方、人权委员会和公共机构的每一个办公室分发。[③] 该法第 51 条对私人机构也有类似的义务规定，事实证明该规定存在问题，因为这些私人机构声称义务过分沉重，只有极少数的机构实际出版了指南。

人权委员会也必须用 11 种官方语言出版关于如何使用信息权法的指南。

---

① 见《推动信息获取法案》，2000 年，第 R.990 号《促进信息获取之规定》，2006 年 10 月 13 日，http://www.info.gov.za/gazette/regulation/2006/29278.pdf。
② 《保护信息公开法案》，2000 年，第 26 号。
③ 见 2002 年 2 月 15 日，第 R.187 号《促进信息获取之规定》，规定 4 和规定 5。

第 10 条比较详细地规定了指南必须包含的一些细节，包括每一个公共机构信息官员的姓名和联系方式、从该委员会获取信息和获得援助所需的程序以及从该机构可以获得的帮助。该指南必须每两年更新一次。2002 年条例再次规定该指南扩大分发范围至合法放置的每一个地方、每一个公共机构，并刊登在政府公报和该委员会的网站上。①

公共机构须向人权委员会提交一份年度报告，内容包括描述这些公共机构收到的信息申请的数量、这些申请是否获准、拒绝申请的法律依据和申诉情况等（第 32 条）。人权委员会必须向国民议会提交信息权法运作情况的年度报告，包括与每个公共机构接受、批准、拒绝信息申请和申诉等相关的任何建议和详细信息（第 84 条）。

在资金和资源允许的前提下，人权委员会还承担一些其他任务，具体包括：

- 开展教育和培训；
- 促进准确信息的及时传播；
- 提出建议，改善信息权法的运作，包括改善公共机构对该法的实施；
- 监测执行情况；
- 依据该法有关规定，协助个人行使其权利（第 83 条）。

瑞　典

概述

瑞典宪法对信息权进行了广泛的保护。《政府文件》是创制瑞典宪法的四个基础性文件之一，该文件的第 2 章第 1 条作了如下规定：

> 在涉及公共机构时，每位公民均享有以下权利和自由：
> ……
> （2）信息自由，指索取并接收信息或者以别种方式了解他人意见的自由。②

---

① 见 2002 年 2 月 15 日，第 R.187 号《促进信息获取之规定》，规定 2 和规定 3。
② 《政府文件》见网页 http://www.riksdagen.se/templates/R_Page____6307.aspx。

瑞典的情况有些独特，因为整部信息权法都是瑞典宪法的组成部分。创制瑞典宪法的四个文件统一命名为《关于官方文献的公共性质》，《新闻自由法》也是其中之一，该法案的第 2 章事实上就是瑞典的信息权法。[①]

瑞典的独特之处还在于，它是世界上第一个立法保证个人有权获取公共机构所掌握信息的国家，在最早的 1766 年的《新闻自由法》中就有关于信息权的规定。《个人资料法》规定了获取、更正个人资料的权利。[②]《保密法》也以例外规章的形式成为信息权法的一部分，[③] 其中包含了诸如登记档案的义务，以及在充分考虑获取官方信息权利的基础上编录数据库等各种规定，来落实信息权。

瑞典信息权法的优点和不足都很多。在许多新制定的信息权法中常见的一些条款，如主动公开信息的义务、独立的行政申诉以及主动采取措施促进信息公开等，瑞典信息权法都没有规定。另外，并非公共机构掌握的所有信息都在该法规定的范围内，一些文件被排除在外，列入例外规章。但同时，它有许多非常先进的规定：要求所有的保密条款都集中在一部核心法律中；还订立了严格的程序保障，如规定公共机构负有对其掌握的所有文件建立公共登记表的义务。

人们普遍认同，有了 200 多年实践信息权的经验，瑞典形成了浓厚且根深蒂固的开放文化。斯沃斯多姆（Swanström）认为，这源于政党间的共识——当它们在野时，开放将有助于推动建立一个更加公平的竞争环境，这是很成熟的观点，但似乎很少有现代民主国家会认同。但同时，开放的文化面临不断的挑战，这包括《保密法》被频繁修订以图扩大保密范围。挑战也来自与欧盟的冲突，因为欧盟有时基于最小公分母原则，设法限制的瑞典开放。[④]

[①] 参见 http://www.riksdagen.se/templates/R_Page____6313.aspx。

[②] 1998 年 10 月 24 日生效。参见 http://www.sweden.gov.se/content/1/c6/01/55/42/b451922d.pdf。

[③] 1980 年第 100 号法案，瑞典网址参见 http://www.notisum.se/index2.asp?iParentMenuID=236&iMenuID=314&iMiddleID=285&top=1&sTemplate=/template/index.asp。作者虽未找到英文版的《瑞典保密法》，但找到了司法部制定的官方文件《公众获取信息与瑞典权力机构保密》（*Public Access to Information—Secrecy with Swedish Authorities*）（2004 年 12 月）第三章中对其进行的详细引述。参见 http://www.sweden.gov.se/content/1/c6/03/68/28/b8e73d81.pdf。

[④] Swanström, K., *Access to Information—An Efficient Means for Controlling Public Power*. 本书作者存档。

信息获取权

信息权法的第2章第1条简单地申明："为了促进观点的自由交流及启迪公众，每个瑞典国民都应能自由获取官方文件。"这言简意赅地对法律的背景作了概略而重要的阐释。

瑞典信息权法第2章用了很大的篇幅详细阐述了到底哪些是官方文件，哪些不是。文件形式的定义很宽泛，包括任何"可以被读、听的记录或只有借助技术辅助手段才能被理解的记录"。

第3条把官方文件的范围限定在"由公共机构掌握，并能被视为以第6条或第7条所规定的形式被某一机关接收、加工或制定的文件"。如果一份记录可以供某公共机构用来制作副本，该机构就"持有"了那份记录。这实际上可以包括机构持有的一切被记录的信息。细则规定了何时"可以查阅"电子文献。[①] 信息权法具体指出，发送给公务员的与公务有关的信函和其他交流材料都属于官方文件（第3条、第4条）。

第6条规定了何为公共机构"接收"了文件，包括两种情况：文件送达该机构或是送到负责人手中。政府官员通过私人地址收到的包含官方信息的文件也算在其中。以封贴的信封投送的竞赛作品和投标项目书在到了规定的启封时间时才视为收到。另外，如果公共机构仅对文件作部分技术处理，则不能认为该机构已接收该文件。这项规定主要适用于电子记录。不过这个定义仍然过于宽泛。

第7条规定，如果公共机构已将文件发送或定稿，那么该文件就已被"制定"。文件在被送出机构外部时就被视为已发送；只有文件所涉及问题"已由机关最终确定"、"最终审核并批准"或者"以其他方式定稿"时，才被视为已定稿。这条法规并没有排除所有未定稿的文件，其法律效果多少被诸如分类账、讨论中的中心议题列表或法院裁决书等免于公开的信息所削弱。"终稿"原则的第三种例外与已被审核和批准的记录或备忘录有关，但其中不包括"议会委员会、议会审计署、地方政府审计部门、政府委员会或地方政府为了裁决某事而所做的准备材料"。

虽然涉及的事项被决定后，大多数处理中的文件还是要公开，但这些规定的效果是将一系列这样的文件排除在法律的适用范围外。尽管如此，

---

① Swanström, K., *Access to Information—An Efficient Means for Controlling Public Power*, p. 3.

依照这条规定，最终版本没有被采用的准备性的文件可能永远不会被披露。

如果已被交送其他公共机构的文件，也不认为原机构接收或制定了这份文件。

尚未送出的备忘录不属于官方文件，除非备忘录将要归档或该备忘录含有有关事实的信息。因此，备忘录是指辅助的备忘信息或者其他为准备某案件或事务所做的记录。初拟大纲或草稿与此类似，如果不准备归档的话也不属于官方文件。很多信息权法中都可以找到类似的规定——内部工作文件免于公开，但这不受危害测试的约束。通过技术手段为其他机构保管的文件也不属于保管机关的官方文件（第9条和第10条）。

第11条罗列了许多类不属于官方文件的文件，包括：
- 公共机构仅为交流而提供或拟写的信件、电报等；
- 仅为在公共机构内部刊物上发表之用的文献；
- 图书馆馆藏的或者某公共机构为留存或研究之用而收藏的文献及与之有关的记录。

第一项特别包括了如邮政或电报部门等公共机关为执行公务而发送的信件、电报或其他信息，但是现在这些职能已被私有化，所以这个规定实际上已经作废了。

与详细界定官方文件形成对比的是，第2章对公共机构的定义一笔带过。第5条确实提到"被授予决定权的议会或任何地方政府议会都应等同于公共机关"。然而瑞典司法部长却这样定义公共机构：

> ……那些包括在中央或地方政府内的实体。如政府、中央公共机关、商业性的公共机构、法院和市政委员会等都是这样的公共机关。但公司、协会和基金会即便直属于国家或市政府或受其全权管辖，也不算在公共机关之列。[①]

他明确提出，即使属于国家所有或受国家控制的公司，也不是公共机构。这是一个明显的缺陷，特别是在现代社会，因为许多公共职能由公司行使。然而，一些经公共机关授权的或公开分配资金的公司和其他法人被

---

① . *Public Access to Information and Secrecy with Swedish Authorities*, Chapter 2.1.

列入《保密法》的附录中，因此它们也像其他公共机构一样承担信息公开的义务。

虽然法律名称涉及新闻，但是第 2 章第 1 条提到的法律主体是瑞典国民，每个瑞典国民享有获取信息的权利。第 14 章第 5 条（2）款的总则中指出，除非另有规定，外国公民与瑞典公民享受平等待遇。在瑞典能查阅到大量欧盟的文件，在这点上它享有美誉。

程序保障

获取信息应向掌握文件的机构提出申请，并一般由该机构批复申请。但"凡因特殊原因"须经《保密法》规定或特别授权的，该申请要求可由其他机构处理。这里特别提到那些"对王国的安全至关重要"的文件。除非须对某文件是否在公开范围内进行确认，否则公共机构不应要求个人陈述申请获取文件的动机（第 14 条）。如申请人只将保密信息用于不会产生危害的特定目的，可能就属于这种情况（见下文"例外"一节）。

瑞典信息权法并没有规定公共机构具有协助申请人的义务，但按照《行政程序法》所列的义务条款，公共机构在处理一切公共事项时，均有协助并提供服务的义务。

通过查阅的方式获取信息的申请应"在第一时间或尽快"处理（第 12 条），文件副本或复印件的申请应"及时"处理。虽然两种情况均未对具体时限作出规定，但大多数要求都被迅速回复。①

按照以上所列规定，通常由收到申请的机构负责处理，除此之外，法律并未对移交申请或者与第三方协商作出规定。

凡获取文件或文件中信息的申请被全部或部分驳回时，申请人有权得到书面情况说明以及驳回的具体理由。②

必须保证所有应公开的官方文件，能够在被保管的地方以阅读、观看等方式供所有人免费查到。如有需要，应配备设备以实现此目的。但是如果这难以实现或者申请人可以在附近的公共机构中以更方便的方式获取此项信息，那么这项义务无须履行（第 12～13 条）。除了需要打印的文件，公共

---

① 斯沃斯多姆（Swanström）称，信息一般在两至三天内提供。见 Swanström, K., Access to Information—An Efficient Means for Controlling Public Power, p. 5。
② 见 Swanström, K., Access to Information—An Efficient Means for Controlling Public Power, p. 5。

机构并不强制以电子文件形式提供，文件允许复印或以其他方式复制，并按照固定价格收取费用。

查看文件免费，复印文件对超过9页的部分按国家法定价格收费。[①]

1981年的《保密法》在第15章指出了瑞典信息权体系的一大特点，即要求所有公共机构对所有收到的或制定的文件登记造册。这条规定有四项例外：

- 剪报等明显不重要的文件；
- 不属于机密而且易于确定公共机构是否收到或者已制定的文件；
- 由于大量可见而免于公开的文件；
- 中央登记保管的电子版记录。[②]

公共机构应当登记文件的接收日期或成文日期、发文字号或其他识别标记、相关的发文机关或主送机关，以及文件内容概要。虽然在免于公开的情况中排除了可能涉密的某些登记信息，但总体而言，登记信息要对公众公开。

公布信息的义务

瑞典信息权法的一个很重要的缺陷是它没有具体规定任何主动公开信息的义务。然而实际上，大多数瑞典公共机构，特别是通过其网站主动提供了丰富的信息。

此外，别的各种法律法规对公共机构的公开义务作出了规定。政府必须公布所有法律，各种受权批准法规的国家机构也有公开这些法规的义务。如政府委员会的提案等构成立法基础的材料将按照特定的序列进行公布，该序列是政府在向议会递交提案前，在就此法规向公众征询意见时确定的。

瑞典与别国或国际组织的协议都以由外交部编撰的特别汇编的形式出版。《邮政现代报》（Post-och Inrikes Tidingar, PoIT）是公共机构和其他依法承担信息公开义务的组织用来发布通知的官方出版物。其中包括控股公司和其他社团的信息、股东大会的参会通知、夫妻共同财产的分割、对债权人的

[①] 见 Swanström, K., *Access to Information—An Efficient Means for Controlling Public Power*, p. 5.
[②] *Public Access to Information and Secrecy with Swedish Authorities*, 1980年第100号法案，见正文第3.6.1节。

通告及法院的破产判决。现在只发行网络版的《邮政现代报》最早创办于1645年，它被称为世界上现存最古老的报纸。

例外

虽然如上文所述，免于公开的范围由法律的第2章第2条作了规定，但是对官方文件的定义也起到了限制对某些文件获取的作用。瑞典信息权法用一种特别的方式表述免于公开的信息及该法与其他法律的关系。政府可能会对特别法案的规定制定细则，信息权法第2条(2)款要求所有限制信息公开的"规定都应该审慎地提出"。这部特别法案是《保密法》，它列出了保密的全面依据，如涉及其他法律和政府规章等。①

信息权法的第2条(1)款规定与七种具体利益"有直接关系"的情况，信息不予公开。《保密法》的大多数条款规定了一些形式的危害测试，尽管某些信息绝对不予公开，一些信息只依照法定优先原则准予披露（如允许法院获取信息）。剩下的免于公开的信息被分为两类：一类是遵照恰当的公开假定，除非公共机构能够说明公开信息会产生危害性后果，否则就应披露信息；第二类与公开的假定正好相反，除非可以认定不会产生危害性后果，否则该信息要保密。②

《新闻自由法》或《保密法》都没有规定公众利益至上，但是在消费者保护和健康与安全的领域，一些保密规定确实包含着内在的公共利益检测。此外，《保密法》中的条款授权政府在特别情况下公开特定的官方文件，这类似于公共利益优先。

信息权法也规定了凡整个文件属于例外范围时，应公开不涉密的部分（第12条）。与《保密法》相联系，信息权法在一些情况下也判决那些须保密的文件在作某些保留之后可以公开，如禁止发表或者用做研究之外的用途，因为这些保留可以降低产生危害的风险。③ 当个人为了公布文件而放弃个人隐私权时，也可实行类似的保留。

最后，《保密法》限定文件的保密期为2~70年。比如对隐私和私人利

---

① 保密条例中包含这些规定，参见《瑞典国内法法典》1980，第657页。瑞典网址参见http://www.notisum.se/index2.asp? iParentMenuID = 236&iMenuID = 314&iMiddleID = 285&top = 1&sTemplate = /template/index.asp。

② Public Access to Information and Secrecy with Swedish Authorities, Chapter 3.3.2.

③ Public Access to Information and Secrecy with Swedish Authorities, Chapter 3.5.4.

益的保护，通常保密期为 50~70 年；而对公共或私营商业利益的保护通常限定在 20 年。①

信息权法规定保护七种具体利益，与《保密法》的各章分别对应如下：
- 国家安全，或与别国或国际组织间的关系；
- 中央财政政策、货币政策或外汇政策；
- 视察、控制或其他监管职能；
- 为了预防或起诉犯罪；
- 公共经济利益；
- 对个人操守和经济隐私的保护；
- 保护动植物物种。

总体来说，除了最后一条有点特殊，以上的限制一般都可以在别的信息权法中找到。这些是限制获取官方文件的全部理由，而且机密文件上必须标注基于哪条规定该文件不予公开（第 16 条）。

申诉

个人可以对任何拒绝提供或限制获取信息的行为提出申诉。多数情况是向行政法院提起诉讼。《保密法》"详细规定"如何提起诉讼并规定应"始终对此迅速处理"。对议会机构所作决定提起的诉讼将遵照特别规定（第 15 条）。瑞典信息权法的另一个严重的缺陷是没有对向独立的行政机构提起的诉讼赋予法律约束力。

制裁与保护

法律并未对违反法律规定的制裁作出规定。但是法院有权依据刑法制裁无视该法规定的人，包括因故意或疏忽而公布涉密文件或者违规处置信息获取申请等的行为。② 对出于善意，根据申请公开了涉密信息的人，法律也并不予以保护。而《新闻自由法》的第 7 章名为"破坏新闻自由罪"，这一章规定了对"显而易见出于疏忽"在未经授权而无意中协助外国势力交易或发布敏感安全信息者的惩罚［第 4 条(4)款和(5)款］。同一章的第 5 条规定

---

① *Public Access to Information and Secrecy with Swedish Authorities*, Chapter 3.3.3.
② Banisar, D., *Freedom of Information Around the WORLD 2006: A Global Survey of Access to Government Information Laws* (Privacy International, 2006), p. 142. 见 http://www.privacyinternational.org/foi/foisurvey2006.pdf.

故意公布在任公职期间获得的官方机密文件或无视保密义务的行为是犯罪行为。

促进措施

瑞典信息权法没有任何条款规定公共机构具有采取促进措施的义务。但同时,长期存在的公开文化以及实践中落实的许多促进措施,意味着对于瑞典来说,像许多新近制定的信息权法一样由法律规定这些措施可能没有那么重要。

泰　国

概述

几十年来最严重的经济危机在20世纪90年代后期达到了一个高峰,它对泰国政治产生了深远的影响,导致其于1997年10月通过了新宪法,为人权提供了强有力的保障。除其他事项外,1997年宪法保障获取公共机构所持有的信息的权利,仅排除有限的例外规则所包含的下列情况,即根据法律须保护的国家安全、公共安全或其他人的利益。[1] 同一部宪法也保障从公共机构获取关于可能影响环境、健康、生活质量和其他物质利益的任何行动的信息的权利,无须事先获得批准。[2] 2007年8月19日全民公决批准的2007年宪法也有同样的保障条款。[3]

公众普遍认为政府腐败和缺乏透明度导致了经济危机,这种不满导致《官方信息法》(信息权法)在1997年宪法颁布之前的3个月通过,[4] 这一法案于1997年12月9日生效。

泰国信息权法具有许多积极的优点,其中包括广泛的适用范围、良好的一般程序保障以及被合理限制的例外条款。同时,它也有一些比较严重的缺点,包括缺少对回复信息索取申请的硬性时限规定,缺乏监督主体的独立性,缺少促进措施。

---

[1] 见1997年宪法第58条,http://www.servat.unibe.ch/law/icl/138 th00000_.html。
[2] 见1997年宪法第59条。
[3] 见2007年宪法第56条和第57条,http://www.asianlii.org/th/legis/const/2007/。
[4] B. E. 2540 (1997),见http://www.oic.go.th/content_eng/act.htm。

虽然信息权法颁布之初受到了欢迎并取得了一些重要的成就,[1] 但很快就由于执行不力特别是长期拖延待处理的申请而削弱了势头。官方信息委员会[2]英文网站记录了 2007 年间的 214 起投诉和 135 件申诉（向公共机构申请的总人数没有记录），虽然它并没有说明最终结果是什么。[3]

信息获取权

泰国的信息权法把信息获取权作为一项程序性权利，在第 11 条作出了规定：如果请求获取某信息的申请符合某些最低限度标准（如能足够详细地描述所申请的信息），则申请所针对的公共机构就必须提供有关信息。

该法不包含任何有目的性的或目标性的声明。

该法对信息的定义非常广泛，包括能传播任何内容的任何材料，且不论这种材料以何种形式存在。官方信息——是行使信息权所针对的目标——可简单地定义为国家机关（一个用来描述公共机构的词）所拥有的信息，不论它是关于国家事务还是关于私人的信息（第 4 条）。

第 4 条中对公共机构的定义是广泛的"中央行政机关、省级行政机关、地方行政机关、国有企业、隶属于国民议会的政府机构、与审判和判决事务无关的法院组成部分、行业监管组织、独立的国家机关和由政府行政规章规定的其他机构"（第 4 条）。这有效地覆盖了政府的立法和司法部门的行政职能，以及相当广泛的公共机构。但此条并不涉及获得大量公共资助的私人机构。

第 11 条所规定的信息获取权适用于任何人。然而，它在多大程度上适用于外国人——包括那些无泰国国籍和非定居于泰国的人，以及某些公司和协会——须由政府行政规章来确定（第 9 条和第 11 条）。

程序保障

任何人都可以申请并未以其他方式要求公布的信息或申请查阅信息，只

---

[1] 例如，可见泰国的学校利用信息权法来揭露腐败的个案研究，见 ARTICLE 19, Center for Policy Alternatives, Commonwealth Human Rights Initiative Commission of Pakistan, *Global Trends on the Right to Information: A Survey of South Asia* (London: July, 2001), pp. 23 - 24。见 http://www.article19.org/pdfs/publications/south-asia-foi-survey.pdf. 也可从官方信息委员会的网站上获知相关内容，见 http://www.oic.go.th/content_eng/default_eng.asp。

[2] 对信息权法进行解释的机构。

[3] 内容见 http://www.oic.go.th/iwebstat/istatyear.asp? language = En。

要申请足够详细可以查明被索取的信息，该信息就必须被提供。如果申请涉及过量信息或无合理因由过于频繁提出申请，该申请可能会被拒绝（第1条）。

信息是否应在合理期限内提供，该法实际上并未对此作出相关规定。在某些情况下这已造成了相当大的延迟问题，也成为该法的主要缺陷之一。凡对信息记录可能会造成损坏的申请，公共机构可以要求延期提供信息（第11条）。这是一个不寻常的规定，目前还不清楚为什么有必要延期。但仅从保护信息记录的完整性来说它已经是该法的一个问题了。

公共机构即使拥有信息也可能会建议申请人把申请转送到另一公共机构。如果信息是由另一公共机构制作并由该机构标记为机密，则申请就会被移交到该机构等待批准（第12条）。这并非不合理，但仍会遇到没有任何时间限制的问题。

该法有关于通知第三方的合理、详尽的规定。第三各方对可能会影响他们利益的信息申请有获得通知的权利，并在接到通知之日起至少15天内提起书面异议。凡提出异议的，有关公共机构必须考虑该异议，并告知异议人关于该信息是否会被披露的决定。如果作出披露信息的决定，须推迟15天执行，让第三方有机会提出申诉（第17条）。

任何无法满足申请人要求的决定，都必须通知申请人，该通知应说明信息申请的类型和不公开的理由（第15条）。该规定是有用的，但还应当进一步要求在通知中说明信息不公开所依据的是哪条规定，还应告知申请人有申诉权。

申请公开的信息应该是已经以能够分发的形式存在的信息，不需要进一步的准备、分析或汇编。但此规定不适用于能以电子方式产生的信息，例如从图像或声音录制系统产生的信息。另外，如果申请不是为了商业用途，而是为了保护申请人的权利和自由，或总体上有利于公共利益，公共机构仍可以提供这种需要进一步处理的信息。如果信息记录可能会被某些方式损坏，公共机构可以提供副本来保护文件（第11条）。否则，申请人有权查阅、获得副本或获得经核准的副本（第9条）。

该法规定公共机构可以收费，但必须经官方信息委员会批准。此外，收费时应该充分考虑对低收入者给予照顾（第9条）。

该法第3章的标题为"个人信息"，是一种对"微型数据"的保护，其中规定了有关收集、披露和更正个人资料的规则。虽然在大多数情况下，这并不与信息权原则相违背,但仍然是一个复杂的问题,最好能用一个完备的数据保护法案来对该问题作出规定。

公布信息的义务

泰国信息权法规定了两个义务:在政府公报中发布信息,提供某些信息供公众查阅。这些义务并不适用于被另一法律要求传播或公开的信息(第10条),同样也不适用于在该法生效前已经存在的信息(第42条)。第7条规定了前一义务,包括公布下列信息:有关公共机构的结构和组织的信息,其主要权力、职责与工作方法的简介;提出申请时需要的详细联系方式、议事程序、法规、政策规章和由官方信息委员会决定的其他信息。

第9条规定,公共机构在不违反例外情况下应公布下列信息,以供公众查阅:

- 对公民个人有直接影响的决定或结论;
- 第7条没有包括的任何政策或解释;
- 工作计划和年度开支预算;
- 与公民个人权利义务相关的工作手册或命令;
- 与公共机构的权力和义务相关的已经出版的材料;
- 垄断性的合同和与合资企业有关的信息;
- 依法设立的主管机构的决议;
- 其他由官方信息委员会所确定的信息。

官方信息委员会可设立关于依照信息权法第9条的规定通过查阅来获取信息的规则和程序。至于提供信息的申请,要获得这些文件可能要求缴付由委员会批准的费用。

例外

泰国信息权法包括一套完整的例外制度。信息权法第3条规定,与该法不一致的所有法律将根据其不一致的程度由该法取代。然而,第15条(1)款和(6)款规定,其他法律定为机密的信息应予以豁免,禁止公开。因此,必须假定第3条并不适用于例外规则,而后果是信息权法有效地保留了保密法。此外,公共机构都必须按照《关于官方机密保护的裁决》建立制度和规则,以防止未经授权就公开信息(第16条)。

大多数的例外都包含某种形式的危害测试,尽管危害范围包括从危害的可能性（将危及）到危害的确定性（会导致）。并不以规避危害为基础的两个主要例外情况是内部意见或建议，但这至少不包括技术性和事实性的报告，以及私下提供的信息。总之，总体看来这些都是非常重要的例外规则。该法允许将王室颁布的法令视为机密，但是并未为此提供明文规定（见下文）。

第15条是主要的例外条款，它规定，在签发命令禁止公开官方信息时公共机构应考虑到其自身的职责、公共利益和可能涉及的任何私人利益。这里提到的公众利益尽管起作用，但通常所说的公共利益优先原则，应该体现在强制性条款中，而不应该只作为一个因素加以考虑。第20条中包含了更为有力的公共利益优先原则，其中规定，只要官员披露信息是出于善意，如公开信息的目的是保护更重要的公共利益，并且披露是合理的，官员就应该被豁免责任。这不同于大多数信息权法中的公共利益优先的规定，其他法律主要是在对受保护利益的伤害和整体公共利益之间寻求某种形式的平衡。相比之下，泰国法律几乎是公众利益至上和保护善意披露信息的结合。

泰国信息权法对信息的分割处理没有明确说明，但分割处理可能就是第9条(2)款的意图。分割处理的方法也适用于对信息的申请，它规定，如果让公众查阅（或根据申请而披露）的信息的一部分属于例外情况，这部分信息应予以删除或以其他方式处理，以防止这部分被公开。这意味着信息的其余部分，即没有被免于披露的部分，仍应该予以公开。

该信息权法还对信息免于公布规定了时间限制。有关王室制度的信息75年后应予以公开，而其他所有信息推定为20年后可以公开。公共机构认为信息在20年后仍然不能公开的，可再延期，但不得超过5年。不再保存的信息应移交给国家档案馆或适当的其他存档机构，或按照规定予以销毁（第26条）。

关于特别的例外规则，第14条规定："可能危及王室制度的官方信息不得予以公开。"这是一种形式的危害测试，但是其具体内容目前尚不明确。在实践中，有关王室的保密制度是非常严格的。

第15条列出了以下几类例外规则：
- 公开后将威胁国家安全、国际关系或国家经济安全的信息；
- 公开后将破坏执法的信息；
- 属于内部意见或建议的，但不包括其所依据的背景技术报告、事实报告；

- 公开后将危及个人的生命或安全的信息;
- 公开后会不合理地侵犯隐私权的个人信息;
- 受到法律保护不予公开的信息,或由个人私下提供的信息;
- 王室命令所保护的其他信息。

在大多数情况下,这些例外在其他有信息权法的国家是公认的。两个反例是王室制度有特殊保护和国王有权力依据王室政令保护信息。

申诉

任何人如果认为公共机构未能发布信息、未能提供获取信息的便利,或未能按照申请人的要求披露信息,均可以向官方信息委员会提出申诉。这种权利在有些情况下不适用,包括公共机构已发布禁止公开该信息、驳回第三方异议的命令,或已发布拒绝改正个人信息的命令。这些限制严重破坏了这类申诉的有效性,因为它们意味着委员会委员无法详查例外规则的实施。不过,向信息公开法庭申诉的权利在此类案件中是可以使用的。委员会接受申请后必须在30天内作出决定,向申请人传达通知后可再延长30天(第13条)。

该法规定设立官方信息委员会,其组成包括若干常任秘书,如国防、农业和商业秘书,一名由总理委任的部长担任的主席,以及由部长会议从公共部门和私营部门中遴选的其他九名成员(第27条)。成员任期为3年,届满可重新任命,如不称职、有不当行为或曾被监禁则可能被免职(第29条和第30条)。这一机构多数由政府官员组成并由一名政府部长任主席,因而无法确保该委员会的独立性。

信息权法为官方信息委员会的会议订立了各种程序规则(第31条)。委员会有权要求公共机构提供其所拥有的任何信息,还有权调查任何公共机构的工作处所(第32条和第33条)。任何人如果不遵守委员会有关传唤或提供信息的命令应被惩处监禁最长3个月和(或)一定数额的罚款(第40条)。但委员会解决投诉的权力范围在该法中没有明文规定。

如果决定不公开或驳回了第三方的异议,申请人和其他当事人可以在收到此决定之日起15日内,通过委员会向信息公开法庭提出复议(第18条)。各类专门信息公开法庭是由内阁根据官方信息委员会的建议成立的,并根据官方信息的特定领域分类,如国家安全、国民经济或执法领域等。每个信息公开法庭至少由3人组成,由政府官员担任秘书和助理秘书。由于委员会缺乏独立性，裁判所的独立性也缺乏体制保障。同时该法也规定了有限的防止徇私的规避规则，禁止代表一个特定公共机构的法庭成员参与任何与该机构有关的决定。信息公开法庭应在 7 日内对申诉作出决定，且其决定应视为最终裁决（第 36 条和第 37 条）。信息公开法庭的权力、义务和程序等事项应由委员会加以规定并在政府公报中公布。

官方信息委员会、信息公开法庭或法院需要获取机密信息来解决争端时，均被禁止泄露该部分用来解决争端所用到的信息（第 19 条）。

制裁与保护

信息权法对故意阻碍获取信息的行为没有规定任何制裁措施。它对善意公开信息也没有真正规定任何保护措施。第 20 条规定，即便有时公开信息事实上违反了第 15 条的例外规定，但根据上述公共利益优先原则，国家官员公开了根据第 16 条还没有被保密的信息的，应受到保护。此外，如果按部长条例规定，某一级别的官员为了公共利益的需要而披露信息的，可豁免责任。不过在这种情况下，公共机构也可能仍然需要承担相应责任，因此可以看做这项权力很少被使用。

促进措施

泰国信息权法制定了很少的信息促进措施。该法专有一章涉及保护个人信息，限制收集、储存和使用这些个人信息。法律允许每个人有获取自己的个人信息的权利，但受到例外规则的限制（第 21～25 条）。此外，官方信息委员会根据该法的授权接受申诉，并有权对国家官员和公共机构提出咨询意见，根据该法规定提出制定有关条例或细则的实施建议，以及向内阁提交一份该法执行情况的年度报告，并履行由内阁或总理委托给它的其他职责（第 28 条）。

乌干达

概述

1995 年乌干达宪法第 41 条(1)款保障每个公民获取国家所拥有的信息的权利，但如果该信息的发布有可能危及国家的安全或主权，或侵犯个人的隐私权则除外。值得注意的是，第 41 条（2）款具体规定了议会应通过立法来规定信息获取权中所能获取的信息的类别，以及行使权利的程序。

尽管有上述强有力的宪法保障，乌干达还是花费了将近 10 年时间才在 2005 年 7 月 7 日签署《2005 年乌干达信息获取法案》①（信息权法），又过了 9 个月到 2006 年 4 月 20 日才开始实施。公民社会早在 2003 年就积极倡导制定一部信息权法律，政府于同年也致力于通过这样一部法律，政府的动机至少部分地是为了打击腐败。

该法的一些更为积极的方面是制定了一套大部分都被严格限定的例外规章，还包括进一步制定的关于例外规定的例外规定。程序性权利保障规则也制定得很好，同样也可以说，大部分是有进步意义的；尤其是关于告知的部分，每一步骤都要求作详细的规定。重要的是，该法规定要保护揭发者，或是那些提供违法行为证据的人。另一方面，该法只制定了十分有限的关于主动或日常性公布信息的规章，这与较新制定的一些信息权法律所表现出的趋势背道而驰。该法也没有规定独立的监督机制，这样，一旦信息申请遭拒，就只能寻求司法救助。该法对促进措施规定得也极为简单，这可能会妨碍法律的顺利实施。

该法的实施仍然道路漫长。在该法通过两年多之后，在本书稿付印时其实施规章还没有被通过，这就阻碍了该法的恰当实施。目前，乌干达政府仍在努力制定规章，但是，细则是否有效，以及什么时候才产生效力，现在还不得而知。

信息获取权

信息权法第 5 条（1）款明确地规定了信息获取权，是对宪法第 41 条的回应，即每个公民都有权获取公共机构掌握的信息和记录，除非该信息的公开可能危及安全、主权或个人的隐私权。信息权法第 5 条（2）款对此进行了补充，规定公民有权获取的信息应该是准确的、最新的。第 24 条（1）款进一步对于信息获取权进行了重要的阐释，即在遵守该法的规定，且该法关于例外规则的第三部分并不禁止的情况下，公众有权获取公共机构所掌握的信息或记录。这样规定的重要性在于，宪法和信息权法第 5 条（1）款中涉及的有限例外不足以保护可能会合法地优先于信息权的各种公共和私人的利益。

---

① 该法律内容见 http://www.freedominfo.org/documents/uganda_ati_act_2005.pdf。

第 3 条设定了制定信息权法的目的，其中包括建立一个"高效、务实、透明、可信"的政府，以实施宪法第 41 条的规定，保护那些披露政府不当行为证据的个人，并通过向公众提供及时、准确的信息来促进政府机关的透明度和诚信度，赋予公众一定的权利来审查和参与对他们产生影响的政府决策。第 2 条(3)款进一步规定信息权法中的任何条文都不可减损其他法律中支持信息获取权的规定。

这些都是非常积极的宗旨，总括起来可以很好地充当信息权法解释背景。

第 5 条规定的信息获取权适用于信息和记录。信息的定义出现在第 4 条，它包括书面的、视觉的、可听的信息以及电子信息。记录的定义是指公共机构持有的"以任何形式包括电子形式存在的、任何记录下来的信息"，无论是否由公共机构创建。这些定义似乎覆盖了公共机构拥有的所有信息。

信息获取权适用于国家或任何公共机构拥有的所有信息和记录。第 4 条对公共机构的定义包括"内阁、部委、政府部门、依法成立的公司、权力机构或委员会"。然而，第 2 条(1)款则规定信息权法适用于下列机构持有的信息："政府部委、政府部门、地方政府、依法成立的公司和实体、委员会，以及其他政府机关和代表处"，其范围好像更广泛些。然而，这些定义没有其他一些国家信息权法规定得宽泛，那些国家信息权法规定的公共机构也包括国家出资或控制的机构，甚至包括承担公共职能的私营机构。

如前所述，信息获取权只适用于公民，这和最优实践性法律不同，因为最优实践性法律适用于每一个人，包括公司企业。

程序保障

申请获取信息必须填写指定的表格，以书面形式提交。信息权法并没有规定申请可否以电子的形式提交。申请必须包括对信息或记录的详细描述，以使有经验的官员能够查找。申请人的身份、地址以及申请者要求的信息传递方式也要附上（第 11 条）。如果申请人由于不识字或残疾不能提交书面申请，则可以口头申请，此时信息官员应书面记录申请并给申请人一份副本。

第 12 条规定信息官员有义务免费帮助申请人，即使申请的是另一个公共机构拥有的信息。该条同时要求如果申请人的要求未能满足上述条件，信息官员就应该通知申请人，并帮他们解决问题。

根据第6条规定，无论是申请人出于任何原因而申请，还是信息官员对申请人陈述的理由有何看法，信息获取权都不应受到影响。如果该法像许多信息权法一样仅仅规定信息的获取不需要任何原因，也许会更好，尽管禁止信息官员对于申请的理由加上个人的主观看法这一规定被证明也是重要的。

第14条规定，如果公共机构不持有该记录或经过合理的努力仍不能找到所申请的记录，也不知道哪个公共机构拥有该信息，在这种情况下，申请人应被书面告知这一事实以及寻找该记录所采取的步骤。出于申诉的目的，该通知可被视为拒绝履行申请的证据。该条还规定，一旦被申请的材料找到了就必须提供给申请人。

申请人的申请是否被许可，通常应在21天内给予通知［第16条(1)款］。符合以下条件的，回复时限则可以再延长21天：如果申请获取的信息数量较大，或需要在大量的记录中搜寻，而要求在21天内完成此项工作会对该公共机构的工作造成不合理的干预；如果申请的记录并未存放在同一地点，且搜寻工作无法在原有的21天期限内完成；或申请人以书面形式同意延期。在这种情况下，信息官员应通知申请人延长的时间、理由和提起申诉的权利（第17条）。根据第18条，如果不遵守有关的时间要求，应被视为拒绝申请。这些规定在以下两方面达到了良好的平衡：一方面是需要规定合理的短暂回复时限；另一方面，回复时间不能太短，否则信息官员在执行过程中不大可能遵守这一时限。

根据第15条，如果该记录将在90天内出版，或为了出版需要更多的时间进行印刷，或如果法律规定了该记录需要出版，或该记录需要提交（给公共机构、公职人员或特定的人）而还没有提交，对于该信息的获取可以被推迟。在这种情况下，申请人须被通知可能推迟的时间，并有权利向信息官员陈述为什么需要在一定时间之内获取该记录。如果申请人有"合理的理由使信息官员认为拖延会使该申请人遭受重大损失"，申请人有权要求提早获取该信息。

许多国家的信息权法都规定在上述和其他类似情况下可推迟时限。这些规定的问题在于缺乏硬性的时间限制。例如，信息权法可以要求公布某些材料，但对此没有指定特别的期限，或限期两年完成。一个文件可能准备在久远的将来提交给公共机构，也可能从未真正提交，在这种情况下，第15条将会允许对信息权的无限期拖延。认为获取公共信息是公众权利的观念有助于克服这种拖延，规定在可能时克服延迟，这是有帮助的，但判断的标准——遭受重大损失——却是一个很高的标准，而且，考虑到获取信息是一种权利，这不足以完全解决缺少最后期限背后的潜在问题。

第 13 条对信息申请的转交作了如下规定：当最早被联系的公共机构不持有申请人所需信息或申请获取的信息与另一公共机构的工作有更紧密的关系时，申请应当尽快被转交，所需时间在任何情况下不能超过 21 天。在这种情况下，申请人应告知转交申请这一事实、理由和处理申请的期限。这些规定与其他信息权法的规定类似，但对申请转交规定的期限与处理期限一样，都是 21 天。对于申请转交这种相对简单的行为而言，该法规定的时限似乎太长了。

根据第 35 条，信息官员打算公布一项信息时，基于以下原因他或她必须在 21 天内以书面形式通知第三方：在公布的信息中可能包含第三方的商业秘密，或第三方提供的金融、商业、科学或技术机密；或该信息的公布可能导致第三方商业损失。在这种情况下，第三方应在 20 天内对该信息不应公开的原因作出正式陈述。信息官员须在其后的 21 天内决定是否公布该信息［第 36 条(1)款］。除了时限规定得过长之外，这类条文在各种信息权法中是常见的。过长的时限本身就与第 16 条和第 17 条的时间规定不符（因为这一部分规定的总时限超过了 60 天）。

当信息获取申请获准时，公共机构应向申请人发送通知，其内容应包括指明所需的任何费用、所提供信息的获取方式和申请人针对费用或获取形式提出的申诉权和行使该权利的程序［第 16 条(2)款］。当申请被拒绝，公共机构应向申请人发送拒绝通知，提供充分的拒绝理由和该决定所依据的信息权法条文、申请人遭到拒绝后的申诉权和行使该权利的程序［第 16 条(3)款］。凡申请的信息部分获准，部分遭到拒绝，发给申请人的通知应包含上述规定要求的相应内容［第 19 条(2)款］。

信息权法对于信息获取方式作了非常详细的规定。第 20 条(2)款提供了一长串可能的信息获取方式，其中包括复制记录（包括在适当时以电子形式）、查阅记录（包括通过音响设备）、使用公共机构现有设备提取信息，甚至在某些条件下允许申请人自己制作副本。获取信息的方式通常应满足申请人的要求，除非这会不合理地干预公共机构的工作、不利于信息维护或侵犯了不属于国家的著作权。当信息获取方式因上述原因不能满足申请人的要求时，所收费用不得高于按照申请人要求的获取方式所需的费用。该法还就残疾人的信息获取作出了详细的规定。应为他们提供获取信息的适当方式，除非这样做"极其昂贵"。收费标准采用类似的方法，不得超出向健全人收费的水平。

信息权法对于收费只作出了框架性的基本规定。第20条(1)款规定，信息提供应该在申请人付费之后尽快完成。除了赋予主管部长权力就行使法律职责制定"与费用有关的程序和规章，包括收费和费用减免"外，信息权法并未对费用问题作出其他规定。然而，收费额度必须只能是检索和复制信息所需的成本[第47条(1)款(b)项和(2)款]。这种收费体系利弊兼具。抛开减免问题不谈，它至少保证了一个统一收费规则，确保公共机构在收费以及费用的减免这一重要问题上的一致性。另一方面，将信息检索费用纳入收费范畴可能会显著提高信息获取的成本。这也意味着，申请人对于公共机构信息管理不善也分担了某种责任。

公布信息的义务

对于主动公开信息的规定主要在信息权法的第7条，公共机构需要在信息权法第7条生效后的6个月内制作该公共机构的信息手册，并至少每两年更新一次。该手册应"按照说明"的要求提供，并至少包含以下内容：对公共机构及其职能的描述，该机构信息官员及其副手的邮政地址和联系信息，公众提交申请的公共机构的地址，对公众提交信息申请过程的描述，该机构所持有信息的相关的主题，关于可以定期获取的信息的清单（如第8条所规定的，见下文），公共机构向公众提供的服务和具体方式，公众参与该机构决策的任何机会，公共机构向公众提供的所有补偿的详细介绍，其他可能提供的信息等。

尽管信息权法对手册的详尽规定值得肯定，但在其他方面远不及近年来许多已经通过的信息权法规定得详细。特别是仅出版一本手册，而不是通过因特网扩大信息获取范围的想法似乎对信息公开造成了不恰当的限制。至于信息应该如何传播，如上所述，需要进一步进行规范。

第8条要求公共机构至少每两年一次，对可以主动公布的信息类别作出描述。第9条要求公共机构确保该机构信息官员的邮政地址和联系信息刊登在所有供公众使用的通讯录中。从获取信息的角度看这一规定是有用的，但它可能引起下述质疑，即如果该规定的目的在于公布信息官员的私人地址，那么这样做是否恰当。

例外

该信息权法的第三部分对例外情况作了全面的规定。这一部分的第23条甚至规定了自己的解释准则，实际上不允许将该规定以限制其他规定的方式加以解释。第2条（2）款提出了该法管辖范围内的两个完整的例外规定，即内阁记录（及其委员会的记录）和案件结束前的诉讼程序记录。第25条再次作出了保护内阁文件的规定，虽然这一规定至少设想了由一位部长负责制定关于公布某些类型信息——大概就是指内阁记录——的规则，这或许意味着该信息应该或许可以在7年、14年和21年后对外公布。但目前还不清楚这些规则在司法实践中如何操作。

该法与其他法律，特别是保密法之间的关系还不清楚。如果运用通常的解读规则，那么，两部法律中哪部更为优先将取决于一系列不同的考虑。像其他一些国家的信息权法一样，乌干达信息权法也是保密法，其例外中有强制性规定（即官员不是可以不公开某信息，而是被禁止公开所规定的信息）的存在就是证明。内阁记录、敏感的商业机密、其他第三方的信息、保护个人免遭危险的信息，与公正审判和法律特权相关的信息（对这些信息类别更详尽的阐述见下文）就属于强制性的例外情况。虽然这样的规定从原则上讲没有什么错误，但可能会破坏通过信息权法所带来的推动信息公开的理念；同时也意味着，该法保护任何出于善意遵循法规的官员（见下文"制裁和保护"部分），不论其公布还是拒绝公布信息（即善意拒绝公开信息和公布信息一样受到保护）。

除了内阁记录和其他一两项（包括保护公共机构的内部决策信息）之外，大多数的例外情况都包括某种形式的危害测试；个人信息需要以"不合理披露"为条件进行危害测试；许多其他例外的标准是，披露信息将"很有可能"造成该法列出的危害。与其他一些信息权法相比，该法判定例外的标准较低。对此标准加以解释的严格程度将成为影响信息权法成功实施的重要因素。在上述例外中也包含了许多针对信息公开例外的例外规定，或者说是在某些情况推翻了例外规定。但该信息权法没有规定须由内阁大臣签发证书来确认某类信息属于例外范畴。

信息权法第34条规定了公共利益优先原则。根据该原则，即便信息属于例外范围，在某些情况下也必须披露。这些情况包括：公布信息将揭露严重违法行为的证据，或是将展示对公共安全、公共健康或环境造成紧急而严重的危害的证据,或是披露信息带来的公共利益大于对受保护利益可能造成的损害。尽管这些仅属于危害清单中较小的范围——违法行为等——但至少比关于公共利益的笼统规定要更清楚一些。

信息权法第19条(1)款包含了信息可分割条款,即一个信息记录中任何不属于例外规则的部分应当公开。该法没有对信息保密期限作统一的规定,但保密期限的确适用于国防、国际关系信息和公共机构内部协商性信息(见下文)。

信息权法规定的具体例外规则如下:

- 内阁记录和其他档案记录［第2条(2)款和第25条(1)款］;
- 个人信息或个人健康记录免于不合理的公开,除非当事人同意,或当事人在提供私人信息时被告知该信息属于哪一类可能会被公开的信息,或该信息已经可被获取,或该信息涉及某公职人员的职务（第21条和第26条）;
- 含有商业秘密、版权、专利等内容的信息;一经公开有可能对公共机构的利益或正常运行造成损害的信息;以及由第三方秘密提供的、一旦公开会对其产生不利商业影响的信息,除非这一信息已经公开或第三方同意公开,或内容涉及产品或环境测试的结果,该结果可以揭示对公共安全或健康安全的严重威胁（第27条）;
- 一旦公布将破坏法律确保的信任关系的信息,或是一经公布会被合理预期为对类似信息的未来供应造成影响,而且违背公众利益,除非此类信息已被公开或当事第三方同意公开（第28条）;
- 能够合理预测到信息一旦公布就可能危及个人生命或人身安全,或有可能影响建筑物、其他财产、运输工具或方法、计划等的安全,不利于保护证人、公共安全或公共财产（第29条）;
- 一旦公布信息将可能剥夺一个人的公正审判权,披露信息被合理预期可能破坏对违法行为的预防、侦查、调查所使用方法的有效性及其实施,破坏对罪犯的起诉,导致司法审判不公,或有可能暴露机密信息的来源,导致恐吓证人或帮助犯罪行为的实施,但不得基于上述理由对一般性的拘留信息进行保密（第30条）;
- 在法律程序记录上属于个人专有的信息,除非享有专有权的当事人放弃这一权利（第31条）;
- 一旦公开可能损害国防、安全、主权或国际关系的信息,或泄露由另一国家、国际组织提供的秘密信息,除非该类信息的存在已超过20年

(第 32 条)；

- 包含意见或建议、记录协商、讨论说明的信息，一旦公布信息能够合理预期将因为阻挠观点、报告或建议的交流，或妨碍协商或讨论的行为，而导致审议程序的失败，除非该信息的存在已经超过 10 年（第 33 条）。

一般来说，这些例外的设立是符合公认的标准的，但还是有几点问题值得一提。首先，如前所述，在公共机构内部协商信息的例外规定中，一个重要的部分是不能有任何的危害，包括所有的意见和建议，这是信息获取权规定潜在的巨大漏洞，就像内阁记录一概免于公开的规定一样。其次，该法提供了一个非排他性的清单，列举了属于例外情况的国防信息。这做法初看也许显得合理，但其中包含的许多免于公开的信息在民主国家中实际上是公众监督官员行动不可或缺的一部分。例如，这份清单包括了与武器质量、特性或安全漏洞相关的信息，然而对这一议题进行公共辩论是完全合法的。因此，虽然提供这一清单毫无疑问是意图缩小国防信息的例外范围，但它却未能实现这一目标。

申诉

乌干达信息权法没有为申诉行为规定一个独立的行政机构。这是一个明显的缺点，其他国家的经验已经证明独立申诉机构的重要性。然而乌干达信息权法对于司法申诉却有比较详细的规定。第 37 条规定，公众可以就公共机构对其信息申请的拒绝、回复申请时无故拖延或拒绝按申请人要求的获取方式提供信息等行为向首席法官（Chief Magistrate）提起申诉。第 38 条规定，不接受首席法官裁决的申请人可在 21 天内，向高等法院上诉。规则委员会[①]必须通过一套处理这些申诉的规章程序（第 39 条）[②]。

第 40 条规定，在申诉听证过程中，法院可以不受信息权法或任何其他法的限制而审查公共机构拥有的任何记录，公共机构不得以任何理由隐藏信息，除非信息权法律或任何其他法律明确禁止公开该信息。但上述规定有点混乱，起草者的意图也很不明朗。这可能是指法院应有权查阅，除非法律明确禁止法院——而非一般公众——查阅这种可能性。许多实践效果最好的信息权法

---

① 这个委员会的权利并不完全清楚，但应该是制定司法系统内部规则的机构。
② 该法律第 39 条中称上述内容属于第 35 条和第 40 条，但我们认为不对，因为实际上申诉属于第 37 条和第 38 条。

只是直接规定行政申诉机构和法院有充分获取信息的权力,当然这种权力可能被其他法律推翻。当查阅所需信息时,法院可以通过接受单方面的陈述或秘密举行听证、禁止旁听等方法保证属于例外范围的信息不公开。根据第22条,在所有相关的申诉程序结束之前,公共机构必须确保该信息免于公开。

基于信息权法提起的司法听证属于民事性质,但证明公共机构确实拒绝信息申请和作出其他决定的"举证责任",则由声称其决定符合信息法规定的该公共机构承担(第41条)。鉴于信息权法规定公共机构有几乎是排他性的义务,上述举证责任通常也属于公共机构。法院对根据信息权法提起的申诉进行裁决时,可以确认或撤销原决定,要求提供被申请的信息,批准包括赔偿、指定司法费用承担者在内的临时或特定的费用减免及补偿,或命令公共机构采取其他必要的行动(第42条)。这一套广泛的补救行动使法院可以确保信息权法得到适当的执行。

制裁与保护

乌干达信息权法对于制裁和保护都作出了强有力的规定。根据第46条,任何人有意拒绝信息申请,破坏、损坏、改变、隐瞒或伪造信息的,即属犯罪,最高可判240"货币点"的罚金(附表规定1个"货币点"约等于20000乌干达先令或约11.50美元)和(或)不超过三年的监禁。

另一方面,任何公共机构官员不应由于其出于善意行使或执行信息权法赋予的权力或职责而承担任何民事或刑事责任(第45条)。因此,只要是出于善意而公开信息,该官员将受到信息权法的保护。正如上文所指出的,该法保护任何出于善意的官员,不论其公布信息还是拒绝公布信息,只看是否符合信息权法的规定,因为该法既是保密法也是信息获取法。

信息权法第44条规定禁止对涉及不法行为或严重威胁到健康、安全或环境的信息进行揭发的人施加法律、行政或与就业有关的制裁,只要他们公布信息是出于善意并合理地相信该信息为真实,并揭露了证实不法行为的证据。该条规定的不法行为包括刑事犯罪、不遵守法律义务、造成司法不公、贪污或不诚实,或行政失当。这一规定意义重大。因为规定保护检举人的信息权法很少有,尽管越来越多的国家对此进行了另外的立法。①

---

① 例如,可参见南非于2000年通过的《南非保护信息公开法案》(South African Protected Disclosures Act)和英国1998年通过的《公众利益公开法案》(Public Interest Disclosure Act)。

促进措施

乌干达信息权法对于信息权促进措施的规定非常少。第10条规定，公共机构的行政长官有责任确保其信息能被获取。这与信息官员须是行政长官的定义是相一致的（根据第4条，信息官员即行政长官）。纵览整个信息权法，也正如本节所提到的，公共机构的信息义务主要由信息官员负责执行。由机构负责人承担此职务至少起到确保公共机构内部会认真对待这些职责的作用。

根据第43条，每个内阁大臣须就其负责的公共机构的信息服务活动向议会提交年度报告，内容包括描述这些公共机构收到的信息申请，这些申请是否获准，如果未获准，原因何在。这类报告常见于其他信息权法中，但和乌干达信息权法相比，许多信息权法规定了更为详细和广泛的报告义务。

乌干达信息权法不包括见诸于许多信息权法中的其他一些促进信息权的措施，如公共机构有义务制作指南指导公众如何申请信息、建立管理信息的有效系统，规定公共机构有义务为信息官员提供有关信息公布的培训。该法也没有规定政府对推动正确执行信息权法所应承担的具体责任。缺少这一规定，就可能导致这一重要工作面临巨大的风险。

英　　国

概述

英国没有成文的宪法性质的权利法案，因而宪法中也没有关于信息权的内容。1998年的《人权法案》虽然在形式上只是一部普通的法律，但其中包含着《欧洲人权公约》中保障表达自由的内容，具有一定的特殊地位。然而欧洲人权法院拒绝将获取公共机构所掌握信息的权利作为一般意义上保障表达自由的一部分，[1] 因此英国法院不可能把这项权利阐释得更为宽泛。

信息权在英国处于有趣的矛盾境地中：媒体在相对非常尊重表达自由的环境中活跃地运行，这与在传统上极度保守的政府形成鲜明对照。这解释了

---

[1] 欧洲法院有时将信息获取权建立在家庭生活权或隐私权等其他权利之上。见本书"国际标准与潮流"这一部分。

为什么会出现大多数老牌的民主国家早已通过了此类法律，但英国的《2000年信息自由法》（Freedom of Information Act 2000）（信息权法）直到2000年11月才得以通过，① 甚至到2005年1月才完全生效的怪现象。

尽管当地公民社会团体发起了长期的运动，为立法呼吁了几十年，但是信息权法迟迟才获得通过。他们在1978年试图通过引入一项下院议员法案来使得该法获准的努力失败了，尽管澳大利亚、加拿大、新西兰等"兄弟国家"在20世纪80年代初都通过了信息权法，但是英国政府就是拒绝这样做。1997年工党上台，结束了长期的保守党统治，其竞选承诺之一就是批准信息权法，这在2000年按期实现了。但2001年10月，在美国"9·11"袭击发生之后，政府马上将对该法关键部分的落实推迟到2005年1月。

英国的信息权法中包含了完备的程序保障、广泛的应用范围，以及许多独创的促进措施。比如提出主动公开信息的公布方案这一举措，为随着时间推移不断扩大信息公开的范围提供了灵活的工具。但同时，例外信息规章极其宽泛又严重削弱了信息权。这些例外规章不但表面上看范围广泛而且许多都缺少任何危害测试，也并未遵守公共利益优先原则。

信息获取权

英国信息权法在最开始，即第1条(1)款中就规定任何"对公共机关所掌握信息提出申请者都有权"被告知该机关是否保存有该信息，如果确实存有，该申请人有权"知晓"该信息。这项权利的实现需要遵守该法中其他一些条款，包括：
- 为识别或查找某资料，公共机构可合理要求申请人提供更多情况；
- 例外信息规章；
- 支付相应费用；
- 无理取闹或反复申请的，可不重复披露［第1条(2)款和(3)款］。

虽然该法冗长的名称中大致提到为"对公共机关公开其掌握的信息进行规定"而订立此法，但是法律中并没有一条专门阐述立法目的。

该法把信息简单地定义为在收到申请时由公共机构掌握的"以任何形式记录的信息"（第84条）［第1条(4)款］。无论信息是何种形式、何种状态、公共机构何日收到或是否由该组织制定，公共机构所掌握的所有信息都

---

① 参见 http://www.cfoi.org.uk/foiact2000.html。

被认为包括在其中。该法同时规定某信息即使由该组织代其他组织，或其他组织代该组织保管，也都认为该组织掌握此信息［第3条(2)款］。因此，公共机构就不能仅通过请其他组织保管信息而逃脱公开义务。

法律指定哪些组织属于公共机构的主要手段是把名单列在长达18页的一览表1中，一一列出了政府所有部门、各种立法机构（该法并未包括有自己法律的苏格兰）①、军队及很多其他组织的名称。但是其中不包括特种部队，它完全不受此法约束。

法律还规定在特定情况下，国务大臣可以对一览表1中的组织名单进行增删（第4条），或者可以将"行使公共性质职能"或者为一公共机构提供相关服务的组织指定为更广义的公共机构（第5条）。国务大臣已依据第4条发布了许多这类指令。②

最后，公营企业是指由王室或由除政府部门外的某公共机构全资所有的公司，它们也属于公共机构（第6条）。法律还规定，凡某组织仅由于某特定信息而被视为公共机构，那么这个组织只对该信息负有信息公开义务（第7条）。

最近，有人试图通过《麦克莱恩法案》（Maclean Bill）③将议会从信息权法适用范围中排除，但是这遭到了尖锐的批评，现在不了了之。④更让人振奋的是，2007年10月25日公示的一项咨询意见考虑扩大法律适用范围，将行使公共职能的私人组织也一并纳入。⑤

依据英国的信息权法，信息获取权不受国籍或居住地的限制。

程序保障

获取信息必须以书面形式提交申请，注明申请人的姓名、地址并对索要信息进行描述。只要清晰易读且以后能用做合法有效的查考依据，电子版申请也被视为书面形式（第8条）。虽然法律没有特别提出，但是暗示了申请

---

① 《2002年（苏格兰）信息自由法案》［Freedom of Information (Scotland) Act 2002］。参见http://www.hmso.gov.uk/legislation/scotland/acts2002/20020013.htm。
② 参见http://www.dca.gov.uk/foi/reference/legislation.htmJHJcoverage。
③ 《信息自由（修正）法案》［Freedom of Information (Amendment) Bill］正式文件。网址http://www.publications.parliament.uk/pa/cm200607/cmbills/062/2007062.pdf。
④ 见http://www.bbc.co.uk/blogs/opensecrets/2007/06/maclean_bill_lacks_a_lords_spo.html；也可参见http://www.cfoi.org.uk/JHJother。
⑤ 见http://www.justice.gov.uk/news/newsrelease251007c.htm。

时无须递交理由,因为申请理由不在必须提交的内容之列。① 当申请人"有恰当理由认为公共机关应当提供帮助时",该机关须这样做(第16条)。依照法律第 45 条,国务大臣批准了实施细则,② 对这项义务的范围作了详尽规定。虽然细则本身没有足够的约束力,但是人们普遍认为它是对具有强制性的法律规定的权威阐释。公共机构必须帮助没有能力提交书面申请的申请人,或者通过介绍某组织帮助该申请人,或在少数情况下可以自己减免书面申请的要求(第7节)。凡申请材料中对索取信息的描述不充分时,公共机构也应提供帮助(第8~9节)。

公共机构在任何情况下都应在 20 个工作日内对申请作出处理,通常要么提供信息要么告知申请人不予提供的决定。从通知申请人付费起到费用完全缴纳之间的时间不计入这 20 日内。国务大臣可以依据信息级别不同,依法将此时限延长至 60 日(第10条)。③

当是否公开的决定取决于公众全体利益的考虑时,规定稍有不同。④ 在这种情况下,公共机构可以等到"条件允许时"才提供信息(第10条)。但是必须在 20 日内通知申请人是否公开仍须审定,并告知大约在什么时候可以作出决定[第17条(2)款]。作出这样的延时后,若最终决定不予公开,要进一步通知申请人相关理由[第17条(3)款]。

信息权法没有直接提到移交申请或者向第三方咨询的问题,但是却在依照第 45 条制定的实施细则中对这些问题作了详尽规定。总体而言,凡被申请的信息由另一个公共机构掌握,被申请的组织即应告知申请人,并提供该组织的详细联系方式。如果移交申请"更合适",当且仅当本部门没有所申请的信息,且查实某公共机构确实保管该信息,申请人不大可能反对(或表示同意)的情况下,被申请机关可以直接将申请移交给那个组织。在这种情况下,应尽快告知申请人移交情况,办结时间由另一组织收到申请时开始计算(实施细则的第三部分)。

---

① 实施细则中也隐含地规定(见下文)了对申请人提供帮助的目的是澄清申请理由,而非确定申请动机(第9节)。
② 于 2004 年 11 月 25 日获得通过,网址 http://www.dca.gov.uk/foi/reference/imprep/codepafunc.htm。
③ 《2004 年信息自由(响应申请时间)条例》[The Freedom of Information (Time for Compliance with Request) Regulations 2004],《法定文书》2004 年第3364 号,于 2004 年 12 月获得通过,延长了对各种组织的时间限制。参见 http://www.opsi.gov.uk/si/si2004/20043364.htm。
④ 见下文,"例外"部分。

实施细则的第四部分规定了向第三方询问的问题，细则中强烈建议凡被申请信息涉及申请人之外的其他人，或者公开被申请的信息很有可能影响到第三方的利益时，都要向第三方询问。如果信息由另一个公共机构提供，那么在公布信息之前，须告知该机构并在恰当时与之进行磋商。

当不予公开某信息时，应告知申请人所依据的例外原则、不公开信息的原因、详尽的内部申诉程序以及申请人具有的向信息专员提交申诉的权利（第17条）。

依据信息权法，申请人必须指定其希望以哪种形式获得信息。有三种形式可供申请人选择：以永久或其他形式获得文件，一次观看记载信息记录的机会，或者以永久或其他形式获得资料的全文摘要或归纳。只要考虑成本等其他因素，要求"合理可行"，那么公共机构就必须依照申请提供相应形式的信息（第11条）。

法律规定了两种单独的收费体系，一种适用于"一般"申请，另一种适用于更复杂的申请。依据第一种方法，公共机构可以依据交费情况对被申请信息进行有条件的公开，而且申请人须在三个月之内交纳费用［第9条（2）款］。收费必须依据国务大臣制定的规章，规章中规定了特定情况下无须付费，并设定最高收费额和（或）计费方式。2004年通过的规章规定，只收取通知申请人该组织掌握所申请的信息及通信传送的费用（包括复制费和邮寄等传输费用），但不收取人工费。①

但这个制度不适用于第二种收费方法，第12条规定，当提供信息的成本超过"指定的适当限度"时，采用第二种方法。2004年的法规限定：向中央政府或议会申请，收费上限为600英镑（约合1234美元）；向一般公共部门申请，上限为450英镑。公共机构为审查是否掌握该信息，查找、检索、提取该信息所花费的时间，按每小时25英镑（约合54美元）计费（第4节）。凡同一申请人、一起行动的申请人或在推动同一运动的申请人在60个工作日内就类似信息提出两次及两次以上的申请时，合计多次申请的费用。当花费可能超过收费上限时，虽然公共机构没有任何义务提供信息，但是按照第13条规定，该组织仍可提供，并对包括复制和向申请人传

---

① 《2004年信息自由和数据保护（适当的限制和费用）条例》［The Freedom of Information and Data Protection (Appropriate Limit and Fees) Regulations 2004］，于2005年1月1日生效，第6节。参见 http://www.opsi.gov.uk/si/si2004/20043244.htm。

送信息的成本在内的上述所有开销收费（法规第 7 节）。使用随意的表达方式意味着第 12 条是正式的例外条款，允许公共机关拒绝所有更繁琐的申请。

最近有人努力对收费规定作一些退步的改变，具体地说就是增加收费事项，尤其是想要对咨询他人的时间成本、考虑一项例外是否符合合理限制等所花的时间进行收费，并允许"在任何情况下都合理时"合并不相关的申请[①]。在本书付梓之前，政府刚刚否定了这些意见。

公布信息的义务

和许多其他的信息权法不同，英国的信息权法没有列出每个公共部门即使在无申请的情况下也必须主动公布的信息。然而第 19 条规定每个公共机构必须制定、公布并且实施信息公布方案，列出它将公布的信息类别、公布方式及是否拟对某些特定部分的公开进行收费。公共机构制定信息公布方案必须考虑公众的利益，使人们能够获取它所掌握的信息，能够获知机关作出决定的原因。

重要的是，信息公开方案必须由信息专员批准。信息专员可以规定批准时限，或者预告该批准在 6 个月之后失效（第 19 条）。另外，法律规定由信息专员为不同级别的公共机构制定信息公布方案的模板，[②] 只要信息公布方案仍有效力，任何相关级别的公共机构都可以直接应用该方案，而不用自己制定（第 20 条）。

这个制度使主动公开的义务具有一定程度的灵活性，使得公共机构可以在这个范围内依据其具体需求进行操作。考虑到公共机构为数众多，这规定还避免了信息专员监督的负担过重。重要的是，它允许当公共机构具备这方面的条件时，不断提升履行主动公开义务的水平。

但实际上，除了那些批准了信息公布方案模板的机构，不同机构的信息公布方案很少得到统一。依据各自的信息公布方案，相似公共部门所提供的信息量也有很大的不同。实际上，造成这种状况的部分原因在于信息专员批准适用程序的方法不严格，并且比如没有试图保证相似组织负责公开相似的信息。

[①] 该议案网址 http://www.dca.gov.uk/consult/dpr2007/cp2806condoc.pdf。
[②] 许多不同的方案得到批准，网址为 http://www.ico.gov.uk/Home/what_we_cover/freedom_of_information/publication_schemes/model_schemes.aspx。

国务大臣依据信息权法第45条公布的实施细则列出了一些主动公开的具体职责，包括公布处理信息申请的程序（第4节）。

例外

英国信息权法把例外信息规章称为豁免，它的范围十分宽泛，这表明政府保密的弦绷得很紧。事实上这恰是这部在其他方面很先进的法律的软肋。大多数例外规定十分清楚，但许多范围过宽，并且在一些情况下，超出了其他国家认为必要的限度。

这部法律保留了别的法规中的保密规定，另外也接受了被欧洲共同体涉及蔑视法庭的条款或规定所禁止公开的事项（第44条）。但是，它至少赋予了国务大臣基本权力，使之可以通过命令来废止或修改那些限制信息公开的法律，这至少在理论上可以减轻照搬保密法规可能带来的最严重的问题（第75条）。到目前为止，国务大臣只动用这项权力批准过一项法规①，但值得肯定的是，信息权法中没有述及最重要的保密法规——《1989年政府保密法》。② 同时，信息权法规定保密法中包含的所有内容都不应被视为是在限制公共机构公开信息的权力（第78条）。因此，和大多数信息权法一样，它绝不是保密法，保密诉求已经在《政府保密法》和其他的保密法规中得到过度保障了。

一些例外须接受危害测试，但大多数没有，据此对例外进行分级。对于接受某项测试的例外，危害测试通常的表述是"会或很可能会对被保护的利益造成损害"，这是一个较强的表述。在一些情况下，如对于应依法特殊处理的信息，例外事实上包含着内部的危害测试。

有利于安全组织（第23条）、国家安全（第24条）、议会言论自由权（第34条）以及与公众权益至上有关的内容（见下文）等等例外都被明文规定免于公开。凡部长核准某信息进入免于公开的范围时，这则信息必须有确凿证据，并接受信息法庭各种层次的检查（见下文）（第60条）。

这部法律确实含有公共权益至上的规定，尽管它使用的是否定表述，即

---

① 《2004年信息自由（免除并放宽禁止披露信息的法定限制）令》[The Freedom of Information (Removal and Relaxation of Statutory Prohibitions on Disclosure of Information) Order 2004]，于2005年1月1日生效。参见http://www.opsi.gov.uk/si/si2004/20043363.htm。

② 这部法律广受诟病。比如，ARTICLE 19 and Liberty, *Secrets, Spies and Whistleblowers: Freedom of Expression and National Security in the United Kingdo*m (2000, London)。

规定"在任何情况下,若信息免予公开所保障的公共利益优先于信息公开的公共权益时",无须履行公开的义务[第2条(2)款(b)项]。这种要求在权衡后选择不公开时应提供理由的做法是一种不错的尝试。但是,它主要被以下两种方式所削弱。首先,第2条(3)款列出了很长的"绝对"不公开的信息明细,在这种情况下公众利益至上原则不适用于这些内容。这包括能通过别的方式获取的信息(第21条)、与安全组织有关的信息(第23条)、法庭记录(第32条)、议会言论自由权(第34条)、与上下两院有关的公共事务处理(第36条)、大多数个人信息(第40条)、秘密提供的信息(第41条)、由其他法律禁止公开的信息或欧洲共同体职责履行中所禁止公开的信息(第44条)。大多数这样的信息都被划入无须危害测试的例外范围中,因为它们不需要危害风险来保证其可以免于公开的地位。

该法对公共利益优先的例外事项规定宽泛,但是第53条所规定的可以对抗公共利益优先的权力则更为重要。此条提到的所有公共机构的"负责人",通常是部长,在专员作出决定依公众利益优先原则对信息进行公开后20日内,签署一项证书,说明"作出此决定具有合理理由,是本着尊重申请或考虑申请的原则,且无误地"遵守了法律的规定。这种证书的效果是架空了专员作出的公共利益优先的决定。这项权力被赋予所有的政府部门、威尔士国民大会以及由国务大臣提名的所有其他公共机构。事实上,这极大地削弱了专员对于公共利益优先的执法权。

信息权法并没有包含关于可分割性的具体规定,但是法律适用于信息,而不是文件,这一点就隐含了这一规定。换句话说,例外只扩展到了法律所描述的信息而非包含那些信息的文件,所以任何不包含在例外规定中的信息就必须得到公开。

该法对历史记录作了详尽规定,虽然有的文献保密期比30年更长,有的并不遵循到期解密的规定,但是大多超过30年以上的文件就被定义为历史记录。过了保密期许多不予公开的内容都不再保密,这些内容有保护英国国内关系的信息(第28条)、庭审信息(第32条)、保护政府内部运行的信息(第35条和第36条)以及商业情报(第43条)。有人于2007年10月25日提出了一项建议缩短30年保密期的议案。[1]

例外可以归为三大类,以及大约20小类。三大类分别是:恶意或重复

---

[1] 见http://www.justice.gov.uk/news/newsrelease251007c.htm。

申请（第 14 条）；申请人确已获得信息，无论是否付费也不再次发送（第 21 条）；信息将会被公布，因此只要具备不依申请公开的合理理由，即使还未确定信息公布的具体日期，也可以不公开（第 22 条）。第三条可能会产生一些问题，因为它有可能被滥用以拖延对申请的回复。

具体的例外制度罗列如下：

- 由众多安全部门及其监察法庭直接间接提供的或者与之有关的信息（第 23 条）；①
- 为"保护国家安全的需要"（第 24 条）而保密的信息或者公开会危害国防的信息；
- 如果公开就会或者可能会危害英国与别的国家、国际组织的关系或者损害英国的海外利益的信息，或者那些由别国或政府间机构秘密提供的情报（第 27 条）；
- 如果公开就会或者可能会损害英国国内不同政府部门之间关系的信息（第 28 条）；
- 如果公开就会或者可能会危害英国的经济利益和政府的财政利益的信息（第 29 条）；
- 如果公开就会或者可能会妨碍犯罪侦破的信息（第 30 条）；
- 如果公开就会或者可能会妨碍察觉、预防、起诉犯罪或者总体上损害司法部门的信息（第 31 条）；
- 庭审记录（第 32 条）；
- 如果公开就会或者可能会妨碍审计职能或者妨碍对公共机构效能考察的信息（第 33 条）；
- 属于议会言论自由权范畴的信息（第 34 条）；
- 与政府政策表述有关的或者与部际联络有关的信息，一旦政策获得通过，只提供统计信息，不提供之外的信息（第 35 条）；
- 如果公开就会或者可能会损害部长的集体责任或者妨碍自由而坦率地提出建议（第 36 条）；
- 涉及与女王通信内容的信息（第 37 条）；
- 如果公开就会或者可能会危害健康或安全的信息（第 38 条）；
- 依照环境法规单独申请提供的信息（第 39 条）；

---

① 这同样被完全排除在那些安全部门法律之外，见上文。

- 个人信息（第40条）；
- 如果公开就会或者可能会导致信任丧失的信息（第41条）；
- 法定特殊处理的信息（第42条）；
- 商业秘密及如果公开就会或者可能会损害任何人商业利益的信息（第43条）；
- 其他法律或者欧洲共同体职责履行中规定禁止公开的信息（第44条）。

把这些加起来就是一个惊人的例外列表，不仅涉及范围广，有的还相互重叠，而且许多情况下有些规定完全没有必要。

申诉

信息权法规定了三级申诉方式：一是在掌握信息的公共机构内部申诉，二是向信息专员申诉，三是向特别信息法庭上诉。后两种最早依照《1998年数据保护法》（Data Protection Act 1998）建立，当时分别称为数据保护专员和数据保护法庭。专员由英国女王任命[①]，法庭包括由大法官（事实上是司法部长）任命的一位主席及多位副主席，还包括由国务大臣任命的许多其他成员。[②] 虽然分别任命的过程不能在结构上保证独立，但是专员和特别法庭在实际上确实是相互独立的。

国务大臣依照第45条制定的实施细则规定了各种事项，包括在处理与信息申请有关的投诉时的内部程序。2004年的实施细则在第六部分包括了具体的规定。不管文体是否合乎规范，所有由申请人以书面形式提出的表达不满意的文书都应被视为正式的投诉。每个公共机构制定各自的投诉程序，但必须保证程序公平且对事实重新彻底审查；如有可能，应由级别高于初始决定者的人员审查。接到投诉后应告知投诉人，且告知预计能够解决的时间。虽然没有设定具体的时间限制，但预期解决投诉的时限应当"合理"。投诉人应该被告知结果，且凡投诉被驳回时，应告知投诉人其具有对此决定进行上诉的权利。当投诉反映了程序疏漏时，应采取措施保证类似问题不再发生。

依照第50条，除非申请人没有用尽所有内部申诉程序、对申诉的拖延

[①] 《1998年数据保护法》（Data Protection Act 1998），第6条(2)款。
[②] 《1998年数据保护法》（Data Protection Act 1998），第6条(4)款。

时间过长或者是无理取闹的申诉，否则信息专员必须审查申请是否依照法定方式处理。收到申诉申请后，信息专员必须发布一个决定通知，并且凡存在违反第一部分任何一条规定的情况时，包括信息当公开而不公开，没有按规定形式公开的，或者没有迅速通报申请人拒绝公开理由等，此通知应指导该公共机构采取措施纠正问题。

专员有权要求任何公共机构提供其依照申诉或者为保证公共机构依法履行义务而要求的任何信息（第51条）。即使没有投诉，专员也可以要求公共机构采取如对依法履行义务有必要的措施（第52条）。

凡某公共机构没有按照专员的要求采取措施，专员可以向法庭通报此事实，法院会介入调查，一旦事实被认定，将对此组织以藐视法庭罪（即违抗法庭指令罪）论处（第54条）。

申请人或者公共机构都可以就信息专员的任何决定或命令向法庭提起诉讼。法庭有权对信息专员的决定在法律适用和事实两方面进行审查（第57~58条）。如上文所述，对根据不同的部门证明提起的诉讼，法庭具有不同的权力。凡证明提到信息与安全机构有关时，法庭有充分的权力进行判断并且在发现信息不在免除公开的范围之内时，可以取消该证明。在处理有关国家安全的证明时，法庭只有权进行司法复审，即只有确信部长没有足够理由发布该证明时才可以取消它（第60条）。

对特别法庭作出的决定在适用法律上有异议时，可进一步向法院提起诉讼（第59条）。

制裁与保护

信息权法包括许多制裁与保护的规定。凡信息被申请公开时，任何人"为了防止公共部门掌握的所有或者部分信息被公开，故意修改、污损、限制、清除、毁坏或者隐瞒公共机关掌握的任何记录"的行为都是犯罪行为，应处以罚款（第77条）。

法律还规定除非出于恶意公开信息，否则披露第三方提供的信息不应被控以诽谤（第79条）。信息权法不对检举者提供保护，但是另一部法律对所谓的公共利益披露提供了详尽的保护方案。[①]

[①] 参见《1998年公共利益公开法案》（Public Interest Disclosure Act 1998），网址 http://www.opsi.gov.uk/acts/acts1998/19980023.htm。

促进措施

这部信息权法包含许多促进措施。一般意义上讲，它规定应分配经费以保证该法的有效实施（第85条）。它并没有明确规定应该任命信息学员，但是2004年的实施细则要求提供公开申请联络人的地址和电话号码，"如有可能，应提供一位实名人士的上述信息"（第5节）。

除了法律第45条授权的实施细则外，第46条要求大法官（司法部长）发布一项实施细则以指导公共机构对记录进行保存、管理和销毁。这个细则也规定应将记录转送至公共档案局（档案馆），包括将不予转送的记录进行销毁。

虽然在某种程度上讲这两个细则被看做对基础法规强制性义务的详细说明，但是它们从司法角度讲都不具备强制力。然而，信息专员会授权推动两个细则的执行，特别是通过出版操作指南来规范公共机构履行义务的范围（第48条）。

事实上，宪法事务部（Department for Constitutional Affairs，DCA）曾对公共官员如何执行该法律提供了许多指导。[1] 宪法事务部已经撤销，其职责移交至司法部履行。后者目前对信息法执行情况发布年报。[2]

第47条给予信息专员全面的授权，以推动对信息权法和两个实施细则的执行，并促进保管和公开信息总体上良好的做法。为了达到这个目的，专员被明确授权可以提供其职能范围内的信息，以及评估任何公共机构的表现（第47条），向议会提供年度报告以及特别报告（第49条）。[3]

美 国

概述

美国宪法包含对表达自由权的有力保护，不过是以否定的措辞来表述，即禁止国会通过任何限制言论自由或出版自由的法律。[4] 美国最高法院认为这

---

[1] 参见 http://www.dca.gov.uk/foi/practitioner/index.htm。
[2] 2006年的年报可见 http://www.justice.gov.uk/publications/freedo mofi nformationquarterly.htm。
[3] 2007年的年报可见 http://www.ico.gov.uk/upload/documents/library/corporate/detailed_specialist_guides/annual_report_2007.pdf。
[4] 在第一修正案中，参见 http://www.usconstitution.net/const.htmlJHJAm1。

并未"［授予］获得政府的信息或者在政府控制之下的信息来源的权利。"①

尽管缺少宪法的相关保护，美国仍然得以继瑞典②和芬兰③之后成为最早的保护信息权的国家之一。它在1966年颁布《信息自由法》（Freedom of Information Act）（RTI Law）④以立法形式确定了这种权利。法律颁布实施以来经历过多次修正，⑤最近的一次是在2007年12月18日，也就是本书即将付梓之际，该法律的修正案以《2007年政府公开法》（OPEN Government of 2007）的形式颁行（文中表述为最近的修正案）⑥。此后，尽管屡有波折，我们还是可以说政府形成了一种明显的开放文化。这种开放文化不仅来源于信息权法，而且也受到检举人活动的影响。⑦ 同时推动政府公开性的还有《隐私法》（Privacy Act）⑧，使得公民可以获取由公共管理机构掌握的个人信息；《政府阳光法案》（Goverment in the Sunshine Act）⑨，要求某些机构，尤其是设有理事会的机构，其内部商议的情况须公布；《联邦顾问委员会法案》（Federal Advisory Committee Act）⑩，要求联邦机构的咨询委员会对公众开放。除此之外，所有的50个州都订立了自己的信息权法。

美国信息权法有许多优点和缺点。它包含关于费用的很好的规定、对提供电子版信息的有力规定以及许多良好的促进措施，而这些措施都是最近采用的。其不足之处包括关于及时处理信息的规定可能被绕过；许可将文件列为机密的政策最近几年被显著地放宽；以及缺乏一个独立的行政监督机制，

---

① 侯晨思诉 KQED 股份有限公司案（*Houchins v. KQED, Inc.*），438 U. S. 1 (1978)，第15页。
② 瑞典于1776年通过了立法。
③ 瑞典法律最早也涵盖当时仍然是瑞典领土的芬兰。芬兰在1919年完全独立的时候开始自己保护信息获取权，1951年形成完整的法律。
④ 5 U. S. C. § 552. 参见 http://www.usdoj.gov/oip/foiastat.htm。
⑤ 一条重要修正是《1996年电子信息自由修正法案》（Electronic Freedom of Information Act Amendments of 1996）。参见 http://epic.org/open_gov/efoia.html。原文凡 RTI Law，即 Right to Information，都对应译为"信息权法"，下同。——译者注
⑥ S. 2488, 110th Cong., 1st Sess. 参见 http://www.govtrack.us/congress/bill.xpd?bill=s110-2488. 本法案于2007年12月31日经过总统签署成为法律。《政府公开法》全名为"Openness Promotes Effectiveness in Our National Government Act of 2007"，即《公开促进政府效力法》，2007年12月31日，美国总统布什签署。该法简称 OPEN Government Act of 2007，即《政府公开法》。——译者注
⑦ 参见下文有关检举人的各种法律的信息。
⑧ 5 U. S. C. §552a. 参见 http://www.usdoj.gov/oip/privstat.htm。
⑨ 5 U. S. C. §552b. 参见 http://www.usdoj.gov/oip/gisastat.pdf。
⑩ 5 U. S. C. APP. II. 参见 http://www.gsa.gov/gsa/cm_attachments/GSA_BASIC/without_annotations_R2G-b4T_0Z5RDZ-i34K-pR.pdf。

包括缺乏权力听取对有关公共机构未能恰当执行规定进行的投诉。

最近,对该法的贯彻也受到了削弱。司法部长在 2001 年 10 月份发布的一份备忘录取消了此前要求公共机构根据自己的判断来决定是否公开文件的规定,而 2002 年 3 月司法部的一份备忘录则对与大规模杀伤性武器或在其他方面会威胁国家安全或公共秩序的相关文件的披露进行了更为严格的规定。最近的一份报告坦率地声称:

> 在过去的六年中,作为民主基石的开放原则被严重地侵蚀了。①

信息获取权

该法的第(a)(3)(A)小节规定了在满足某些基本条件并符合该法规定的情况下,任何人都享有直接向相关机构申请并及时获得信息的基本权利。该法并不包括内部目的说明条款,也不包括司法解释的一般原则。但是 1996 年《电子信息自由法修正案》(Electronic Freedom of Information Act Amendments)的第二条规定了一系列"发现和目的",其中包括"确立并保障任何个人根据法律规定所享有的、出于任何公共或私人目的而获取此类机构记录的权利,法定的例外情况除外","通过保障公众对机构记录和信息的获取权来培育民主制度"并"将机构记录和联邦政府所收集、维护、使用、保留和传播的信息的用途进行最大化"。②

新的《政府公开法》增加了很多重要的"发现":包括宪政民主依赖于被治理者知情的赞同,以及"本法主要的目标是公开,而不是保密"。还有非常重要的一点,即国会应当通过定期讨论该法来决定是否需要实施进一步的变革来落实"基本的'知情权'"而不是"知情的需要"(第 2 条)。这就有效地承认了国际法中认可的信息权的理念。

"记录"(record)这一术语在信息权法中通篇使用,指信息申请的对象。该法将"记录"定义为"符合本条规定,由某一机构以任何形式所保存的可成为机构记录的任何信息"[第(f)(2)小节]。美国最高法院认为该

---

① Banisar, D., *Government Secrecy: Decisions Without Democracy* (2007: People For the American Way Foundation and Open the Government. org), Executive Summary, p. 7.
② record 在本文中多次出现,有特别的含义,在此译为"记录",而不是"档案"。见后文中对"record"的定义。——译者注

定义包括任何由相关公共机构创立或取得的记录，且被申请之时处于该机构的控制之下。① 该法的最新修正案也将根据合同而由公共机构保存的信息纳入该定义之中（《政府公开法》第 9 条）。

术语"机构"（agency），指有义务披露信息的公共机构，包括"任何行政部门、军事部门、政府企业、政府控制的公司或其他在政府行政部门内的机构（包括总统行政办公室）或任何独立管制机构"［第（f）(1) 小节］。因此，该法主要涉及各种形式的政府行政部门，包括它所控制的私有公司。但是，它并不包括立法机构——国会，也不包括法院②。同样也不包括总统的行政办公室，比如国家安全委员会和白宫法律顾问。最后，它也不包括主要经济来源是公共财政的私有机构和承担公共职能的私有机构。这一规定与一些国家新近制定的信息法相比，范围要狭窄得多。

根据该法提出信息申请者并不局限于本国公民或居民，而事实上外籍人士经常应用信息权法。信息申请者的资格在第(a)(3)(E) 小节中有所限制，它指出根据 1947 年《国家安全法》③［第 3 条(4) 款］的规定，隶属于情报部门的公共机构不得将信息透露给外国政府机构或代表。

程序保障

任何人都可以提出申请获得信息。如果该申请合理地描述了被申请的信息，并符合与时间、地点、费用以及须遵循的程序相关的已公布的规定，那么，除非有例外的规定，否则公共机构都必须提供被申请的信息［第(a)(3)(A) 小节］。在某些情况下，公共机构可能将一些实际上构成相同需求的不同需求加以综合［第(a)(6)(B)(iv) 款］。申请者无须解释他们申请的原因，但是如果他们希望克服随意的例外规则障碍，或者申请豁免费用，或者希望快速处理他们的申请，这种解释会有所助益。前述对该法律的最新修正案要求公共机构建立对申请的追踪制度，并在申请被提出后的 10 日之内为申请者提供他们申请的追踪号。④

---

① 美国司法部诉税务分析师案（Department of Justice v. Tax Analysts），492 US 136 (1989)，第 144～145 页。
② 实际上，这些内容已在 (f)(1) - 5 U.S.C. § 551(1) 中明确地排除在外。参见 http://www.archives.gov/federal-register/laws/administrativeprocedure/551.html。
③ 参见 http://www.intelligence.gov/0-natsecact_ 1947.shtml。
④ Section 7 of the OPEN Government Act.

该法律的法理要求公共机构承担信息搜索的任务，按照合理的方法该搜索将可以发现所有的文档。现在已有与电子格式的记录相关的法规，需要花一点工夫来搜索，除非这种搜索会明显地干扰该公共机构的运营［第(a)(3)(C)和(D)小节］。

该法律并不强制公共机构为申请者提供帮助。2005年12月通过的13392号行政令①的确试图要求公共机构对信息申请作出恰当反应。法令第1条(b)款规定："相关机构应为信息权法（FOIA）②申请者以及整个公众提供以公民为中心的方式了解信息自由权法的程序，了解可以公开获取的机构记录（比如在该机构的网页上）、个人信息权申请的状况，以及有关机构回应的恰当信息"。

该法律包含对时间限制的具体规定。信息申请应被"快速的"回复，通常是在20个工作日之内回复［第(a)(3)(A)小节］。在"非常情况"下，可能需要通知申请者，回复时间会被延长10个工作日。在这种情况下，公共机构将告知申请人该信息在原定的20天之内无法提供，并为申请者提供对申请范围进行限制或者安排替代时间段的机会。为此目的，"非常情况"意味着需要从现场设施中搜索记录，需要从大量记录中搜索记录，或需要咨询其他公共机构或该机构的两个或两个以上部门，这对恰当处理申请而言是非常必要的［第(a)(6)(B)款］。

该法律还规定根据工作量可用"多种渠道"处理申请［第(a)(6)(D)小节］，以及在申请者出于"急迫需要"的情形下要快速处理。"紧急需求"的申请必须在10天之内确定，同时该决定的通知必须送达申请者。紧急需求出现在以下两种情形：按照合理的预期，如果无法获得该记录将会危及生命或安全；需要立即向公众告知联邦政府的行动以及信息申请者关注的重点是将信息进行传播［第(a)(6)(E)小节］。

按照第(a)(6)(C)小节的规定，如果公共机构未能在可适用的时间限制内作出决定（被视为拒绝该申请），则该申请者被视为已经用磬其行政补救权。但是，如果该机构可以表明存在例外情况而且该机构正在努力处理该申请，复议法庭也许会给予公共机构额外的时间来处理该申请。例外情形并不包括因可预测的申请工作量太大而导致的延迟，但是如果申请人拒绝修改

---

① 参见 http://www.usdoj.gov/oip/executiveorder13392.htm。
② 原文为FOIA，与RTI相同，多译为信息权法。——译者注

申请范围或安排替补时间段，则有可能考虑将该案例归入例外情况。在实践中，因为这些规定的缘故，在提供信息的时候出现过很多严重的延迟。有的机构，比如联邦调查局，在有些情况下延迟的时间会达到几年有时甚至几十年①，而这些延迟很多是得到了法院的支持的。

对该法律的最新修正案引入了许多措施来努力解决这种延迟过长的问题：公共机构延长 20 天期限的资格将受到限制；如果未能遵守时限规定，将不得收取某些费用。申请者将可以通过信息权法公共联络机构的帮助来解决争端。除此之外，公共机构被要求报告在回应这些申请时所花费的具体时间，这些信息将被纳入到向司法部长提交的年度报告之中（参见下述促进措施）（《政府公开法》的第 6 条和第 8 条）。

该法律既不规定应将申请转往其他公共机构也不规定需要对第三方进行咨询。但是，1987 年 6 月 23 日的 12600 号行政令②确实规定在公共机构可能被要求公开保密的商业信息时，该机构应该设立咨询第三方的程序。此外，第(a)(6)(B)(ⅲ)(Ⅲ)款明确提及在对信息申请回复延迟的情况下，相关机构要咨询其他公共机构。在实践中，将申请转往其他机构是一种很常见的做法。

在对申请作出回应时，公共机构需要说明作出该决定的理由，同时还要告知对方有内部申诉的权利［第(a)(6)(A)(i)款］③。如果申请被部分或全部拒绝，则通知中应当提供作出该决定的官员的姓名、头衔或职位［第(a)(6)(C)(i)款］，同时包含经合理推算得出的被拒绝信息的数量，除非这一决定会泄露不得泄露的信息［第(a)(6)(F)小节］。

根据第(a)(3)(B)小节，只要信息可以很方便地按被申请的格式进行复制时，信息必须以被申请的格式提供给申请人。各机构也被要求努力保证其记录可被复制以履行该义务。

该法律对因为回应信息申请而产生的费用有明确的规定。在公示之后，每个公共机构必须颁布规定，具体说明获取信息将产生的费用的标准以及减免该类费用的程序和指南。这些程序必须遵照经公示并由公众讨论后由管理及预算办公室主任发布的指南施行，该指南将为所有公共部门提供统一的费

---

① 《联邦机构美国信息自由法案积压报告》（*A Report on Federal Agency FOIA Backlog*），国家安全档案馆 2006 年出版。该报告确认许多公共机构将要求提供信息的申请积压长达 10 年，最长的达到了 17 年。参见 http://www.gwu.edu/~nsarchiv/NSAEBB/NSAEBB182/index.htm。
② 参见 http://www.archives.gov/federal-register/codification/executiveorder/12600.html。
③ 与本处相关的条例将在下文"申诉"部分介绍。

用标准［第(a)(4)(A)(i)款］。①

该法律为不同的申请提供三种不同的收费体系。申请对信息进行商业利用将被收取"文献搜索、复制及评估的合理标准费用"。对教育或科学机构提出的非商业目的的申请可能只收取"复制文件的合理标准费用",而对其他申请可能要收取搜索和复制费用［第(a)(4)(A)(ii)款］。对后两类文件,前两小时的搜索或复印的前 100 页将不收取费用。而当收取费用所需的成本超出费用的价值时也将免收费用［第(a)(4)(A)(iv)款］。

收取费用时,只计算直接成本。关于"评估"的费用,只适用于在对文件进行初步检验来决定是否可以公开的时候收取。除此之外,如果公开信息符合公共利益,因为它"有可能明显地有助于提高公众对政府运作和活动的理解",则必须免费或低价提供相关记录［第(a)(4)(A)(iii)款］。从效果上看,这是一种对媒体的费用豁免,也是对表明其申请的信息会用于公共用途的非政府组织的一种费用豁免。最后,不得预收任何费用,除非申请人有不支付费用的不良记录或公共机构认定该资费将超过 250 美元［第(a)(4)(A)(v)款］。

该收费制度并不能取代任何有关信息的法定收费制度［第(a)(4)(A)(vi)款］。

公布信息的义务

该法律规定两种不同的主动向公众提供信息的义务。按照第(a)(1)节的规定,每一个公共机构都被要求在联邦公报中发布某些信息,其中包括:

- 对其核心组织和分支组织的描述;
- 申请信息的方式及接受申请者;
- 对整体功能及所有正式与非正式程序的概述;
- 程序规则以及对制作的所有表格和文件的描述;
- 政策声明和一般可适用性的法律规定;
- 对上述各项进行的修正。

该法律同时规定:根据已公布的法条,公共机构必须将各类信息向公众

---

① 《1986 年信息自由改革法案》(*The Freedom of Information Reform Act of 1986*);美国行政管理和预算局 1987 年 3 月 27 日通过的《统一信息自由法案费用列表及指南》(*Uniform Freedom of Information Act Fee Schedule and Guidelines*), 52 Fed. Reg. 10012, 请参见 http://www.whitehouse.gov/omb/inforeg/foia_fee_schedule_1987.pdf。

开放以供查看和复制，除非该信息不久将被公布或用于出售。在 1996 年 11 月 1 日以后创建的记录如果在该法规定范围内，则必须为用电子手段获取提供方便。该法律所覆盖的信息包括最终意见以及命令、政策声明、政策解释以及行政人员手册。重要的是，该法律同时包括根据申请而发布的记录，这些记录是被"相关机构认定已经成为或有可能成为此后基本相同的申请的目标"。同时该法律也包括关于这些记录的一个索引，这一索引必须可以通过电子方式获取。某些信息可能从这些记录中被删除，"删除程度的标准是防止对个人隐私构成明显的侵犯"，但是在这些情形下，必须提交一份书面的说明，同时说明信息被删除的程度，除非该行为本身会导致被豁免信息的泄露。公共机构必须保留该法律覆盖范围内的所有记录的索引，这一索引必须以不低于每个季度一次的频率发布［第(a)(2)节］。

每个成员超过一人的公共机构也被要求将其每次会议记录中每个成员的最终投票记录开放给公众查阅［第(a)(5)节］。

例外

通过司法解释，例外规则（通常被称为豁免规定）已经得到较为清晰的说明，但是仍有很大的改进余地。(d)分条规定，除了该法所作规定之外，其他拒绝公开的行为不受该法支持，同时规定该法无权决定向国会隐瞒信息。换句话说，该法的例外规则包括了所有情况，因而不认可其他任何例外规定。但是，重要的是，第(b)(3)节，也即第三条例外规则，将所有根据其他法律免于公开的记录排除在该法的范围之外，只要这些法律没有对拒绝披露信息留下自由处置的空间，也没有规定具体标准说明何种信息可以不予披露。这些条件将排除某些保密条款，但是将保留大多数保密法规。

(b)分条中的第一个例外条款包括所有根据总统行政令确立的标准、为了国家安全或者对外政策的需要被专门归类为秘密的信息，只要该材料确实是根据该行政令而恰当地定为机密的。目前这种保密分类的根据是 13292 号行政令——对 12958 号行政令的进一步修正，名为《国家安全信息保密修正令》，由布什总统于 2003 年 3 月 25 日签署。① 该行政令的确为防止过度保

---

① 参见 http://www.archives.gov/isoo/policy-documents/eo-12958-amendment.Pdf。克林顿总统 1995 年 4 月 17 日签发的 12958 号行政命令原件请参见 http://www.fas.org/sgp/clinton/eo12958.html。

密而作了某些程序上的规定，包括由谁来决定信息的密级（第 1.3 条），以何种理由保密（第 1.4 条）以及保密时限的长短（第 1.5 条）。总体而言，只有当信息的公开会危及国家安全的时候才会按照该行政令对信息进行保密，但是披露由外国政府提供的信息被认为会导致危害（第 1.1 条）。该行政令同时禁止在某些情形下将信息定为机密，比如为了隐瞒违法事实，为了避免尴尬以及限制竞争（第 1.7 条）。

很多(b)分条下的基本例外规则并未规定要进行危害测试。因此，很多信息申请就被归入"自由选择"类型。司法部长于 1993 年 10 月 4 日发布的一个备忘录号召公共机构利用该自由选择权来公开信息。[①] 该备忘录后来被司法部长于 2001 年 10 月 12 日发布的另一个备忘录推翻，这个备忘录要求公共机构要对任何自由选择的信息披露进行慎重考虑，它规定：

> 机构必须充分而慎重地考虑披露某信息后可能对制度、商业和个人隐私利益造成的影响，然后才能根据信息自由法作出披露信息的决定。

后一备忘录也承诺，当公共机构有"充分合法的理由"作出不披露信息的决定时提供法律保护，以此取代此前应用的对"可预见的伤害"进行的测试。[②]

在信息权法中并未包含公共利益优先的规定。

(b)分条规定任何可以与免于公开的材料分割的信息都要公开。它也规定要向申请者告知所删除消息的数量，以及在技术许可的情况下告知申请者被删除的信息位于何处。

除了已经在联邦公报中发布的信息或者被要求提供给公众查阅的信息之外，该法在(b)分条中包含 9 个基本的例外，有关秘密信息的第一条例外规则在上文已经进行了详细的阐述。

第二条例外规则包含"仅与内部人事管理制度和机构规范相关"的记录。尽管该例外本身相对而言是比较狭义的，但是并没有规定进行危害测试。第三条例外规则和其他法律中的秘密规定有关，已经在前面得到描述。

---

① 参见 http://www.fas.org/sgp/clinton/reno.html。
② 《备忘录》文本请参见 http://www.usdoj.gov/oip/011012.htm。

第四条例外规则适用于行业秘密以及从第三方获得的秘密或特许的商业或金融信息。同样的，尽管该条例外规则包含限制条件，它并未规定要进行危害测试。第五条例外规则适用于机构间的备忘录，该备忘录不得被提供给处于诉讼中的各方。该条例外规则从实质上讲是一种内部商议或"思考空间"的例外。

第六条例外规则包含下述文件：此类文件的公开"将对个人隐私造成明显的不当的侵犯"，这是一种相对严格的危害测试。在实践中，法庭应用了一项经过改进的公共利益测试来确定某种隐私侵犯行为是否恰当。第七条例外规则与为执法目的而编撰的一系列记录有关。除了一项保护秘密信息来源的规则之外，其他所有该类记录都包含内置的危害测试。

第八条例外规则与负责管制金融机构的某一公共机构所准备的某些报告相关。同样，尽管危害经常是被预测的，该条例外规则仍然会因为明确地规定应用危害测试而获益。最后一项例外是大多数国家的信息权法中没有的，它与和油井有关的地质和地理信息相关，该条款是因为石油产业的游说而被添加的，并且它不接受危害测试。最后两条例外在实践中很少使用。

根据（c）分条，某些记录被彻底地排除在该法律的规定范围之外（通常我们称之为例外规则）。这些例外包括：与刑事执法相关的记录，当事人并未意识到正被调查，而披露该记录自然可能妨碍执法行动；刑法机构以线人的名义保留的记录，除非该线人的状况已经公开；以及由联邦调查局所保留的有关外国情报或国际恐怖主义的记录。

申诉

申请人对拒绝披露信息的申诉必须首先向相关公共机构的首脑提出。该内部申诉必须在20个工作日内裁决，而当申诉被部分或全部拒绝时，申请人必须被告知进行司法复查的可能性［第（a）(6)(A)(ii)款］。在特殊情况下，正如上文所提到的，根据原始申请的具体情况，该期限可以通过书面通知的形式被延长，延长的期限不超过10日［第（a）(6)(B)(i)款］。如果在规定的时间范围内没有任何回应，则申请人可以直接向法院提起申诉。

该法律的一个严重缺陷是没有规定独立管理层次的申诉。但是，最近有了一些努力来解决该问题。该法律最新的修正案规定将在国家档案与记录管理委员会内部建立一个新的政府信息办公室，有权建议对该系统进行改革并协调申请者与公共机构之间的争端。该办公室成立的宗旨是为了减少法律诉讼。①

如果内部申诉体系已经用磬，那么申请人可将申诉送至自己选择的法庭［第(a)(4)(B)小节］。根据例外情形，如果已经超过规定的回应时间限制，则该申诉也将送至法庭（见上文，"程序保障"一节）［第(a)(6)(C)(i)款］。

作为被告的公共机构必须在30天之内发布接受审议该投诉的回应［第(a)(4)(C)小节］。法庭可以要求该公共机构提交供其审查的记录，如果有正当理由可以禁止旁听，法庭也可以要求该公共机构将该记录公开。

法庭将重新审议该事件，公共机构有义务提供证据来支持其不披露信息的决定。但是，对于公共机构所提供的有关该信息是否属于例外规则适用范围的书面陈述，法庭需要给予"相当的重视"［第(a)(4)(B)小节］。在考虑与费用豁免相关的申诉时，法庭将重新考虑该事件，但只能依据公共机构提供的记录［第(a)(4)(A)(vii)款］。

法庭在投诉人"明显成功"的情况下，可以指令政府支付合理的律师费和其他诉讼费用［第(a)(4)(E)小节］。如果不遵守法庭的指令，主管官员将有可能因藐视法庭受到惩罚［第(a)(4)(G)小节］。

制裁与保护

该法律包含一个解决妨碍信息获取问题的机制。如果在某一案例中，估计所花费的成本不利于政府，而需要确定该公共机构的人员在拒不披露信息时是否存在"专断和任性的行为"，特别法律顾问将启动一项程序来判定是否需要采取纪律行动。通过该程序得到的最终结论将被提交至相关公共机构的行政主管以及当事官员［第(a)(4)(F)小节］。② 这些规定到目前为止还未应用过。但是，该法律的最新修正案要求司法部长向特别法律顾问通报上述每件案例，并规定司法部长与特别法律顾问要就此向议会提交年度报告（《政府公开法》第6条）。

该法律并未向不当披露信息的官员提供全面的保护。但是13292号行政令的第1.8条鼓励对信息的不当保密提出挑战，并且保护发起挑战的官员不

---

① OPEN Government Act, Section 10.
② 显然，这类行为非常少见，在法庭上这类行为得到支持的尤为少见。

会受到报复。各种法律，包括 2002 年的萨班斯－奥克斯利法案（Sarbanes Oxley Act），[1] 为检举人提供某些保护，但是旨在全面保护检举人的立法仍然缺位。[2]

促进措施

信息自由法及其衍生法律规定了各种促进措施。2005 年 12 月批准的 13392 号行政令[3]要求公共机构任命一位首席信息自由权官员，该官员将被赋予诸多责任来保障该法律的恰当实施，其手段包括：监控该法的实施；对必须实行的变革提出建议以及让公众理解订立例外规则的目的［第 2(a) 和 (b) 节］。对该法律的最新修正案在法律的层面上强调了上述使命。[4] 公共机构也必须建立一个或多个信息自由法申请者服务中心，并任命一个或多个信息自由法联络人。前者是申请者了解其申请状况信息的第一个入口，而后者则是负责接收申请者所提交申请的负责官员［第 2(c) 节］。

每个公共机构的负责人都被要求制作并向公众提供如何申请获取记录的指南，该指南包括一个所有主要信息系统的索引、一个对主要信息定位系统的描述、一个从公共机构获取不同类型信息的手册［该法律的 (g) 分条］。

公共机构必须就其依照该法而实施的活动向司法部长提交年度报告，而这些报告必须以电子版及其他方式提供给公众。具体而言，年度报告必须包括：

- 拒绝公开信息的次数及其原因；
- 申诉的数量、结果以及申诉未能导致信息披露的原因；
- 所有决定不提供信息时所依据的法案清单，法庭是否支持拒绝公开该信息以及被拒信息的范围；
- 未解决申请的数量以及未决状态的平均天数；
- 接受并被处理的申请的数量，以及处理不同类型申请所需的平均天数；
- 收取费用的总数；
- 从事信息获取工作的全职员工数量［第 (e)(1) 和 (2) 节］。

---

[1] 参见 http://fl1.findlaw.com/news.findlaw.com/hdocs/docs/gwbush/sarbanes oxley072302.pdf.
[2] 有关美国检举人各种情况的综述，请参见 http://whistleblowerlaws.com/protection.htm.
[3] 参见 http://www.usdoj.gov/oip/executiveorder13392.htm.
[4] OPEN Government Act, Section 10.

同时，司法部长必须在某个核心网页向公众提供所有的年度报告，并向各个国会委员会代表通报此类报告可否被公众获得的情况［第(e)(3)节］。在与管理与预算办公室主任磋商后，司法部长必须为年度报告提供相关的报告与实施指南，同时还必须提交一份报告，报告中要列出所有信息自由法案例的数量，每个案例所依据的例外原则，每个案例的处置情况以及被评估出来的成本、收费情况和罚金［第(e)(4)和(5)节］。①

　　13392号行政令的第3节要求公共机构必须审查并评估其信息权实施情况，包括各种衡量数据以及如何寻求方法来取消或减少申请的积压。必须制订规划来保证达到可行的标准，包括通过增加对信息的主动传播来避免个人只能凭借申请程序来获取信息的状况。该规划必须包括含有具体时间表的详细的阶段性目标，下一步还必须在2005年和2006年公共机构发布的年报中加入一个有关该规划的发展与实施情况的报告。司法部长被要求在该行政令被批准后10个月之内向总统提交一份实施报告。2006年10月发布的报告称，所有的公共机构都已经审查了它们履行该法律的情况并制订了实施规划。② 与此同时，该报告提到了一些规划中的问题以及解决这些问题的措施。③ 这些规划是否能有效地实施还有待于将来的检验。

---

① 所有这些可参见 http://www.usdoj.gov/oip/04_6.html。
② 报告的第7页，该报告可参见 http://www.usdoj.gov/oip/ag_report_to_president_13392.pdf。
③ 报告的第13页及以下。

比较分析

正如前面的多国概览所表明的，世界各国都承认个人有权获取公共机构持有的信息，并且需要用立法来保证这种权利切实可行。概览显示，各国的立法在相当多的领域中比较一致，但在另一些领域也有所不同。本部分通过审视各国信息权法对不同问题的处理，指出公认的主题与有分歧的领域；同时着重介绍不同国家采用的某些更富想象力或创新性的做法。

信息获取权[①]

确立对公共机构所持有信息的获取权是制定信息权法的基本动因，大多数立法对这点都非常明确。在某些情况下，比如墨西哥和牙买加的法律中，该权利被定为一种独立的权利，受例外规章的制约。在另一些情形中，比如泰国和英国，这种权利更多的是以法律程序的方式来体现——准许任何人提出索取信息的申请，并在满足程序或者实质性条件的前提下获得该信息。不能确定这样做在实践中是否会导致很大的差异，尽管从长远来看，以权利为基础的方式可能更加重要。

某些国家的法律，比如南非和牙买加的法律，规定了查阅文献或档案的权利，而其他大多数国家的法律规定的是查阅信息的权利。为数不多的国家，比如乌干达，同时准许这两种权利。如果将信息权限制在查阅文献就会遇到一些问题，因为大多数人在提交索取信息的申请时，头脑中并不清楚他们到底要具体查阅哪个文件。在某些情况下，政府官员在处理信息查询申请的时候不是对申请作出认真的回应，而是根据自己对文献获取权的僵化理解而拒绝查询申请。与此同时，当申请人能够明确说明想查阅哪个文档时，他

---

① The right to access information 完整的译文是"信息获取权"，但也简译为"信息权"，两者含义相同。——译者注

显然应该有权查阅该文档。从这个角度上来说,乌干达的方式可能有些优势。

在许多国家,法律中载入了关于信息获取权的准则,或规定了信息获取权的目的或功能。这些准则和规定可以用来说明该法的基本理念,还可以当做一个解释性的工具,帮助澄清在公开性与其他公共利益之间必然出现的疑惑或冲突。各国法律中的准则有许多是常见的,包括:促进透明、可靠、高效率的治理,控制腐败,鼓励公众参与,提高公众监督公权使用的能力,推广民主和尊重人权的文化并促进法治,改善公共档案管理,提升公众知识水平,建立信息灵通的公民社会等。

某些国家的法律在其准则中也包括不少更加实用的"指导意见",比如建立切实可行的信息获取机制,并且确保信息获取快捷、便宜而且不会造成过重负担。阿塞拜疆还制定了诸如对信息获取权的法律保护以及公共机构违反法律所需承担的责任之类的准则。在某些国家,包括乌干达和吉尔吉斯斯坦,信息获取权的准则还提到了信息的质量问题,尤其指出这些信息应该是准确和真实的。这似乎和信息权法的主旨有些不一致。信息权法本指获取由公共机构掌握的信息的权利,而不论这些信息是否准确。最后,在某些情况下,法律特别指出要在信息公开和通过保密来保护某些利益这两者之间获取平衡。例如在印度,法律提及要"调和这些互相冲突的利益同时又保证民主理念至高无上"(序言)。阿塞拜疆的法律规定信息密级的划分不应过于宽泛。其他的一些法律则简单地提到要在信息获取权与处于优先地位的公众或个人利益中谋求平衡。

不同的法律在定义信息和(或)文件的方式上存在分歧。起关键作用的定义通常与信息权所涉及的对象相关,不论对象是"信息"、"记录",还是其他东西(比如"官方信息")。某些法律,例如阿塞拜疆的法律,包含多重定义——把对象分为"信息"、"私人信息"和"存档信息"——严格地说,其中有些定义并不恰当。这种定义方式是有问题的,因为它可能导致混乱。

大多数法律把信息和(或)记录定义得很宽泛,包含了所有可被记录的内容,不论是以书写的、电子的还是以其他储存系统的形式保存的内容。印度的法律甚至清晰地列举了信息的各种形式。在某些情况下,比如瑞典和日本,在信息的定义中明确地排除了某些信息。事实上,瑞典法律把信息的定义当做内部决策程序例外规则的一种替代,规定除某些例外情况之外,只有与最终确定的事情相关的文件才会被纳入。较好的做法是将例外规章集中放在一处。更严重的后果是，如果在定义阶段就排除一些信息，那么就意味着许多保护措施，例如对合法权益免受侵害和公共利益优先权的保障等要求将不被采用。

在大多数情况下，信息获取权适用于任何信息，而不论拥有信息的目的何在。然而有些法律——如牙买加、墨西哥和日本的法律——则规定了它的范围，比如仅限于为官方目的而持有，或与公共机构的功能有关的信息。保加利亚的法律走得更远，它正式把范围限定在与社会生活有关的信息之内。这些限定不必要地限制了信息获取权。这些规定没有合法依据，因为信息权不应该取决于信息是否被认为有用或发挥怎样的功能。此外，这些规定还要求政府官员为获取信息设置非常重要的决定门槛，这通常既是一个不受欢迎的负担，在很多情况下又为滥用权力提供了机会。

所有法律均适用于公共机构实际上持有的信息；某些法律——比如秘鲁和美国的法律——还要求必须是公共机构"控制"之下的信息，这样的限制可能被证明有些过窄。瑞典法律规定只要被划分到官方信息的范围之内，即使它被送达到某个官员的私人地址，也应被视做"被持有"的信息。其他的法律则扩展到能被公共机构获取的信息。举例来说，印度法律中，它适用于根据法律能够获取的由私有机构持有的信息；而英国法律的规定更为宽泛，它适用于代表公共机构持有信息的另一个机构；瑞典法律中，它适用于公共机构可以提供文本的任何信息；而秘鲁法律甚至把它扩展到由公共预算资助的信息。

某些法律，比如牙买加的法律，排除了已经对公众公开的信息。尽管保持现有的信息公布体制是合法的，但依然存在着缺陷，因为在这种法律设计之下，与信息权法比较起来，获取信息的条件更严格或者更昂贵。

在定义信息获取权法涉及哪些机构时通常有两种主要的方式。第一种，也是最常用的是简单地定义涉及的机构，然后按照具体问题具体分析的方式处理任何界限不甚清晰的问题。第二种，某些法律列举了所涉机构的名单。这种方式的优点是简洁明了，但也可能范围过于狭窄，限制过于严格，长期来看可能产生问题。英国法律使用了列举清单的方式但同时规定国务大臣可以指定新的公共机构。这有助于减轻列举清单的僵化程度，但同时也会导致问题，因为它为政治因素影响信息开放所涉机构的范围开了方便之门。也许理想的解决方案是两个系统的结合，既规定总体的定义，又提供具体被涉及机构的名单。

许多国家把政府的全部三个分支——行政、立法和司法系统——包括在信息权法的适用范围中，而其他的一些国家，比如美国和日本，把法律的范围限定在行政机构。在某些情况下——比如在牙买加、南非和泰国——法律也适用于法院，但仅限于它们的行政功能部分。从原则上来说，只要例外规章保护了须受机密保护的利益，就没有理由规定立法和司法体系不包含在信息权法的范围之内。在将政府的三个分支都纳入的那些国家实施的经验也证明了这个观点。此外，把法律适用的范围限定在政府的某些分支之内也与信息获取权是一项人权的理念相悖。因此，它应该适用于所有公共机构。

对于涉及机构的问题，墨西哥采用了一种新颖的做法。它对行政机构规定了一套非常详尽的义务，然后要求政府的立法和司法机构承担一种普遍义务，尽最大的努力达到同样的标准，但事实上却没有详细指出应该怎样做。如果这种做法被证明是成功的——目前尚无定论——它就可以为其他国家提供一个良好的模式。

国家立法的范围会被宪法的限定所影响。以墨西哥的方式为例，它试图运用立法机构有限的权力订立规则，以限制政府的其他机构和宪法规定的独立机构。在其他国家，这并不成为一个问题，比如秘鲁法律就适用于独立的宪法机构。许多联邦制国家，比如美国和墨西哥，也面临这种政治分权的问题，所以全国性的法律只适用于联邦的公共机构。解决这个问题的办法通常是，由组成国家的各州或各省通过它们自己的、从属于全国性法律的信息权法。尽管也是联邦制国家，印度的法律既适用于全国也适用于州一级的公共机构。另一个有不同实践方式的领域涉及公共企业。大多数国家法律适用的范围的确也扩展到了公共企业，尽管并非永远如此，例如瑞典。在日本，公共企业被纳入一个独立的、平行的法律。在英国，法律仅适用于完全由国家拥有的企业；而在牙买加，只要国家的股份占到50%就足够了。从原则上来说，遵照信息权即人权的观点，信息权法应当适用于一切公共机构，无论是否采取公司的形式。

许多法律所涉范围超越了公共企业而包含了通过公共合同获得资金或者以其他方式执行公共功能的私有机构。比如说，印度的法律适用于政府拥有、控制的或获得大量政府资金的机构。在南非，涉及的范围扩展到所有行使公权力或依法执行公共功能的机构。吉尔吉斯斯坦的法律扩展到国家资助的机构，尤其是从事健康、教育、信息等方面工作的机构。阿塞拜疆的法律走得更远,尽管是以更加有限的形式,但它将适用范围扩大到在不同领域中执行公共合同的一切机构——包括教育、医疗和文化——以及具有主导或垄断市场地位的法人实体。

政府参与企业通常表明该企业的运营涉及公共利益。政府对企业的控制——拥有50%的股份可以确保,但实际所持份额往往远低于这个比例——应该符合这一原则。同样的推理应该适用于运用政府资金或政府权力,尤其是按照立法中的明文规定,来决定私营公司的公共角色。

一些国家具体指定了免受信息法约束的机构。如在牙买加,总督和安全部队被排除在信息法之外;而在英国,特殊部队(例如情报机构)被免除。在南非,内阁和议会成员被免除。这种免除令人遗憾。任何须用机密来保护的合法利益如果通过一套例外规章来处理都要比这种覆盖式的免除法更好。

在被调查的国家中——而且,据笔者所知,是在世界范围内——南非的独特做法是把私有机构定义为商业实体,要求它们承担为实施或保护任何权利而公布信息的义务。私有机构拥有大量信息,应当提供便利,使人们能为公共利益而获取这些信息。与此同时,获取信息的范围和行使这种权利的方式都与获取公共机构的信息有所不同,而且在南非已经出现了一些初期会遇到的问题。[①] 也许需要对这些问题作更多的思考才能保证私有机构公开信息的义务是有效和恰当的。

在大多数国家,任何人,不论其国籍,都有权行使这项权利,虽然在某些国家,这一权利仅限于其公民和永久居民拥有。秘鲁法律特别规定获取信息的申请不得因申请人的身份而被否决。将这项权利扩展到一切人的理由是显而易见的,而且在那些采用这种做法的国家中,事实证明并没有显著增加额外的成本和负担。

程 序 保 障

不同的法律处理查询信息申请的规则有些差异,然而总体看来,在这个领域中,不同的法律展现出了相对较高的一致性。几乎所有的法律都规定查询信息需以书面形式申请,包括电子的形式,需要提供申请人的姓名和联系方式,同时要足够详细地说明所索取的信息以便查找。在某些国家,如南

---

① 例如,私营机构曾抱怨制作如何获取它们所持信息的指南花销太大。

非、阿塞拜疆和吉尔吉斯斯坦，申请人可以口头甚至通过电话来要求获取信息。

在大多数国家，申请查询信息不必提供理由。印度法律明确规定，不必要求申请人留下任何个人信息，除了联系方法之外。在吉尔吉斯斯坦，政府官员不得询问所索取的信息将会被如何使用。而在乌干达，政府官员对于信息查询申请原因的看法不会当做考虑因素。另一方面，某些国家，比如瑞典，规定要提供补充信息——有可能包括申请理由——在处理申请时可能有必要作为参考，比如确定例外规则是否适用。

许多法律具体规定申请必须向特定的官员提出，比如被委任的信息官员。而其他一些法律只简单地规定信息申请可以向掌管信息的公共机构提出。

在某些国家，收到申请必须正式确认，并立刻提供书面跟踪记录以备产生问题或日后上诉之时使用。在阿塞拜疆和吉尔吉斯斯坦，信息申请必须登记，内容包括接受申请的官员姓名、日期、信息申请如何被处理及最后的处理结果。

大多数法律也具体地规定对申请人提供援助，例如当他们难以足够详细地描述所寻找的信息时，或者由于文盲或残疾而无法手写书面申请时。在印度，这样的援助扩展到帮助残疾人获取已公开的信息。需要获得的援助有不同的层次，但许多法律仅仅简单地规定为"合理的"援助。在吉尔吉斯斯坦，这种援助是按更加有组织的方式进行的，法律规定，背面印有填表说明的申请表格保存在邮局备取。

大多数法律对信息申请的回应设定了时限，从7天（阿塞拜疆）到30天左右（各国）不等。大多数国家还要求尽可能快的提供信息，规定的只是最高时限。几乎所有国家都准许延长时限，例如在下列情况下：所索取的信息很复杂，需要在总部以外保存的档案中搜寻信息，或需要咨询其他机构。通常，申请人花费的任何时间——比如对疑问进行澄清或付费——是不会被计算到回应时间中的。在许多国家，在规定时限内没有回答问题将被认为是对申请的拒绝。在秘鲁，如果对申请的回应模糊得让人无法接受也被认做拒绝。

在一些国家，包括印度和阿塞拜疆，对特殊的个案规定了更短的时限。印度和阿塞拜疆规定，如果申请的信息是为了保护生命或自由，那么回应时限就是48小时；阿塞拜疆进一步规定如果情况紧急就要在24小时之内回应。在美国，特殊的时限适用于需求迫切的情况，包括对生命和安全的威胁，或者急需向公众通报政府行为。在这些情况下，必须在10天内提供信息。

当涉及公共利益优先原则时，英国的法律规定了一套特别的时限（更长）。在包括日本、保加利亚和乌干达在内的一些国家，当需要通知第三方时，适用不同的时限（更长）。某些国家，包括牙买加和乌干达，也允许在某些情况下延长时限，比如该信息马上就要被公布。如果不谨慎地限制对时限的延长，这种做法的弊病将是拖延处理申请的时间。

如果信息被另一个公共机构掌握，大多数国家规定将申请转至合适的机构，或者通知申请人。实施这种转移申请的标准是不一样的，有的是因为最初接到申请的机构不持有这些信息，比如在乌干达和保加利亚；有的是因为这些信息与另一个机构的工作更为接近，比如英国和印度；还有的是因为把申请转交至另一机构"有充分的理由"，例如印度。在泰国，是否移交信息申请的标准是这些信息是否由另一个机构制作并标注为机密。在瑞典，收到申请的机构必须作出回应，除非是法律明文规定的例外情况，比如"国家的安全"受到威胁。某些情况下，如在牙买加、南非和泰国，最初接受申请的机构负责将申请转交到适当机构；而其他国家，如墨西哥，仅仅是简单地通知申请人。在英国，只有当另一机构确认它拥有被索取的信息并且申请人不反对的时候才能直接移交信息申请，否则只是通知申请人而已。

大多数法律还规定公共机构须将对获取信息申请的回应以书面形式通知申请人。对被批准的申请，这个通知可能会包含收费信息以及同意查询申请所须填写的表格，也许还包括对这些处理决定进行申诉的权利；而对于被拒绝的申请，这个通知通常会包括拒绝的原因，比较好的情况下还会附上具体的相关法律条文，以及对查询被拒如何行使申诉权利的信息。这可以帮助申请人判断是否申诉，并在决定申诉时提供依据。

各个国家有更详细的规定。在秘鲁，拒绝查询的通知必须附加说明信息被视做机密的时间还将持续多久。在保加利亚，同意查询信息的通知需要说明在什么期限内，申请人可以"行使权利"；而拒绝查询的通知要么由申请人签收，要么必须通过挂号信寄出。在美国和吉尔吉斯斯坦，拒绝申请的通知必须写明对此决定负责的官员的姓名。美国还要求提供被拒查询申请的数量；而在吉尔吉斯斯坦，不仅要求写明具体的申诉权，还要求注明当地处理人权和信息问题的机构是哪些。

许多国家允许申请人从不同的获取形式中进行选择，例如查阅文献，取得文字抄件、电子版文本、影印件或官方版本。印度法律更是规定可以查阅公共建设工程资料和样本，而保加利亚法律允许口头答复。在某些情况下，对某一具体查询形式的申请可能被拒绝，例如有可能损害档案，不合理地耗费公共机构的资源，或者侵犯知识产权等。在有些国家，如南非和阿塞拜疆，法律特别规定须提供申请人偏好的语言版本，如果档案存有那种语言的版本。乌干达法律还规定为残疾人获取信息提供特别的方便而不收取额外费用。

公共机构应该花费多大的精力来提供便于申请人使用的信息获取形式，以及费多大精力从不同的存储形式中提取信息，这是个复杂的问题。在某些国家，比如泰国和秘鲁，法律特别规定获取信息的权利并不扩展到要求对信息进行处理；而在南非，法律则将此限制在通过机器可以提取的信息。在实践中，大多数国家都采取了某些措施以便从不同的电子形式中提取信息，但这是有限度的。

各种各样的信息获取制度都规定可以收费。提供信息主要会有四种费用发生：信息搜索费，准备或审阅信息发生的费用，复制信息或提供便于获取的信息的费用，以及必要时将信息送达申请人的费用。某些国家，比如墨西哥、牙买加和秘鲁，把收费限制在复制信息的费用。在秘鲁，收取其他费用可被认做是对信息公开的阻挠并且可能招致处罚。

许多法律，包括印度、日本和瑞典的法律，规定由某个中央机构制定收费的价目表。例如在日本，这是由《内阁政令》规定的。这种做法避免了不同的公共机构对收费制定不同的标准并且限制了收费上涨的压力。许多国家还规定在某些条件下，如对穷人，可以免费；南非设定了特定的收入标准，低于标准的可以不收费。

在一些国家，对不同类别的信息有不同的收费制度。例如在墨西哥，获取个人资料是免费的；而在阿塞拜疆、瑞典和保加利亚，对查阅信息或个人复制信息是免费的。在某些国家，只会收取实际产生的费用。

美国法律对收费有详细的规定，区别对待不同的情况：商业申请人，他们搜索、复制和查阅文献都是要收费的；教育和科研机构，或许只对复制信息收费；其他申请人，有可能对搜索和复制收费。对于后两类人，搜索信息的头两小时和复制资料的前100页都是免费的。最后，对于和公共利益相关的申请实行免费，这种免费的对象还包括媒体和许多非政府组织。其他国家，包括吉尔吉斯斯坦和瑞典，也规定对一定时间长度的查询和一定数量的复印免费。

无论使用哪种制度，重要的是保持收费标准低廉以免打消个人提出申请查询信息的意愿。如何解决这个问题各国的情况不同，取决于国家的富裕程度、与公有企业的约定等因素。

瑞典的情况相对独特，它要求公共机构建立一个登记储存站，存入机构掌握的所有文献，除了几种例外情况，例如那些被认为没有什么价值的文档。阿塞拜疆法律也提出了类似的要求。登记储存站本身通常也属于公共文献范畴，可以通过互联网获取，这显然极大地促进了信息查询申请。

公布信息的义务

概览涉及的大多数法律——除了可能应用更宽泛规章的瑞典、南非和日本法律——即使在没有信息查询申请的情况下，公共机构也有责任公布某些重要信息。这也就是认可了这样的事实：只有提出比被动地为申请人提供所索取的信息更高的要求，才能有效地推动公共机构开放其掌握的信息。事实上，越来越多的人认识到这是促进获取公共机构所掌握的信息最重要的制度之一。许多较新的信息权法——比如秘鲁（2002 年）、阿塞拜疆（2005 年）、印度（2005 年）和吉尔吉斯斯坦（2007 年）的法律——对主动地或日常性地发布信息有广泛的规定。

大多数国家的法律开列了必须公布的文献种类的清单，比如关于公共机构总体运作的信息、它们所提供的服务的信息，以及如何申请查询的信息。不同的国家开列的具体清单有显著的不同，详见本书"多国概览"这一部分，在此不予赘述。大多数情况下，公共机构须主动公布的文件同样受例外规章的约束。

英国的情况很不一样，法律规定公共机构要制定公布信息的计划，然后由独立的信息专员审批。或者，公共机构可以简单地采用独立信息专员提供的适宜模式的信息公布计划。为了在主动公布信息方面不断取得进步，信息专员的批准是有时限或者可以被撤销的。这种处理方式很灵活，并且允许随时间推移产生变化。与此同时，它要求有一独立机构积极地对此进行监管，在英国的例子中，就是信息专员。这也有可能导致不同的公共机构所公布信息的范围有差异。某些国家，比如墨西哥，主要采取第一种方式，但同时规定一个独立的机构监督整个制度。

许多国家的法律——包括乌干达、吉尔吉斯斯坦、秘鲁和印度的法律——规定对公布的信息进行定期更新，通常以年为单位。在秘鲁，某些财经信息需要按季度公布，在一个季度结束后的30天内和前两季度的信息一同公布以便于进行比较。

一些国家的法律着手解决主动公布的信息能被广泛获取的问题。泰国的法律采取了双重措施，某些信息必须在政府公报中公布而其他的信息则必须可被查阅。尽管在政府公报中公布信息并非向大量受众传播信息的最佳办法，但执行公布信息义务时的"优先分配"理念十分有趣。美国采用同样的方法，但同时规定这些信息必须有可供获取的电子版本。墨西哥法律走得更远，要求公共机构提供电脑供公众查询信息，如有必要，还要提供打印机和技术支持。吉尔吉斯斯坦和阿塞拜疆法律规定，要通过公共图书馆和互联网传播信息；而印度和秘鲁的法律则具体指导公共机构如何采取合适的方式向乡村及低人口密度的地方传递信息。

美国法律规定，任何根据申请已经公布的信息而且有可能被其他人查询的信息都必须有电子版本向外公布，同时对这些档案要列出目录。这建立了一个固定的机制保证重要信息的公布成为常态。在墨西哥，所有为回应信息查询申请而提供的信息都要有可供获取的电子版本。

保加利亚法律的创新之处在于要求公共机构发布可能阻止威胁生命、健康、安全或财产的信息，或者与公众整体利益有关的信息，这可能是一个非常广泛的义务。阿塞拜疆的法律也有类似的规定，要求主动、迅速地公布对生命、健康、财产、环境有威胁或其他影响重大公众利益的事件。

在"多国概览"提及的国家中，只有吉尔吉斯斯坦的信息权法对公开会议作出了规定，尽管在某些国家，较著名的是美国，对解决这一问题订有专门的法律。公开会议是促进公共部门信息公开的重要机制，因此这种做法值得推荐。

世界各国法律的主流是，无论信息法是否作出规定，都应主动地公布更多的信息，尤其是通过网络。这种做法可以在许多方面提升公共部门的效率，提高服务水平，而这些都反映出朝着更重要的电子政务的形式发展的趋势。考虑到通过互联网主动公布信息相对容易，花费更低，推动这种做法是非常合理的，理由之一是它可以减少（相对较贵的）信息查询申请的数量。在那些积极上传信息的国家，信息查询的申请量很可能比不这样做的国家要少很多。印度法律明确地认可主动发布信息在减少信息查询量中的作用，为此，它特别要求公共机构增加主动公布信息的数量。

例　外

大多数国家的法律都有一份例外情况的全面清单，或者列出拒绝公布信息的诸种依据，尽管一些国家的法律——例如保加利亚和吉尔吉斯斯坦的法律——没有这样做，而是用现存的保密法来达到这一目的。这种做法引起很大争议，并且可能会严重地破坏开放制度（见下文）。

不同的信息权法中认可的例外规则的确关系到保护合法利益，尽管在许多情况下例外规则的条款都过于宽泛，这在许多法律中都是个严重的问题。一些国家的法律确实包括罕见或特殊的例外规定。比如英国和泰国的法律规定，与皇室有关的信息是免于披露的例外信息；而南非则将国内税务局和第三方研究方面的信息划在例外范围内。美国的法律规定，有关油井的信息属于例外，有谣传说这是因为当时的总统林登·B. 约翰逊是从得克萨斯来的。印度法律中规定可能会煽动犯罪的信息属于例外。尽管煽动犯罪在大多数地方都是一种罪行，但很难判断公共机构公布信息会导致这样的结果。总的说来，这些"特别"的例外规定是否必要令人怀疑，因为现代国家都有十分相似的（合理的）保密需要。

在通过例外条款保护的利益之外，有一项很困难的任务，就是在被保护的利益和开放的需求之间维持适当的平衡。在不同的法律中可以看到许多解决这个问题的方法。

许多国家的法律通过不同的方式缩小例外信息的范围。有一些法律规定了对例外的例外。这种做法被南非、乌干达广泛采用。比如，这两个国家和日本一样在法律中规定，私人信息例外的规则不适用于公共官员的公务职责。南非和乌干达的法律还对保护第三方的例外规则进行了限定，规定如果第三方事先已被告知信息可能被公布，那么该信息就不在例外条款的适用范围之内。

一些国家——包括泰国和牙买加——规定，如果根据例外条款不予公布内阁或内部审议信息，则需要公布背景信息和技术文献。在许多情况下，法律规定，当决议已作出、法院已作判决、调查已完成或者到达了某些其他"最终"阶段时，此前被免于公布的信息就要公布。阿塞拜疆法律中包含了一个长长的清单，列举出哪些类型的信息不能被视做机密，例如经济和金融信息、向公众提供的福利的信息等。

信息权法和保密法之间的关系是一个难题。从原则上说，哪部法律对例外情况作出规定并不重要，只要该例外规则所涉范围恰当，且考虑了开放的需要。然而在现实中，许多保密法并未体现恰当的平衡，这部分是由于起草保密法的时候，信息开放的必要性还没有被认识到。换言之，让早先存在的保密规章在信息公开法被采用的时候仍然有效有可能导致不恰当地保密。

在大多数国家，尽管存在以上情况，信息权法却仍保留保密法的位置，然而在一些国家——包括南非和印度——信息权法是上位法。印度信息权法明确提到它的地位在1923年通过的《官方保密法》之上，它如此强调可能是因为从保密的观点来看，信息权法存在格外多的问题。在某些国家——例如阿塞拜疆和牙买加——信息权法和保密法的关系仍不明确。瑞典采取了一种妥协的解决方案，只有一部保密法，即《保密法》被承认是合法的。它的优势是透明并且排除了在大多数国家旧有的法律中暗含着的保密规定。与此不同的是日本，它只允许一份特别清单中列入的法律高于信息权法。美国法律对"暗含"的保密法规的问题进行了修正，规定保密法仍然适用，但仅限于它们对信息的免于公开不形成判断标准。

另一个问题是根据信息权法的规定决定公布信息的过程中，保密分级起什么作用。大多数情况下，保密分级在此并不适用，而信息权法中的例外规则，或者保密法，是决定公布信息的基础。这有显而易见的优势，因为仅是行政分级实质上不应该凌驾于法律要求公布信息的条款之上。另一方面，除了正式的法律规定外，保密分级通常在实践中对信息公开有相当大的影响，一些法律因而制定了措施来进行限制。比如阿塞拜疆法律规定，涉密的信息必须标明其失效的日期。墨西哥法律规定，涉密信息需要接受不同等级的审阅，其中包括独立的审核机构。

对信息权法例外的三要素检测在"信息权制度的特点"这一部分中已有叙述。根据这个测试，信息必须公开，除非公共机构能证明：（1）该信息属于法律所规定的例外的范围；（2）公布信息可能对受保护的利益造成损害；（3）如果公布信息，这种损害大于发布该信息所带来的公共利益。本书中涉及的法律很少有严格遵从这项测试的三个部分所有三个要素的检测，但许多法律至少在很大程度上对其有所反映。

各种法律中的绝大多数例外情况都要经受这种或那种危害测试的检验，

或者将危害测试的原则植入法规中,尽管大多数法律都至少有某些免受危害测试的例外规定。某些例外信息,如受法律特许的信息,实际上包含了内在的危害测试的概念,因为法律特许信息的定义就来自对优先利益的特别保护。从另一个角度说,危害的检测标准有极大的区别,而且这对信息的公布有重要的影响,因为危害的标准越高,实践中例外的范围就越窄。在不同法律中可以发现的导致危害的一些例子有:"可能导致偏见"、"可能导致负面结果"、"有足够理由相信可能导致危害" 及 "有理由相信危害将会产生"。

在瑞典,例外被分为两类:一种是预先估计到产生危害,另一种是预先估计不会产生危害。在某些国家,如英国和牙买加,有些政府官员有权签发证书说明公布信息将会危害受保护的利益,从而有效地将该信息列为机密。从信息公开的观点来看,这种证书问题可能很大,这要看究竟产生多大影响。这类证书通常会限制受理上诉的机构——例如信息专员甚至法院——的审核标准。

有些法律干脆完全从法律的范围内排除某些机构,这是一个极端的方式,不仅可以避免危害测试,而且能避免任何公共利益优先原则,甚至不必考虑信息是否应该公开。比如说,英国、印度和秘鲁的法律将安全和(或)情报机构从法律中排除,而乌干达则将内阁和法院从法律中排除。值得注意的是,在印度,这种排除法并不适用于与腐败和侵害人权相关的信息。

一些国家也规定对某些信息查询申请可以拒绝。例如在墨西哥,可以拒绝侮辱性的申请或此前已经回应过的申请。在英国,刁难性或重复的申请,以及对已经公开信息的申请和将要被公布的信息的申请都被排除在外。南非也排除了即将公布的和过于随意或刁难性的查询申请。对这些申请的排除从原则上都是合法的。只要运用的标准——例如时效性或查询的费用——是类似的,那么让现行的信息公布制度作为信息查询的一个替补性选择,是没有任何问题的。如果不是这样的情况,那么公共机构可以通过公布信息来避免查询信息的繁文缛节。同样,刁难性、侮辱性或重复的申请对公共机构造成巨大的经济负担,而且也不会推动信息获取权。重复一遍,如果这种排除法被运用得过于广泛,或者对它的限制过于宽泛而随意,那么就会产生问题。

"多国概览"中提及的各国法律中有大约一半——包括英国、印度、南非、乌干达、阿塞拜疆和日本——规定了总体性的公共利益优先权。某些情况下——例如南非、乌干达,按理说还有泰国——公共利益优先权被限定在某些类型的公共利益中,例如违法或者对公共安全和环境构成严重威胁。这种做法的优势是清晰，而对公共利益的一般指称会导致难以释明什么才是公共利益。与此同时，事实上出于同样的原因，这种做法的适用范围也是狭窄的，排除了大量的潜在公共利益。一些法律对某些例外情况规定了具体的公共利益优先权。比如，墨西哥和秘鲁规定与侵犯人权和反人类相关的信息有优先权；瑞典的消费者权益保护、健康和安全有优先权；而牙买加认定内阁文献和环境问题有优先权。

"多国概览"中所有的法律都规定，如果文件只有某些部分是机密，那么就要部分公开信息（可分割性）。这显而易见是合理的，因为文档中的某些信息机密并不能成为阻止公布其非保密部分信息的理由。

大多数法律规定须公布历史文档，通常按照例外的类别规定了不同的时间期限。比如阿塞拜疆规定为公共利益而保密的文档5年后应该公布。在乌干达，因内部会议信息例外而受保护的文献10年后应该公布；国防和国际关系信息的例外保护在20年后终止。大多数其他法律规定的免于公布期限更长，例如20～30年。

此处不打算列举具体的例外规定，这些信息在"多国概览"这一部分中已有叙述。然而，某些例外规定尽管是很普遍的，却存在问题。例如，大多数法律规定与内部决策或商讨程序相关的信息为例外。由于政府需要有效地管理其内部运作，并且需要有"思考的时间"，因此是合法的。特别要指出的是，需要防止以下危害：

- 对公共政策的有效构建和制定的偏见；
- 对政策成功的信心不足，而在政策尚不成熟的时候提前公布；
- 通过禁止自由、坦率地表达意见及交换观点而破坏公共机构的商讨程序；
- 对测试或审计程序的有效性造成损害。

与此同时，如果用太过宽泛的措辞来表述这种例外，就有可能严重危害信息最大限度公开的原则，其结果是大量内部文献不被公开。因此，最为重要的是，这一例外规则应该制订得清晰而严密，应该被限定在为保护上文所述的特定利益范围内，并且从属于公共利益优先权。

另一个有问题的例外是为了与其他国家和政府间组织保持良好关系而制订的例外规则。从原则上说，这是合法的。然而，尤其是当这种例外被用在政府间组织时可能会发生问题，因为这包含了许多它们掌握的信息。问题是双方都可以很容易地宣称它们需要禁止公开某信息，因为这种公开会损害到与另一方的关系,这肯定是不可接受的。这样做会导致最小公分母的局面,即在信息分享的"圈子"里,由最不开放的国家制定标准。没有参与特定关系的人,例如应当对信息保密的要求行使监督权的法官或信息专员等,将很难评估公布此信息是否会损害双边关系。

国家安全例外规则是另一个可能出现问题的例外,它致使"第19条"组织制订出关于这个问题的一系列准则〔见《约翰内斯堡原则:国家安全,表达自由和信息公开》(*The Johannesburg Principles: National Security, Freedom of Expression and Access to Information*)〕[1]。很多国家历史上曾表现出严重的以国家安全为由过分提高信息密级的倾向。此外,在政府间关系方面,置身其外的参与方很难评估信息公开实际上会在多大程度上危害国家安全。这样一来,以国家安全为由提出的保密要求往往会被接受,即使是毫无根据的。正如斯莫拉(Smolla)所说:

> 历史上有无数的例证表明,政府想方设法地以采取紧急措施保证国家生存为由压制言论自由,而回过头来审视当时的情况,却是毫无必要的惊慌失措,是虚伪和愚蠢的。[2]

不幸的是,许多国家对恐怖主义的反应不是通过信息公开促进民主而是加强了信息控制。

申 诉

当个人认为自己索取信息的申请没有得到合适的处置,尤其是申请遭到拒绝时,个人有权投诉或申诉,这是被广泛接受的。不同的法律规定了不同的投诉办法。内部投诉是通常的做法,也就是向独立监督机构和(或)法院投诉。某种类型的独立监督显然是必须的,否则的话,是否公开信息的决定最终将取决于公共官员的判断。

许多国家的法律——包括南非、美国、秘鲁、印度和牙买加的——对内部申诉作了特别规定,通常是向最初拒绝申请的机构的上一级主管部门投

---

[1] "第19条"组织,伦敦,1996。
[2] Smolla, *Rodney, Free Speech in an Open Society* (New York: Knopf, 1992), p.319.

诉。某些情况下，如在英国，先进行这样的申诉是向更高部门进行申诉的前提条件。

我们调查的大多数法律中——除了南非、瑞典、乌干达、秘鲁和保加利亚——都规定了一个独立的监督机构在解决信息申请的投诉中起一定作用。这已经被证明对信息权制度的有效实施起到了重要作用。到法院起诉对大多数人来说太费时间，太昂贵，只适合少数申请人，然而有从外部处理投诉的渠道是至关重要的。它的重要性体现在，那些现在没有或不曾有过监督机构的国家正在采取措施建立这类机构。美国最近对法律的修正案最终建立了一个监督机构来协助解决投诉的问题；而在南非，建立类似的机构是公民社会提出的一个迫切要求。

大多数情况下，法律规定要为此目的设立特别机构，而有的国家如吉尔吉斯斯坦的法律则把这项职责分配给现有机构，即调查官员舞弊的特派调查员。这样做是有一些缺点的，包括这个机构的权力可能不太适合处置信息申诉的特别需求，而且这个机构不太可能具备妥当处理信息申诉的专业技能。然而，这种做法对不太富裕或小一些的国家是很有吸引力的。在某些国家，例如英国和泰国，法律规定既要设立一个独立的监督机构又要有专门的法庭负责审理进一步的申诉。

有鉴于此，至少就处理投诉的角色而言，监督机构需要在公众和政府官员中调解，因此，非常重要的是要保护这些机构不受外部干扰，尤其不能为政治压力所影响。不同的法律采用不同的方法来保证这些机构的独立性。因此，任命程序显然十分关键。在日本，首相在参众两院都批准的情况下任命一名信息专员。在墨西哥，信息官员由行政部门任命，但参议院或常设委员会有权否决任命。在印度，信息官员是由总统任命的，但却是由总理、反对党领袖和一位内阁部长组成的委员会来提名。牙买加也实施类似的制度，只不过委员会里没有内阁部长。在任命过程中让社会的不同部门参与是增加任命独立性的重要方式。

不同法律中的一些其他条款也增强了独立性的规定，包括：任命为委员的前提条件，如具备专业技能和良好的道德记录；成员资格的条件，例如不允许与政党利益联系紧密的人当选；任期保障，例如规定只有在极少有的情况下才会被解职；以及资助机制，其中包括把薪水与原有的公务员比如司法服务人员的评级相关联。

投诉的理由应该是相当广泛的，这样可以使法律的所有失效都可能得到补救。在不同法律中投诉的具体理由包括：无法提交申请，未能在时限内回应申请，部分或全部拒绝公布信息，收费过高以及没有按照需要的形式提供信息。在许多法律中对其他的失误会有一个一揽子解决方案。机构有能力调查它自身的违规是很重要的，这样那些个人不大可能提出投诉的更广泛的失误，例如不主动公布信息，也有可能得到纠正。

大多数情况下，监督机构被赋予必要的权力，包括传唤证人的权力在内，以对信息开放的投诉进行全面调查。非常重要的是，在大多数情况下，它们都被赋予了从公共机构获得任何信息的权力，包括未被允许获取的信息。对于这些信息，如果必要它们在私下审查以保守秘密，直到最终作出决定。监督机构通常也被赋予执行的权力，有时候是通过法院的裁决。在许多国家，包括美国、乌干达、印度和牙买加，法律特别规定，面对投诉时，为拒绝披露信息作辩护的责任应该由公共机构来承担。这与信息权的理念是一致的，即认为所有信息都必须公开，违背这一原则的行为必须被证明是合理的。

监督机构也可能被赋予实施一系列补救措施的权力，例如要求公共机构公开信息——或许是以某种特别的方式，降低查询费用甚至补偿申请人，任命信息官，为官员提供更多培训，主动公布某些信息，改善档案管理体系等。在某些情况下，例如在印度，监督机构甚至被赋予罚款权。

大多数信息权法但并非所有的法律都规定，解决争端的最终办法是向法院上诉。即使在那些已经明确排除用法律手段解决申诉的地方，例如在印度，法院也可以依据行政法规实行司法管辖。一个重要的做法是在墨西哥，只有申请人，而不是公共机构，有权就信息公开问题向法院上诉。这防止了公共机构利用其自身往往是相当大的权力拖延或阻止信息公开。

制裁与保护

大多数国家的法律对于故意妨碍信息公开的个人都有某种惩处措施——尽管有的国家，例如泰国和吉尔吉斯斯坦没有——有些国家还规定了公共机构的直接责任。在一些国家——牙买加、保加利亚、南非和秘鲁——故意妨碍信息公开是犯罪，并会招致包括入狱在内的刑罚。在另一些国家——例如墨西哥——法律规定的则是行政责任。印度法律规定监督机构可以对妨碍信息公开罚款，并且规定同一个机构可以建议对屡犯者进行惩戒。在这些情况下，应由官员自己来证明他或她并没有犯错。在美国，法律规定，当信息申请被拒时，由特别顾问调查政府官员的行为是否"独断专行或者反复无常"。

不同的法律具体列举了各种不恰当行为的表现形式，例如，销毁、损坏、更改、隐藏或伪造档案。另一些国家的法律仅仅是笼统地提及妨碍信息公开的表现形式。

许多国家的法律规定对依法善意公布信息进行保护。许多采用习惯法的国家——包括印度、南非和乌干达——保护官员在履行或打算履行法律规定的职责时不受任何追究。英国的做法是把对官员的保护限制在免于毁谤名誉的诉讼；而在牙买加，这种保护延伸到毁谤名誉法、泄密以及版权条例。

一些国家——包括日本和吉尔吉斯斯坦——对善意公布信息不予保护。某些国家事实上规定，如果公布了被豁免的信息则要承担责任。例如瑞典法律，规定了按刑法应承担的责任以及某些形式的直接责任。墨西哥官员在错误地公布信息后要承担行政责任，而牙买加的官员如果在公布信息的问题上违背了信息权法——在以上提到的保护规定之外——则要承担法律责任，包括官方保密法规定的责任。这些规定显然阻止了信息公开并且纵容了保密文化。

在"多国概览"中提及的所有国家的法律中，只有乌干达的法律特别规定对举报者进行保护。另外，在许多国家——例如英国、南非和美国——的其他法律中确实提供了这种保护。保护举报人是一项重要的安全阀门，能够确保重大公共利益信息被公布。

促进措施

不同国家的法律所规定的促进信息公开的措施在所涉及的范围上存在很大差异。有些国家——比如瑞典、保加利亚和泰国——的法律中很少有促进措施，而在另一些国家——例如墨西哥、英国、南非和印度——的法律中却有更广泛的措施。

许多法律规定任命尽职尽责的官员——信息官员——来帮助法律的实施。这些官员担当着一系列任务：处理信息查询申请、保证主动公布信息、帮助申请人、提出落实信息权法的内部措施、推广培训工作、准备报告等。

在乌干达和南非，相关公共机构的负责人承担这些职能，但也可能指派副手处理日常工作。印度法律规定如有必要可以尽可能多地任命尽职的官员。在美国，公共机构除了任命首席信息官外，[①] 还必须设立信息申请人服务中心，按申请的情况提供信息，还要任命公共联络员，即监督处理内部投诉的官员。在墨西哥，联络部门执行了"信息官"的大多数功能，而信息委员会的职责之一则是监管划分密级并建立档案管理的标准。

一些国家的法律也规定了制作指南向公众解释他们的信息获取权以及如何提交申请，而在另一些国家，指南的制作是一种惯例。这些指南的内容包括：信息权法的目的、公众申请获取信息的权利、如何提出信息申请、他们的申请应当被怎样处理、他们可以得到何种帮助、应当交付的费用、申请失败后适用的补救措施，包括可以运用的申诉方式等。

在某些国家里，由一个主导性的机构制作指南，在印度和墨西哥分别是政府和信息监督机构；而在其他国家，例如美国和南非，每个公共机构都需要按规定制作自己的指南。在南非，人权委员会还必须用所有 11 种官方语言制作全国性的指南。

许多国家制定了档案管理的最低标准。某些国家——例如墨西哥、阿塞拜疆和英国——把制定档案管理标准以及制定保证公共机构遵守这些标准的制度的权力赋予一个主导的机构，在墨西哥是联邦公共信息协会，在阿塞拜疆是担负该职责的部长，在英国是大法官（司法部长）。这是一种好的做法，因为它能保证在公务部门之间建立强势的、统一的标准。

大多数国家的法律规定了就法律的实施进行某种形式的报告。在许多国家，这项任务被分配给一个主导机构完成，所有的公共机构都有义务定期向该机构报告或者按它的要求提供信息。在印度、阿塞拜疆、泰国、南非和墨西哥等国，监督机构承担此职责；而在其他国家，例如日本和秘鲁，是由内阁来完成的。还有一些国家，包括乌干达和美国，每个机构或部委都要提供它自身的公共报告。在美国，首席大法官必须将每一份这样的报告放在一个主网上，并向国会提交自己的中心报告。

对于报告的要求有所不同，但一般都会要求提供某些信息，比如：收到了多少查询申请，同意了多少，拒绝了多少；拒绝申请的法律依据及其频率；向内部或监督机构申诉的频率；申诉的结果；处理申请的时间；收费情

[①] Chief FOIA Officers，译为首席信息官。

况；实施法律的措施以及改革建议等。

在一些国家，例如泰国、墨西哥、英国、南非和阿塞拜疆，监督机构有推动法律实施的总体职责，这可能包括：监测实施情况，提供培训，解释法律，制作表格和其他实施工具，向申请人和(或)公共机构提供咨询，以及提出改革建议等。在一些国家，例如牙买加、美国和日本，法律特别规定了对实施情况的某种形式的定期审核。在吉尔吉斯斯坦，法律还规定了对所有限制信息公开的法律进行审核，从而使其与信息权法保持一致。

结　论

　　信息获取权的最佳作用是产生重要的社会效益。它能为民主提供重要的支撑，提高民众有效地参与治理和向政府问责的能力。运用信息权揭露腐败的例子数不胜数，令人震动，包括从基本生计类的案件到迫使政府倒台的腐败大丑闻。

　　信息权这些实用的功效被承认的时间最早可以追溯到1776年，当年信息权的观点第一次在瑞典得到立法承认。然而直到更为新近的年代，信息权才被承认为一种基本人权，是受国际法保护的表达自由权的一个方面，不仅要保障传播信息和观点的权利，而且保护寻求和接受信息与观点的权利。

　　15年前几乎没有人声称获取公共机构所掌握信息的权利是一项基本人权。2003年本书第一版问世时，这个观点已被更多人接受，但主要还是属于争取信息权的活动家们的领地，只得到少数学者之类人士的支持。当本书第二版付梓之时，这个观点已经成熟得多，以至于不仅是信息权活动家，连跨政府组织、开发工作者甚至政府官员都经常提及。笔者多年来花费相当多的精力推广信息权是基本人权的理念，包括通过本书第一版和现在的第二版来推广。这个理念越来越被认可，真令我感到欣慰。

　　本书第一版首次将支持信息权为人权这一理念同时也支持国家发展的所有重要的国际标准汇集到一起，将赞同承认这一理念的言论进行了整理。第二版还更新了例证，展开了论点，现在具有较大的说服力了。

　　承认信息权的正当地位是很重要的，但就像其他复杂的人权一样，麻烦在权利的细节。本书试图比较详细地阐释从有关信息权的国际准则衍生出来的具体原则：对信息获取权合理性的有力推定；使信息权得以行使的良好程序手段，包括通过主动发布信息的义务实现；清晰而严格界定的例外规则；对违规行为提请独立监督机构进行复查的权利。

　　在这些（仍然十分宽泛的）原则之外，现在不同国家实施法律赋予的信息权的相当有价值的实践，对争取首次信息权立法的人们，以及重新审视现存法律和实践以期改进的人们，都是重要的知识库。本书提供了关于世界不同地区 14 个国家的相关实践的大量比较信息，所有这些国家都曾努力寻求较为进步的途径来落实信息权。

人们常说，订立进步的信息权法只是实现信息权最初级的某种意义上说也是最容易的一步。笔者完全赞同这个观点，在实践中也得到清楚的证明。充分实现信息权要靠政治意志以及活跃的市民社会，还要靠民主制的至少是另外一些重要的条件，例如对法治的尊重。好的法律虽不足以产生出信息权，但却是一个必要的前提。它是创立另外那些必要条件的平台。希望这本书能帮助那些促进信息权的人们建起一座坚固的法律平台来支持这个重要的人权。

图书在版编目（CIP）数据

信息自由：多国法律比较/（ ）曼德尔（Mendel, T.）著；龚文库等译.—北京：社会科学文献出版社，2011.1
 ISBN 978-7-5097-1719-6

Ⅰ.①信… Ⅱ.①曼…②龚… Ⅲ.①国家行政机关-信息管理-法律-对比研究-世界 Ⅳ.①D912.104②D630.1

中国版本图书馆 CIP 数据核字（2010）第 242124 号

信息自由：多国法律比较（第二版修订本）

著　　者／托比·曼德尔（Toby Mendel）
译　　者／龚文库 等

出 版 人／谢寿光
总 编 辑／邹东涛
出 版 者／社会科学文献出版社
地　　址／北京市西城区北三环中路甲 29 号院 3 号楼华龙大厦
邮政编码／100029
网　　址／http://www.ssap.com.cn
网站支持／（010）59367077
责任部门／编译中心（010）59367139
电子信箱／bianyibu@ssap.cn
项目负责／祝得彬
责任编辑／王晓卿
责任校对／谢　华
责任印制／蔡　静　董　然　米　扬

总 经 销／社会科学文献出版社发行部
　　　　　（010）59367081　59367089
经　　销／各地书店
读者服务／读者服务中心（010）59367028
排　　版／北京中文天地文化艺术有限公司
印　　刷／北京季蜂印刷有限公司

开　　本／787mm×1092mm　1/16
印　　张／13.75
字　　数／234 千字
版　　次／2011 年 1 月第 1 版
印　　次／2011 年 1 月第 1 次印刷

书　　号／ISBN 978-7-5097-1719-6
著作权合同
登 记 号／图字 01-2010-4985 号
定　　价／39.00 元

本书如有破损、缺页、装订错误，
请与本社读者服务中心联系更换
版权所有　翻印必究

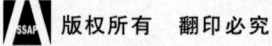